は じ め に

交通経済統計要覧では、わが国の交通・運輸分野の状況を把握するために有用な統計資料を収録して刊行しています。

編集時に把握できたデータを収集・収録しておりますが、資料提供元において集計方法や指数基準年等が改定されたデータは、当該資料に基づき統計表を修正しています。

また、統計調査の中止等により今後新しいデータが得られない統計表または項目は削除しています。

今後とも更に使い易い要覧に改善して参りたいと存じますので、お気づきの点がございましたらご意見を賜ることができますと幸いに存じます。

刊行するにあたって、ご監修をいただいた国土交通省総合政策局情報政策課に対しまして心から感謝申し上げます。

令和３年７月

一般財団法人運輸総合研究所

会 長　宿 利 正 史

凡　例

1　本要覧に使用する記号は、次のとおりである。

…	資料がないか又は不明のもの
0	単位未満のもの
r	改定されたもの（revised figures.）
p	暫定のもの（Provisional figures.）

（注）　集計方法の改定又は指数基準年の改定により、過去の全てのデータを修正したものは、資料名に網掛けをした。

2　「単位」に満たない数は、原則として四捨五入とした。したがって、合計欄の数字と内訳の集計が一致しない場合がある。

3　「暦年」は1月から12月まで、「年度」は会計年度（4月から3月まで）を示す。

4　トン数について

(1)　「総トン」は、船舶の総容積を、2.83立方メートルを1トンとして算出したものである。

(2)「重量トン」は、船舶に積載可能な貨物、燃料、食料品、缶水等の総重量をいう。

(3)　「フレート・トン」は、運賃計算の単位となるトン数で、容積1.113立方メートルを1トンとして計算した値と重量1,000キログラムを1トンとして計算した値のうちいずれか大きい方をその貨物トン数としたものである。

5　トンキロ、人キロについて

(1)　「トンキロ」とは、輸送した貨物トン数にそれぞれの輸送距離を乗じたものである。

(2)　「人キロ」とは、輸送した人員にそれぞれの輸送距離を乗じたものである。

6　自動車の区分について

(1)　車種別

普通自動車　小型自動車より大きい自動車で大型・小型特殊自動車以外のもの。

小型自動車　長さ4.7m以下、幅1.7m以下、高さ2.0m以下、エンジンの総排気量2,000cc以下の自動車で、軽自動車、大型・小型特殊自動車以外のもの。

（注）　本要覧では、**小型二輪自動車**（エンジンの総排気量が250ccを超えるものをいう）は、小型自動車に含めない。

軽自動車　長さ3.3m以下、幅1.4m以下、高さ2.0m以下、エンジンの総排気量660cc以下の自動車で、小型特殊自動車以外のもの。

（注）　本要覧では、**軽二輪自動車**（エンジンの総排気量が125ccを超え、250cc以下のものをいう）は、軽自動車に含めない。

大型特殊自動車　カタピラを有する自動車、ロードローラ等特殊な構造を有する自動車で小型特殊自動車以外のもの。

小型特殊自動車　カタピラを有する自動車、農耕作業用等特殊な構造を有する自動車で、長さ、幅、高さ、最高速度、エンジンの総排気量が一定以下のもの。

(2)　用途別

貨物車　貨物の運送の用に供する自動車で、トラック、ライトバン等いう。

旅客車　人の運送の用に供する自動車で、バスと乗用車に分けられる。

バス　乗車定員11人以上のもの。

乗用車　乗車定員が10人以下のもの。

特種用途車　消防車、クレーン車（カタピラ式のものを除く）、タンク車等特殊な用途に供する普通自動車及び小型自動車。

特種（殊）車　特殊用途車及び大型特殊自動車の総称。

(3)　業態別

営業用車　道路運送法による免許等を受けて、他人の求めに応じて貨物又は旅客を運送する自動車。

自家用車　営業用以外の自動車。

7　地域流動表の地域区分について

地域流動表（地域相互輸送量）の地域区分は次のとおりである。

(1) 23 地域（貨物流動表）

地位の名　称	地域の範囲（都道府県名）
北海道	北海道
北東北	青森、岩手
東東北	宮城、福島
西東北	秋田、山形
東関東	茨城、栃木
北関東	群馬、埼玉
京浜葉	千葉、東京、神奈川
新　潟	新潟
北　陸	富山、石川、福井
甲　信	山梨、長野
静　岡	静岡
中　京	岐阜、愛知、三重
近　畿	滋賀、京都、奈良、和歌山
阪　神	大阪、兵庫
山　陰	鳥取、島根
山　陽	岡山、広島
山　口	山口
北四国	香川、愛媛
南四国	徳島、高知
北九州	福岡、佐賀、長崎
中九州	熊本、大分
南九州	宮崎、鹿児島
沖　縄	沖縄

(2) 16 地域（旅客流動表）

地位の名　称	地域の範囲（都道府県名）
北海道	北海道
東東北	青森、岩手、宮城、福島
西東北	秋田、山形
北関東	茨城、栃木、群馬
南関東	埼玉、千葉、東京、神奈川
北　陸	新潟、富山、石川、福井
甲　信	山梨、長野
東　海	岐阜、静岡、愛知、三重
近　畿	滋賀、京都、奈良、和歌山
阪　神	大阪、兵庫
山　陰	鳥取、島根
山　陽	岡山、広島、山口
四　国	徳島、香川、愛媛、高知
北九州	福岡、佐賀、長崎
南九州	熊本、大分、宮崎、鹿児島
沖　縄	沖縄

8　ＪＲについて

昭和 62 年４月の分割民営化以前については国鉄と読み替える。

9　自動車輸送統計の品目分類について

品　　　　　目	内　　容　　例　　示
穀　　　　物	米、麦、雑穀・豆
野菜・果物	いも類、野菜類、果物類
その他の農産物	工芸作物、農産加工品、他に分類されない農産品(種子、花、苗、綿花、麻類、さとうきび、ビート、コーヒー豆、観葉・園芸植物類等)
畜　産　物	鳥獣類(主として食用のもの)、鳥獣肉・未加工乳・鳥卵、動物性粗繊維・原皮・原毛皮、他に分類されない畜産品(その他動物類、愛玩動物、虫類等)
水　産　品	魚介類(生鮮・冷凍、塩蔵・乾燥のもの)、その他の水産品(海藻類、観賞魚、淡水魚、真珠等)
木　　　材	原木、パルプ用材、製材(材木、建築・建設資材、板類等)、その他の林産品(植木、天然樹脂類、木材チップ、ゴム(天然)、樹皮等)
薪　　　炭	薪、木炭、オガライト等
石　　　炭	石炭、亜炭等
金　属　鉱	鉄鉱、その他の鉄属鉱、非鉄鉱
砂利・砂・石材	砂利、採石、バラスト、砂、骨材、砂袋、石製品
工業用非金属鉱物	石灰石、りん鉱石、原塩、原油、天然ガス、温泉、園芸用土、その他の非金属鉱物
鉄　　　鋼	鉄、鋼(粗鋼)、鋼材、配管資材、レール等
非鉄金属	地金、合金、伸銅品、電線・ケーブル、貴金属(工業品)
金属製品	建設用金属製品、建築用金属製品、線材製品、刃物、工具、その他の金属製品(ばね類、缶類、鉄・アルミ製品、溶材、金具等)
輸送用機械	自動車、船舶、航空機、鉄道車両、自転車等
輸送用機械部品	輸送用機械の部品（自動車用、船舶用、航空機用、鉄道車両用、自転車用等）
その他の機械	産業機械、電気機械、家電製品、その他の機械
セメント	セメント、バラセメント
その他の窯業品	セメント製品、コンクリート製品、れんが、石灰、その他の窯業品(瓶類、ガラス製品、陶器類、耐火材、カーボン等)
揮　発　油	ガソリン、ベンジン等
重　　　油	重油
その他の石油	石油類、軽油、灯油、ジェット燃料、潤滑油、機械油等
その他の石油製品	アスファルト、パラフィン、合材等
LPG及びその他のガス	プロパンガス、ブタンガス、その他の石油ガス製品
コークス・その他の石炭製品	コークス類、煉炭等
化学薬品	硫酸、ソーダ、アルコール(食用を除く)、その他の化学薬品
化学肥料	窒素質肥料、りん酸質肥料、加里質肥料、その他の化学肥料
染料・塗料・その他の化学工業品	染料・顔料・塗料・合成樹脂、動植物性油脂、プラスチック製品、ビニール製品、他に分類されない化学工業品(火薬類、インク類、医薬品、化粧品、化学用品等)
紙・パルプ	用紙類、ちり紙類、ダンボール類、巻取紙、包装紙、パルプ等
繊維工業品	糸(防織半製品を含む)、織物(繊維二次製品を含む)
製造食品	製造食品（肉製品、酪農製品、缶詰、菓子、調理冷凍食品)
食料工業品	飲料、その他の食料工業品(調味料類、でんぷん類、酵母、動物性製造食品、飲料水、たばこ等)
日　用　品	書籍・印刷物、衣服・身廻品・はきもの、文具・玩具・運動・娯楽用品・楽器、家具・装備品、衛生・暖房用具、台所及び食卓用品、他に分類されない日用品
ゴム製品・木製品その他の製造工業品	ゴム皮革製品(他に分類されないもの)、木製品(他に分類されないもの)、他に分類されない製造工業品
金属くず	鉄・アルミ・鉛くず、スクラップ、解体車両等
その他のくずもの	粗大ごみ、廃材、廃油、古新聞、古紙、もみがら、プラスチックくず、木くず、紙くず、ガラスくず、スラグ、古タイヤ等
動植物性製造飼・肥料	牧草、乾草、糞類、灰類、堆肥、ぬか類、酒かす、ペットフード等
廃　棄　物	その他の廃棄物(屎尿、汚泥、ごみ、廃液、枝木、コンクリート・アスファルトがら、産業廃棄物、雪等)
廃　土　砂	廃土砂(残土、瓦礫等)
輸送用容器	金属製輸送用容器(ガス容器、ドラム缶、タンク等)、その他の輸送用容器(コンテナ、樽、パレット、フレコン等)
取　合　せ　品	引越荷物、郵便物・鉄道便荷物・貨物、自動車特別積合せ貨物、内航船舶小口混載貨物

目　　次

(F) 経　　営

(G) エネルギー

(H) 外国運輸統計

Ⅲ 参　　考

Transportation Statistics Handbook in Japan

Contents

主　要　経

Key

年度 Fiscal Year	国内総生産 Gross Domestic Product			
	名目 At Current Prices	実質（2015暦年連鎖価格） At Constant Prices		
			（民間 Private Sector）	
	総額 Total	総額 Total	民間最終消費支出 Final Consumption Expenditure	民間-企業設備 Facilities Investment
	10億円 Thousand million Yen			
H7 (1995)	525,305	462,182	256,874	72,629
H12 (2000)	537,616	485,625	268,320	79,309
H17 (2005)	534,110	515,138	287,367	85,280
H19 (2007)	538,484	527,270	290,925	86,602
H20 (2008)	516,174	508,262	284,681	81,563
H21 (2009)	497,367	495,878	286,679	72,235
H22 (2010)	504,872	512,064	290,498	73,694
H23 (2011)	500,041	514,680	292,320	76,623
H24 (2012)	499,424	517,923	297,295	77,758
H25 (2013)	512,686	532,080	306,003	81,953
H26 (2014)	523,418	530,192	297,937	84,202
H27 (2015)	540,739	539,409	299,997	87,090
H28 (2016)	544,827	543,463	299,122	87,792
H29 (2017)	555,687	553,144	302,230	90,208
H30 (2018)	556,828	554,788	302,687	91,078
R1 (2019)	559,699	552,931	299,813	90,537
資料	内閣府（国民経済計算年次推計）			

（注） 実質国内総生産の数値は基準年が2015暦年となった。

済　指　標　（その１）

Statistics (No.1)

鉱　工　業　生　産 Mining & Manufacturing			
生産指数 （付加価値額） Production Index	前年度比 Radio to Preceding FY	生産者出荷指数 Producers' Shipments Indexes	生産者製品在庫指数（平均） Producers' Inventory of Finished Goods
平成27年(2015)＝100	%	平成27年(2015)＝100	
103.3	102.1	98.4	…
107.7	104.3	105.8	…
109.3	101.6	109.8	
117.5	102.7	118.0	…
102.8	87.3	102.4	…
93.0	90.5	93.0	…
101.2	108.8	100.8	…
100.5	99.3	99.3	…
97.5	97.0	97.4	…
101.1	103.7	102.3	97.1
100.5	99.4	100.6	100.8
99.8	99.3	99.6	99.6
100.6	100.8	100.2	98.6
103.5	102.9	102.4	100.3
103.8	100.3	102.6	102.2
99.9	96.2	98.9	104.3
経済産業省（鉱工業生産指数）			

（注）生産指数・出荷指数・在庫指数は、基準年が平成27年（2015暦年）となった。

主　要　経

Key

年度 Fiscal Yea	建設工事受注額 Constuction Orders (総計 50社)	機械受注実績 Machiney Orders (受注総額 280社)	住宅新設着工 Newly Constructed Houses 戸数	 床面積 Floor Area	家計消費支出 Consumption Expenditue (2人以上の世帯のうち勤労者世帯)
	10 億円 Thousand million yen		1,000戸 (1000 units)	1,000㎡	1ヶ月あたり、円
S35 (1960)	752	1,201	453	26,608	…
S40 (1965)	1,450	1,745	845	50,431	…
S45 (1970)	3,601	6,644	1,491	101,305	…
S50 (1975)	5,945	8,605	1,428	118,068	…
S55 (1980)	9,198	14,641	1,214	114,424	…
S60 (1985)	12,158	15,958	1,251	104,016	289,489
H2 (1990)	26,817	28,395	1,665	134,487	331,595
H7 (1995)	19,756	26,132	1,485	138,140	349,663
H12 (2000)	14,968	26,549	1,213	117,523	341,896
H17 (2005)	13,454	28,967	1,249	106,651	329,499
H20 (2008)	12,377	24,705	1,039	86,344	324,929
H21 (2009)	10,616	20,080	775	67,755	319,060
H22 (2010)	10,068	24,365	819	73,876	318,315
H23 (2011)	10,783	25,023	841	75,748	308,838
H24 (2012)	11,045	23,334	893	79,413	313,874
H25 (2013)	13,268	26,370	987	87,313	319,170
H26 (2014)	14,358	28,576	880	74,007	318,755
H27 (2015)	14,225	28,396	921	75,592	315,379
H28 (2016)	14,791	26,796	974	78,705	309,591
H29 (2017)	14,896	28,477	946	75,829	313,057
H30 (2018)	15,859	29,032	952	76,573	315,314
R1 (2019)	14,929	27,391	884	73,107	323,853
R2 (2020)	…	…	…	…	…
資　料	国土交通省 (建設工事受注動態統計調査)	内閣府 (機械受注統計調査)	国土交通省 (建築着工統計調査)		総務省

(注) 1. 建設工事受注額は、昭和59年度より50社(旧43社)に変更された。
2. 機械受注実績は、昭和63年度より280社(旧178社)に変更された。

済　指　標　（その２）

Statistics (No.2)

平均消費性向 Propensity to Consume （2人以上の世帯のうち勤労者世帯）	物価指数（暦年） Price Index Number		有効求人倍率 （年度平均） The Active Opening Rate (Fiscal Year)	賃金指数（暦年） Wage Indexes (Calendar Year) （調査産業計、現金給与総額）	
	国内企業 Corporate Goods Price Indexes	消費者（全国） Consumer Price Indexes		名目 Nominal	実質 Actual
%	平成27年(2015)＝100		倍	平成27年(2015)＝100	
…	48.1	…	…	…	…
83	49.2	…	0.61	…	…
80	54.9	31.5	1.35	…	…
77	83.9	54.0	0.59	…	…
78	109.9	74.5	0.73	…	…
77	110.5	85.4	0.67	…	…
75	104.9	91.2	1.43	101.9	111.0
73	100.8	97.6	0.64	111.7	114.4
72	96.9	99.1	0.62	111.7	113.3
75	94.6	96.9	0.98	105.8	110.3
73	102.9	98.6	0.77	104.6	106.8
75	97.5	97.2	0.45	100.5	104.3
74	97.4	96.5	0.56	101.0	105.6
73	98.8	96.3	0.68	100.8	105.7
74	98.0	96.2	0.82	99.7	104.5
75	99.2	96.6	0.97	99.4	103.6
75	102.4	99.2	1.11	99.9	100.9
74	100.0	100.0	1.23	100.0	100.0
72	96.5	99.9	1.39	100.7	100.8
72	98.7	100.4	1.54	101.1	100.6
69	101.3	101.3	1.62	102.5	100.8
68	101.5	101.8	1.55	102.2	99.9
…	…	…	…	100.9	98.6
（家計調査）	日本銀行（企業物価指数）	総務省（消費者物価指数）	厚生労働省（職業安定業務統計、勤労統計調査）		

3. 物価指数は基準年が平成27年となった。

4. 賃金指数は基準年が平成27年となった。

主　要　経

Key

年 度 Fiscal Yea	完全失業率(暦年) Ratio of Wholly Unemployed (Calendar Year)	マネタリベース平均残高(うち日銀券発行高) Bank of Japan Notes Average issued		日銀貸付金残高 BOJ Outstanding Balance of Loans	銀行貸出約定平均金利(暦年末) Average Contacted Inteest Rates on Loans and Discounts (All Banks)(End of calenda Year)	外貨準備高 Gold & Foeign Exchange Reserves (年度末)	原油輸入量 Imported Crude oil
	%	億円 (¥100 million)		億円 (¥100 million)	%	百万ドル ($100 million)	1000kl
S35 (1960)	1.5	…		6,461	…	1,997	…
S40 (1965)	1.3	…		16,245	…	2,109	…
S45 (1970)	1.2	41,871		24,291	…	5,458	204,871
S50 (1975)	1.9	98,291		16,504	…	14,182	262,785
S55 (1980)	2.0	153,468		15,581	…	27,020	249,199
S60 (1985)	2.6	200,019		37,274	…	27,917	197,261
H2 (1990)	2.1	316,114		47,461	…	69,894	238,480
H7 (1995)	3.2	382,099		15,133	2.788	203,951	265,526
H12 (2000)	4.7	555,679		10,145	2.116	361,472	254,604
H17 (2005)	4.4	739,773		300	1.623	852,030	249,010
H20 (2008)	4.0	761,734	r	0	1.865	1,018,549	234,406
H21 (2009)	5.1	764,818	r	0	1.655	1,042,715	211,657
H22 (2010)	5.1	776,759	r	150	1.551	1,116,025	214,357
H23 (2011)	4.6	796,414	r	71	1.452	1,288,703	209,173
H24 (2012)	4.3	815,658		10	1.364	1,254,356	211,026
H25 (2013)	4.0	844,086	r	0	1.258	1,279,346	210,345
H26 (2014)	3.6	873,924		0	1.180	1,245,316	195,169
H27 (2015)	3.4	922,911		0	1.110	1,262,099	194,515
H28 (2016)	3.1	971,981		0	0.998	1,230,330	191,047
H29 (2017)	2.8	1,015,889		0	0.946	1,268,287	185,091
H30 (2018)	2.4	1,053,901	r	1	0.901	1,291,813	177,043
R1 (2019)	2.4	1,082,700		1	0.861	1,366,177	173,044
R2 (2020)	2.8	1,138,193		0	0.814	1,368,465	…
資 料	総務省(労働力調査)	日本銀行(金融経済統計)			日本銀行(貸出金利)	財務省(外貨準備等の状況)	経済産業省(資源エネルギー統計)

(注)銀行貸出約定平均金利は、当座貸越を含む。

済　指　標　（その３）

Statistics（No.3）

通関実績 Customs Clearance		国際収支 Balance of Payments			
輸出 Exports	輸入 Imports	経常収支 Current Balance	貿易・サービス収支 Goods & Services	貿易収支 Trade Balance	サービス収支 Services
億円（¥100 million）					
4,116	4,660	…	…	…	…
8,724	8,417	…	…	…	…
20,250	19,353	…	…	…	…
56,982	58,225	…	…	…	…
138,058	143,976	…	…	…	…
407,312	290,797	…	…	…	…
418,750	341,711	…	…	…	…
420,694	329,530	22,105	9,148	24,344	△ 15,195
520,452	424,494	135,804	63,573	117,226	△ 53,653
682,902	605,113	194,128	74,072	110,677	△ 36,604
711,456	719,104	106,885	△ 8,878	26,683	△ 35,561
590,079	538,209	167,551	48,437	80,250	r △ 31,812
677,888	624,567	182,687	55,176	80,332	△ 25,155
652,885	697,106	81,852	△ 50,306	△ 22,097	△ 28,210
639,400	720,978	42,495	△ 92,753	△ 52,474	△ 40,280
708,565	846,129	23,928	△ 144,785	△ 110,455	△ 34,330
746,670	837,948	87,031	△ 94,116	△ 66,389	△ 27,728
741,151	752,204	182,957	△ 10,141	r 2,999	△ 13,140
r 715,222	r 675,488	r 216,771	44,084	r 57,863	r △ 13,779
792,212	768,105	r 223,995	r 40,397	r 45,338	r △ 4,941
r 807,099	r 823,190	r 193,980	r △ 6,514	r 5,658	r △ 12,172
758,788	771,598	189,273	△ 12,332	4,839	△ 17,172
…	…	…	…	…	…
財務省（外国貿易概況）		日本銀行（国際収支統計）			

輸 送 機 関 別 国 内
Domestic Freight Transportation

年 度 Fiscal Year	合 計 Sum Total		鉄 道 Railways					
			計 Total		J R (JR)		民 鉄 Private (ex,JR)	
	千トン (A)	対前年度比 (B)	千トン (A)	対前年度比 (B)	千トン (A)	対前年度比 (B)	千トン (A)	対前年度比 (B)
S35 (1960)	1,533,348	110.0	238,199	108.2	195,295	107.7	42,904	110.9
S40 (1965)	2,625,355	99.7	252,472	97.6	200,010	96.8	52,463	100.7
S45 (1970)	5,258,589	110.9	255,757	101.2	198,503	100.7	57,254	103.2
S50 (1975)	5,029,531	98.9	184,428	89.6	137,879	89.8	42,737	88.8
S55 (1980)	5,985,087	100.5	166,550	90.6	121,619	89.2	44,931	94.7
S60 (1985)	5,597,257	98.7	96,286	92.7	65,497	91.5	30,789	95.4
	(6,776,257)	(104.1)						
H2 (1990)	6,636,237	104.2	86,619	104.6	58,400	104.7	28,219	104.3
	(6,643,005)	(…)						
H7 (1995)	6,489,846	…	76,932	97.4	51,456	97.5	25,477	97.3
	(6,371,017)	(98.8)						
H12 (2000)	6,227,012	98.8	59,274	101.0	39,620	101.2	19,654	100.6
	(5,569,413)	(97.1)						
H17 (2005)	5,304,361	97.7	52,473	100.5	36,864	100.2	15,610	101.2
	(5,430,941)	(99.7)						
H19 (2007)	5,254,636	99.4	50,850	98.0	35,958	98.9	14,892	96.1
	(5,144,323)	(95.4)						
H20 (2008)	5,006,606	95.3	46,225	90.9	32,850	91.4	13,376	89.8
	(4,830,478)	(93.7)						
H21 (2009)	4,695,954	88.6	43,251	93.6	30,849	93.9	12,401	92.7
H22 (2010)	4,891,581	104.2	43,628	100.9	30,790	99.8	12,857	103.7
H23 (2011)	4,898,784	100.1	39,827	91.4	…	…	39,827	…
H24 (2012)	4,775,237	97.1	42,340	106.2	…	…	42,340	…
H25 (2013)	4,769,232	99.2	44,101	104.2	…	…	44,101	…
H26 (2014)	4,729,621	99.9	43,424	98.5	…	…	43,424	…
H27 (2015)	4,698,745	99.3	43,210	99.5	…	…	43,210	…
H28 (2016)	4,787,421	101.9	44,089	102.0	…	…	44,089	…
H29 (2017)	4,787,544	100.0	45,170	104.5	…	…	45,170	…
H30 (2018)	4,727,469	98.7	42,321	93.7	…	…	42,321	…
R1 (2019)	4,714,115	99.7	42,660	100.8	…	…	42,660	…
資 料	国土交通省総合政策局情報政策課交通経済統計調査室							

(注) 1. 航空は、定期航空運送事業及び不定期航空運送事業に係る輸送の合計である。
2. 平成2年度から平成21年度までの上段( )内は、軽自動車を含む数値である。
平成22年度以降は営業用軽自動車を含む数値のみを記載している。
3. 鉄道のJRは、61年度まで無賃・有賃を含み、62年度以降は有賃のみ。
4. 平成6年度の自動車の数値には、平成7年1月～3月の兵庫県の数値を含まない。

貨　物　輸　送　ト　ン　数

Tonnage by Mode of Transportation

(Unit:(A)-thousand tons,(B)-ratio to preceding year)

自動車 Motor vehicles						内航海運 Coastal Shipping		航空 Aviation	
計 Total		営業用 Commercial use		自家用 Private use					
千トン (A)	対前年度比 (B)	千トン (A)	対前年度比 (B)	千トン (A)	対前年度比 (B)	千トン (A)	対前年度比 (B)	千トン (A)	対前年度比 (B)
1,156,291	108.9	380,728	119.4	775,563	104.4	138,849	124.2	9	…
2,193,195	99.2	664,227	109.4	1,528,968	95.4	179,654	109.1	33	106.5
4,626,069	111.1	1,113,061	113.7	3,513,008	110.3	376,647	116.6	116	111.5
4,392,859	100.4	1,251,482	101.3	3,141,377	100.0	452,054	90.2	192	103.3
5,317,950	101.1	1,661,473	102.1	3,656,477	100.7	500,258	97.2	329	104.4
5,048,048	98.7	1,891,937	101.5	3,156,111	97.1	452,385	100.5	538	108.2
(6,113,565)	(103.8)	2,427,625	(105.9)	(3,685,940)	(102.5)				
5,973,545	103.9	2,416,384	105.9	3,557,161	102.6	575,199	106.9	874	105.8
(6,016,571)	(…)	2,647,067	(…)	(3,369,504)	(…)				
5,863,412	…	2,633,277	…	3,230,135	…	548,542	98.7	957	105.2
(5,773,619)	(98.5)	2,932,696	(102.1)	(2,840,923)	(95.0)				
5,629,614	98.4	2,916,222	102.1	2,713,392	94.8	537,021	102.8	1,103	104.0
(5,075,877)	(97.0)	2,833,122	(99.6)	(2,242,755)	(93.8)				
4,824,660	97.8	2,840,686	100.9	1,983,974	93.6	426,145	96.8	1,083	101.7
(4,961,325)	(99.9)	2,899,642	(101.4)	2,061,683	(97.8)				
4,792,946	99.5	2,908,987	100.9	1,883,959	97.2	409,694	98.3	1,146	100.9
(4,718,318)	(95.7)	2,808,664	(95.9)	1,909,654	(95.3)				
4,580,601	95.6	2,788,513	95.9	1,792,088	95.1	378,705	92.4	1,075	93.8
(4,454,028)	(94.4)	2,686,556	(95.7)	1,767,472	(92.6)				
4,319,503	94.3	2,666,521	95.6	1,652,982	92.2	332,175	87.7	1,025	95.3
4,480,195	103.7	3,069,416	…	1,410,779	…	366,734	110.4	1,005	98.0
4,496,954	100.4	3,153,051	…	1,343,904	…	360,983	98.4	961	95.6
4,365,927	97.1	3,011,839	…	1,354,088	…	365,992	101.4	978	101.8
4,345,753	99.5	2,989,496	…	1,356,256	…	378,334	103.4	1,044	106.8
4,315,836	99.3	2,934,361	…	1,381,475	…	369,302	97.6	1,059	102.4
4,289,000	99.4	2,916,827	…	1,372,174	…	365,486	99.0	1,049	99.1
4,377,822	102.1	3,019,328	…	1,358,494	…	364,485	99.7	1,025	97.7
4,381,246	100.1	3,031,940	…	1,349,306	…	360,127	98.8	1,001	97.7
4,329,784	98.8	3,018,819	…	1,310,965	…	354,445	98.4	919	91.8
4,329,132	100.0	3,053,766	…	1,275,366	…	341,450	96.3	873	95.0

(鉄道輸送統計年報、内航船舶輸送統計年報、自動車輸送統計年報、航空輸送統計年報)

5. 自動車の数値は平成22年度より、調査方法及び集計方法を変更した。21年度以前とは連続しない。
なお、原典資料の自動車輸送統計年報においては、接続係数を用いて遡及改訂をおこなっているが、本書はそれによらず、従前調査体系の原数値系列により掲載している。なお、22年度より営業用には軽自動車を含む。
6. 平成22、23年度の自動車の数値には、東日本大震災の影響により、北海道及び東北運輸局管内の23年3、4月分の数値を含まない。
7. 鉄道は平成23年度以降、JR、民鉄の内訳については公表値がない。

輸送機関別国内

Ton－kilometers of Domestic Freight

年度 Fiscal Year	合計 Sum Total		鉄道 Railways					
			計 Total		J R (JR)		民鉄 Private (ex,JR)	
	百万トンキロ (A)	対前年度比 (B)	百万トンキロ (A)	対前年度比 (B)	百万トンキロ (A)	対前年度比 (B)	百万トンキロ (A)	対前年度比 (B)
S35 (1960)	138,901	116.0	54,515	108.0	53,592	107.9	923	114.1
S40 (1965)	186,346	101.1	57,298	95.7	56,408	95.8	890	87.9
S45 (1970)	350,656	111.3	63,423	103.7	62,435	103.8	988	102.4
S50 (1975)	360,490	96.0	47,347	90.3	46,288	90.3	770	88.6
S55 (1980)	439,065	99.3	37,701	87.5	36,961	87.4	740	92.2
S60 (1985)	434,160	99.9	22,135	95.3	21,626	95.2	509	99.2
	546,785	(107.5)						
H2 (1990)	544,698	107.5	27,196	108.2	26,728	108.3	468	101.5
	559,003	(...)						
H7 (1995)	556,921	...	25,101	102.5	24,702	102.6	399	95.9
	578,000	(103.2)						
H12 (2000)	575,919	103.2	22,136	98.2	21,855	98.1	280	104.5
	570,000	(101.1)						
H17 (2005)	568,376	100.1	22,813	101.5	22,601	101.5	211	99.5
	(578,704)	(101.4)						
H19 (2007)	580,074	100.6	23,334	100.6	23,140	100.7	194	94.2
	(557,615)	(95.8)						
H20 (2008)	514,011	88.6	22,256	95.4	22,081	95.4	175	90.2
	(523,587)	(93.9)						
H21 (2009)	521,395	101.4	20,562	92.4	20,404	92.4	157	89.7
H22 (2010)	444,480	...	20,398	99.2	20,228	99.1	170	108.3
H23 (2011)	426,952	96.1	19,998	98.0	...	...	...	...
H24 (2012)	409,236	95.9	20,471	102.4	...	...	...	...
H25 (2013)	421,123	102.9	21,071	102.9	...	...	...	...
H26 (2014)	415,281	98.6	21,029	99.8	...	...	...	...
H27 (2015)	407,334	98.1	21,519	102.3	...	...	...	...
H28 (2016)	r 413,113	101.4	21,265	98.8	...	...	...	...
H29 (2017)	414,499	100.3	21,663	101.9	...	...	...	...
H30 (2018)	409,904	98.9	19,369	89.4	...	...	...	...
R1 (2019)	404,436	98.7	19,993	103.2	...	...	...	...
資料	国土交通省総合政策局情報政策課交通経済統計調査室							

(注) 1. 航空は、定期航空運送事業及び不定期航空運送事業に係る輸送の合計である。
2. 平成2年度から平成21年度までの上段( )内は、軽自動車を含む数値である。
平成22年度以降は営業用軽自動車を含む数値のみを記載している。
3. 鉄道のJRは、61年度まで無賃・有賃を含み、62年度以降は有賃のみ。
4. 平成6年度の自動車の数値には、平成7年1月～3月の兵庫県の数値を含まない。

貨物輸送トンキロ
Transportation by Mode of Transportation

(Unit:(A)-million tons-km,(B)-ratio to preceding year)

自動車 Motor vehicles						内航海運 Coastal Shipping		航空 Aviation	
計 Total		営業用 Commercial use		自家用 Private use					
百万トンキロ (A)	対前年度比 (B)	百万トンキロ (A)	対前年度比 (B)	百万トンキロ (A)	対前年度比 (B)	百万トンキロ (A)	対前年度比 (B)	百万トンキロ (A)	対前年度比 (B)
20,801	113.5	9,638	122.6	11,163	106.7	63,579	124.7	6	150.0
48,392	102.5	22,385	110.7	26,006	96.3	80,635	104.5	21	105.0
135,916	113.4	67,330	115.8	68,586	111.1	151,243	112.8	74	113.8
129,701	99.2	69,247	96.1	60,455	102.9	183,579	95.4	152	108.6
178,901	103.5	103,541	105.4	75,360	100.9	222,173	98.4	290	106.2
205,941	102.6	137,300	104.0	68,642	99.8	205,818	98.0	482	108.1
(274,244)	(104.3)	(194,221)	(105.4)	(80,023)	(101.8)				
272,157	104.4	193,800	105.4	78,357	102.0	244,546	111.1	799	106.1
(294,648)	(…)	(223,090)	(…)	(71,558)	(…)				
292,566	…	222,655	…	69,911	…	238,330	99.9	924	106.1
(313,118)	(101.9)	(255,533)	(104.1)	(57,585)	(93.5)				
311,037	102.0	255,011	104.1	56,026	93.3	241,671	105.3	1,073	103.5
(327,632)	(101.8)	(282,151)	(102.8)	(45,481)	(95.8)				
332,911	102.2	290,160	103.1	42,751	97.0	211,576	96.7	1076	101.6
(346,534)	(103.4)	(302,182)	(103.9)	(44,352)	(100.3)				
352,632	102.4	309,498	102.6	43,134	100.7	202,962	97.6	1,146	101.4
346,420	(97.6)	302,816	(97.6)	43,604	(97.7)				
302,816	85.9	302,092	97.6	42,123	97.7	187,859	92.6	1,080	94.2
334,667	(96.6)	293,227	(96.8)	41,440	(95.0)				
332,474	109.8	292,520	96.8	39,954	94.9	167,315	89.1	1,044	96.7
243,150	…	213,288	…	29,862	…	179,898	107.5	1,033	98.9
231,061	95.0	202,441	94.9	28,620	95.8	174,900	97.2	993	96.1
209,956	90.9	180,336	89.1	29,620	103.5	177,791	101.7	1,018	102.5
214,092	102.0	184,840	102.5	29,252	98.8	184,860	104.0	1,100	108.1
210,008	98.1	181,160	98.0	28,848	98.6	183,120	99.1	1,125	102.3
204,315	97.3	175,981	97.1	28,335	98.2	180,381	98.5	1,120	99.6
r 210,314	102.9	r 180,811	102.7	r 29,503	104.1	180,438	100.0	1,096	97.9
210,829	100.2	182,526	100.9	28,303	95.9	180,934	100.3	1,073	97.9
210,467	99.8	182,490	100.0	27,977	98.8	179,089	99.0	979	91.2
213,836	101.6	186,377	102.1	27,459	98.1	169,680	94.7	927	94.7

(鉄道輸送統計年報、内航船舶輸送統計年報、自動車輸送統計年報、航空輸送統計年報)

5. 自動車の数値は平成22年度より、調査方法及び集計方法を変更した。21年度以前とは連続しない。
　なお、原典資料の自動車輸送統計年報においては、接続係数を用いて遡及改訂をおこなっているが、本書はそれによらず、従前調査体系の原数値系列により掲載している。なお、22年度より営業用には軽自動車を含む。
6. 平成22、23年度の自動車の数値には、東日本大震災の影響により、北海道及び東北運輸局管内の23年3、4月分の数値を含まない。
7. 鉄道は平成23年度より、公表項目のうちJRを秘匿項目としたため、JR、民鉄ともに内訳については公表値がない。

輸送機関別国内

Domestic Freight Transportation

年度 Fiscal Year	鉄道 Railways					
	計 Total		JR (JR)		民鉄 Private (ex,JR)	
	トン数 (A)	トンキロ (B)	トン数 (A)	トンキロ (B)	トン数 (A)	トンキロ (B)
S35 (1960)	15.5	39.2	12.7	38.6	2.8	0.7
S40 (1965)	9.6	30.7	7.6	30.3	2.0	0.5
S45 (1970)	4.9	18.1	3.8	17.8	1.1	0.3
S50 (1975)	3.7	13.1	2.8	12.9	0.8	0.2
S55 (1980)	2.8	8.6	2.0	8.4	0.8	0.2
S60 (1985)	1.8	5.1	1.2	5.0	0.5	0.1
H2 (1990)	1.3	5.0	0.9	4.9	0.4	0.1
H7 (1995)	1.2	4.5	0.8	4.4	0.4	0.1
	(0.9)	(3.8)	(0.6)	(3.8)	(0.3)	(0.0)
H12 (2000)	1.0	3.8	0.6	3.8	0.3	0.0
	(0.9)	(3.9)	(0.7)	(3.9)	(0.3)	(0.0)
H17 (2005)	1.0	4.0	0.7	4.0	0.3	0.0
	(1.0)	(4.0)	(0.7)	(4.0)	(0.3)	(0.0)
H19 (2007)	1.0	4.0	0.7	4.0	0.3	0.0
	(0.9)	(4.0)	(0.6)	(4.0)	(0.3)	(0.0)
H20 (2008)	0.9	4.3	0.7	4.3	0.3	0.0
	(0.9)	(3.9)	(0.6)	(3.9)	(0.3)	(0.0)
H21 (2009)	0.9	3.9	0.7	3.9	0.3	0.0
H22 (2010)	0.9	4.6	0.6	4.5	0.3	0.0
H23 (2011)	0.8	4.7	…	…	…	…
H24 (2012)	0.9	5.0	…	…	…	…
H25 (2013)	0.9	5.0	…	…	…	…
H26 (2014)	0.9	5.1	…	…	…	…
H27 (2015)	0.9	5.3	…	…	…	…
H28 (2016)	0.9	5.2	…	…	…	…
H29 (2017)	0.9	5.2	…	…	…	…
H30 (2018)	0.9	4.7	…	…	…	…
R1 (2019)	0.9	4.9	…	…	…	…
資料	国土交通省総合政策局情報政策課交通経済統計調査室(鉄道輸送統計年報、					

(注) 1. 航空は、定期航空運送事業及び不定期航空運送事業に係る輸送の合計である。

2. 平成12年度から平成21年度までの上段( )内は、軽自動車を含む数値である。
平成22年度以降は営業用軽自動車を含む数値のみ。

3. 鉄道のJRは、61年度まで無賃・有賃を含み、62年度以降は有賃のみ。

4. 平成6年度の自動車の数値には、平成7年1月～3月の兵庫県の数値を含まない。

貨 物 輸 送 分 担 率

Share by Mode of Transportation

単位：%（Unit:Percent(A)-ton,(B)-Tonkms)

自動車 Motor vehicles						内航海運 Coastal Shipping		航空 Aviation	
計 Total		営業用 Commercial use		自家用 Private use					
トン数 (A)	トンキロ (B)	トン数 (A)	トンキロ (B)	トン数 (A)	トンキロ (B)	トン数 (A)	トンキロ (B)	トン数 (A)	トンキロ (B)
75.4	14.9	24.8	6.9	50.6	8.0	9.1	45.8	0.0	0.0
83.5	26.0	25.3	12.0	58.2	14.0	6.8	43.3	0.0	0.0
88.0	38.9	21.2	19.2	66.8	19.5	7.2	43.1	0.0	0.0
87.3	36.0	24.9	19.2	62.5	16.8	9.0	50.9	0.0	0.0
88.9	40.7	27.8	23.6	61.1	17.2	8.4	50.6	0.0	0.1
90.2	47.4	33.8	31.6	56.4	15.8	8.1	47.4	0.0	0.1
90.0	50.0	36.4	35.6	53.6	14.4	8.7	44.9	0.0	0.1
90.3	52.5	40.6	40.0	49.8	12.5	8.5	42.8	0.0	0.2
(90.6)	(54.2)	(46.0)	(44.2)	(44.6)	(10.0)	(8.4)	(41.8)	(0.0)	(0.2)
90.4	54.0	46.8	44.3	43.6	9.7	8.6	42.0	0.0	0.2
(91.1)	(57.5)	(50.9)	(49.5)	(40.3)	(8.0)	(7.9)	(38.4)	(0.0)	(0.2)
91.0	58.6	53.6	51.1	37.4	7.5	8.0	37.2	0.0	0.2
(91.4)	(59.9)	(53.3)	(52.2)	(38.0)	(7.7)	(7.7)	(35.9)	(0.0)	(0.2)
91.2	60.8	55.4	53.4	35.9	7.4	7.8	35.0	0.0	0.2
(91.7)	(62.1)	(54.6)	(54.3)	(37.1)	(7.8)	(7.4)	(33.7)	(0.0)	(0.2)
91.5	58.9	55.7	58.8	35.8	8.2	7.6	36.5	0.0	0.2
(92.4)	(63.9)	(55.7)	(56.0)	(36.7)	(7.9)	(6.7)	(32.0)	(0.0)	(0.2)
92.2	63.8	56.9	56.1	35.3	7.7	6.9	32.1	0.0	0.2
91.6	55.0	62.7	47.7	28.8	6.7	7.5	40.2	0.0	0.2
91.8	54.1	64.4	47.4	27.4	6.7	7.4	41.0	0.0	0.2
91.4	51.3	63.1	44.1	28.4	7.2	7.7	43.4	0.0	0.3
91.1	50.8	62.7	43.9	28.4	7.0	7.9	43.9	0.0	0.3
91.3	50.6	62.0	43.6	29.2	7.0	7.8	44.1	0.0	0.3
91.3	50.2	62.1	43.2	29.2	7.0	7.8	44.3	0.0	0.3
91.4	50.9	63.1	43.8	28.4	7.1	7.6	43.7	0.0	0.3
91.5	50.8	63.3	44.0	28.2	6.8	7.5	43.7	0.0	0.3
91.6	51.3	63.9	44.5	27.7	6.8	7.5	43.7	0.0	0.2
91.9	52.9	64.8	46.1	27.1	6.8	7.2	42.0	0.0	0.2
内航船舶輸送統計年報、自動車輸送統計年報、航空輸送統計年報 ）									

5. 自動車の数値は平成22年度より、調査方法及び集計方法が変更され、21年度以前とは連続しない。
なお、22年度より営業用には軽自動車を含む。
6. 平成22、23年度の自動車の数値には、東日本大震災の影響により、北海道及び東北運輸局管内の23年3、4月分の数値を含まない。
7. 鉄道は平成23年度以降、JR、民鉄を区分せず、鉄道貨物として数値を記載している。

輸
送

輸 送 機 関 別 国 内

Domestic Passenger Transportation

年 度 Fiscal Year	合 計 Sum Total		鉄 道 Railways						自					
			計 Total		J R (JR)		民 鉄 Private (ex,JR)		計 Total		バ ス			
											計 Sub Total		営業用 Commercial use	
	百万人 (A)	対前年度比 (B)	百万人 (A)	対前年度比 (B)	百万人 (A)	対前年度比 (B)	百万人 (A)	対前年度比 (B)	百万人 (A)	対前年度比 (B)	百万人 (A)	対前年度比 (B)	百万人 (A)	対前年度比 (B)
S35 (1960)	20,291	106.9	12,290	105.3	5,124	106.5	7,166	104.5	7,901	109.4	6,291	106.0	6,179	105.0
S40 (1965)	30,793	104.8	15,798	103.7	6,722	104.9	9,076	102.8	14,863	106.0	10,557	102.3	10,029	100.5
S45 (1970)	40,606	106.9	16,384	102.2	6,534	99.9	9,850	103.8	24,032	110.3	11,812	101.2	10,255	99.5
S50 (1975)	46,195	102.4	17,588	100.0	7,048	99.1	10,540	100.6	28,411	104.0	10,731	95.8	9,293	96.0
S55 (1980)	51,720	100.6	18,005	100.9	6,825	98.5	11,180	102.5	33,515	100.4	9,903	99.4	8,300	99.0
S60 (1985)	53,961 (77,934)	101.7 (100.9)	19,085	101.8	7,036	102.2	12,048	101.5	34,679 (55,767)	101.9 (99.9)	8,780	98.6	7,230	97.8
H2 (1990)	64,795 (84,129)	101.9 (...)	21,939	103.4	8,358	104.7	13,581	102.6	42,628 (61,272)	101.0 (...)	8,558	99.8	6,756	99.4
H7 (1995)	68,253 (84,691)	... (100.8)	22,630	100.1	8,982	101.1	13,648	99.5	45,396 (62,841)	... (101.3)	7,619	...	6,005	...
H12 (2000)	67,423 (86,516)	100.2 (102.2)	21,647	99.5	8,671	99.5	12,976	99.6	45,573 (64,590)	100.6 (102.8)	6,635	96.7	5,058	97.5
H17 (2005)	67,625 (88,382)	99.9 (100.3)	21,963	101.3	8,683	100.8	13,280	101.6	45,464 (65,943)	99.3 (100.0)	5,889	98.2	4,545	98.2
H19 (2007)	67,762 (89,940)	100.9 (100.0)	22,841	102.7	8,988	102.4	13,853	102.9	44,726 (66,774)	100.1 (99.8)	5,963	100.9	4,560	100.5
H20 (2008)	67,145 (89,500)	99.1 (101.3)	22,976	100.6	8,984	100.0	13,992	101.0	43,979 (66,600)	98.3 (99.7)	5,930	99.4	4,607	101.0
H21 (2009)	66,306	98.8	22,724	98.9	8,841	98.4	13,884	99.2	43,407	98.7	5,733	96.7	4,476	97.2
H22 (2010)	29,077	...	22,669	99.8	8,818	99.7	13,851	99.8	6,241	...	4,458	77.8	4,458	99.6
H23 (2011)	28,784	98.9	22,632	99.8	8,837	100.2	13,795	99.6	6,074	97.3	4,414	99.0	4,414	99.0
H24 (2012)	29,292	101.8	23,042	101.8	8,963	101.4	14,079	102.1	6,077	100.1	4,437	100.5	4,437	100.5
H25 (2013)	29,940	102.2	23,606	102.4	9,147	102.1	14,459	102.7	6,153	101.2	4,505	101.5	4,505	101.5
H26 (2014)	29,838	99.7	23,600	100.0	9,088	99.4	14,512	100.4	6,057	98.4	4,500	99.9	4,500	99.9
H27 (2015)	30,505	102.2	24,290	102.9	9,308	102.4	14,982	103.2	6,031	99.6	4,565	101.4	4,565	101.4
H28 (2016)	30,817	101.0	24,598	101.3	9,392	100.9	15,206	101.5	6,034	100.0	4,582	100.4	4,582	100.4
H29 (2017)	31,248	101.4	24,973	101.5	9,488	101.0	15,485	101.8	6,085	100.8	4,640	101.3	4,640	101.3
H30 (2018)	31,498	100.8	25,269	101.2	9,556	100.7	15,714	101.5	6,037	99.2	4,646	100.1	4,646	100.1
R1 (2019)	31,092	98.7	25,190	99.7	9,503	99.4	15,687	99.8	5,800	96.1	4,532	97.5	4,532	97.5
資 料	国土交通省総合政策局情報政策課交通経済統計調査室(鉄道輸送統計年報、													

(注)1. 平成2年度から平成21年度までの上段( )内は、軽自動車及び自家用貨物車を含む数値である。
ただし、自家用貨物車の上段( )内は軽自動車のみの数値であり、下段( )内は登録車のみの数値である。
2. 航空は、定期航空運送事業及び不定期航空運送事業に係る輸送の合計である。
3. 平成6年度の自動車の数値には、平成7年1～3月の兵庫県の数値(営業用バス等を除く)を含まない。
4. 平成6年度の自動車の対前年度比は、平成7年1月～3月の兵庫県の数値を含まない(営業用バス等を除く)と同等の平成5年度の数値で計算した参考値である。

旅　客　輸　送　人　員
by Mode of Transportation

(Unit:(A)−million persons,(B)−ratio to preceding year)

動		車	Motor vehicles							旅客船		航空	
Buses		乗用車 Passenger Cars						自家用貨物車		Maritime		Aviation	
自家用 Private use		計 Sub Total		営業用 Commercial use		自家用 Private use		Truck for Private use					
百万人 (A)	対前年度比 (B)	百万人 (A)	対前年度比 (B)	百万人 (A)	対前年度比 (B)	百万人 (A)	対前年度比 (B)	百万人 (A)	対前年度比 (B)	百万人 (A)	対前年度比 (B)	百万人 (A)	対前年度比 (B)
112	211.3	1,610	125.7	1,205	123.2	405	133.7	…	…	99	103.1	1	100.0
528	154.8	4,306	116.5	2,627	113.1	1,679	122.3	…	…	126	110.5	5	100.0
1,557	114.2	12,221	120.9	4,289	105.0	7,932	131.6	…	…	174	106.1	15	125.0
1,437	94.0	17,681	109.8	3,220	99.9	14,460	112.2	…	…	170	95.5	25	100.0
1,603	101.0	23,612	100.9	3,427	97.5	20,186	101.5	…	…	160	96.5	40	97.7
1,551	103.0	25,899 (36,204)	103.1 (102.0)	3,257	99.2	22,642 (32,980)	103.7 (102.4)	… (7,551)	… (92.3)	153	99.1	44	97.9
1,802	101.6	34,070 (43,055)	101.4 (…)	3,223	97.6	30,847 (40,297)	101.8 (…)	(3,454) (7,464)	(96.4) (99.1)	163	101.5	65	108.5
1,614	97.8	37,776 (47,937)	… (103.1)	2,758	97.1	35,018 (45,504)	102.1 (103.3)	(3,134) (5,784)	(98.4) (95.0)	149	98.6	78	104.8
1,578	94.2	38,938 (50,007)	101.3 (104.3)	2,433	98.7	36,505 (47,663)	101.4 (104.7)	(2,485) (5,629)	(96.3) (97.3)	110	91.7	93	101.4
1,343	98.1	39,575 (52,765)	99.4 (100.1)	2,217	98.8	37,358 (50,556)	99.5 (100.1)	(2,083) (5,248)	(94.6) (99.9)	103	102.0	95	101.1
1,403	102.3	38,762 (53,827)	100.0	2,137	96.8	36,625 (51,802)	100.0 (100.0)	2,004 (5,112)	99.1 (98.1)	101	101.8	95	97.8
1,322	94.2	38,049 (54,172)	98.2	2,025	94.7	36,025 (52,224)	100.0 (100.8)	1,907 (4,925)	95.1 (96.4)	99	98.2	91	95.8
1,257	95.1	37,673	99.0	1,948	96.2	35,725	99.2	1,770	92.8	92	92.9	84	92.3
…	…	1,783	…	1,783	…	…	…	…	…	85	92.4	82	97.6
…	…	1,660	93.1	1,660	93.1	…	…	…	…	84	98.8	79	96.3
…	…	1,640	98.8	1,640	98.8	…	…	…	…	87	103.6	86	108.9
…	…	1,648	100.5	1,648	100.5	…	…	…	…	88	101.1	93	108.1
…	…	1,557	94.5	1,557	94.5	…	…	…	…	86	97.7	95	102.2
…	…	1,466	94.2	1,466	94.2	…	…	…	…	88	102.3	96	101.1
…	…	1,452	99.0	1,452	99.0	…	…	…	…	87	98.9	98	102.1
…	…	1,445	99.5	1,445	99.5	…	…	…	…	88	101.1	102	104.1
…	…	1,391	96.3	1,391	96.3	…	…	…	…	88	100.0	104	102.0
…	…	1,268	91.2	1,268	91.2	…	…	…	…	…	0.0	102	98.1

自動車輸送統計年報、航空輸送統計年報)、海事局内航課

5. 平成22、23年度の自動車の数値には、平成23年3,4月の北海道及び東北6県の数値(営業用バスを除く)を含まない。
6. 自動車の数値は平成22年度より、調査方法及び集計方法を変更した。21年度以前とは連続しない。
　(自家用乗用車、自家用貨物車及び軽自動車を調査対象から除外している。)
　なお、原典資料の自動車輸送統計年報においては、接続係数を用いて遡及改訂をおこなっているが、本書はそれによらず、従前調査体系の原数値系列により掲載している。
7. 令和元年度の合計には、旅客船の数値が入っていない。

輸 送 機 関 別 国 内

Passenger－Kilometers of Domestic Passenger

年 度 Fiscal Year	合 計 Sum Total		鉄 道 Railways						自					
			計 Total		J R (JR)		民 鉄 Private (ex,JR)		計 Total		バ ス			
											計 Sub Total		営業用 Commercial use	
	百万 人キロ (A)	対前年 度 比 (B)	百万 人キロ (A)	対前年 度 比 (B)	百万 人キロ (A)	対前年 度 比 (B)	百万 人キロ (A)	対前年 度 比 (B)	百万 人キロ (A)	対前年 度 比 (B)	百万 人キロ (A)	対前年 度 比 (B)	百万 人キロ (A)	対前年度 比 (B)
S35 (1960)	243,278	…	184,340	108.2	123,983	108.6	60,357	107.6	55,531	115.7	43,999	112.3	42,742	110.8
S40 (1965)	382,594	107.6	255,384	105.6	174,014	106.0	81,370	104.8	120,756	111.9	80,133	105.4	73,371	102.3
S45 (1970)	587,177	111.0	288,816	104.9	189,726	104.5	99,090	105.6	284,229	117.4	102,894	102.7	82,239	101.2
S50 (1975)	710,711	102.5	323,800	99.9	215,289	99.9	108,511	100.0	360,868	104.8	110,063	95.1	80,110	97.7
S55 (1980)	782,031	100.6	314,542	100.7	193,143	99.2	121,399	103.1	431,669	100.8	110,396	101.9	73,934	100.9
S60 (1985)	858,215	103.1	330,083	101.8	197,463	101.7	132,620	101.9	489,260	104.4	104,898	101.8	70,848	100.2
	(1,298,436)	(102.3)							(853,060)	(100.9)				
H2 (1990)	1,108,160	102.9	387,478	105.1	237,657	106.7	149,821	102.5	662,784	102.9	110,372	101.1	77,341	103.2
	(1,388,126)	(…)							(917,419)	(…)				
H7 (1995)	1,176,502	…	400,056	100.9	248,998	101.9	151,059	99.4	705,795	…	97,287	…	73,910	…
	(1,419,696)	(99.7)							(951,253)	(99.5)				
H12 (2000)	1,198,762	99.7	384,411	99.8	240,659	99.9	143,782	99.6	730,318	99.6	87,307	98.4	69,530	100.2
	(1,418,381)	(99.4)							(947,563)	(99.3)				
H17 (2005)	1,165,681	99.1	391,228	101.6	245,996	101.7	145,232	101.4	687,208	97.4	88,066	102.1	72,782	101.7
	(1,403,375)	(99.4)							(917,938)					
H19 (2007)	1,153,307	100.1	405,544	102.4	255,210	102.5	150,334	102.4	659,602	98.9	88,969	100.3	71,982	99.1
	(1,394,953)	(98.7)							(905,907)					
H20 (2008)	1,131,842	98.1	404,585	99.8	253,556	99.4	151,030	100.5	642,796	97.5	89,921	101.1	73,260	101.8
	(1,370,794)	(98.3)							(898,720)	(99.2)				
H21 (2009)	1,103,130	97.5	393,765	97.4	244,247	96.3	149,519	99.0	631,056	98.2	87,402	97.2	71,205	97.2
H22 (2010)	555,648	…	393,466	99.9	244,593	100.1	148,874	99.6	77,678	…	69,955	80.0	69,955	98.2
H23 (2011)	543,256	…	395,067	100.4	246,937	101.0	148,130	99.5	73,916	95.2	66,696	95.3	66,696	95.3
H24 (2012)	561,085	103.3	404,394	102.4	253,788	102.8	150,606	101.7	75,668	102.4	68,458	102.6	68,458	102.6
H25 (2013)	576,392	102.7	414,387	102.5	260,013	102.5	154,374	102.5	74,571	98.6	67,527	98.6	67,527	98.6
H26 (2014)	576,341	100.0	413,970	99.9	260,097	100.0	153,873	99.7	72,579	97.3	65,649	97.2	65,649	97.2
H27 (2015)	590,357	102.4	427,486	103.3	269,394	103.6	158,092	102.7	71,443	98.4	64,936	98.9	64,936	98.9
H28 (2016)	595,882	100.9	431,799	101.0	271,996	101.0	159,802	101.1	70,119	98.1	63,737	98.2	63,737	98.2
H29 (2017)	604,918	101.5	437,363	101.3	275,124	101.2	162,239	101.5	69,815	99.6	63,524	99.7	63,524	99.7
H30 (2018)	611,365	101.1	441,614	101.0	277,670	100.9	163,944	101.1	70,101	100.4	64,108	100.9	64,108	100.9
R1 (2019)	595,211	97.4	435,063	98.5	271,936	97.9	163,126	99.5	65,556	93.5	60,070	93.7	60,070	93.7
資 料	国土交通省総合政策局情報政策課交通経済統計調査室（鉄道輸送統計年報、													

(注) 1. 平成2年度から平成21年度までの上段（ ）内は、軽自動車及び自家用貨物車を含む数値である。
ただし、自家用貨物車の上段（ ）内は軽自動車のみの数値であり、下段（ ）内は登録車のみの数値である。
2. 航空は、定期航空運送事業及び不定期航空運送事業に係る輸送の合計である。
3. 平成6年度の自動車の数値には、平成7年1～3月の兵庫県の数値（営業用バス等を除く）を含まない。
4. 平成6年度の自動車の対前年度比は、平成7年1月～3月の兵庫県の数値を含まない（営業用バス等を除く）
と同等の平成5年度の数値で計算した参考値である。

旅 客 輸 送 人 キ ロ

Transportation by Mode of Transportation

(Unit:(A)-million persons-km,(B)-ratio to preceding year)

動		車	Motor vehicles							旅 客 船		航 空	
Buses		乗 用 車 Passenger Cars						自家用貨物車		Maritime		Aviation	
自家用 Private use		計 Sub Total		営業用 Commercial use		自家用 Private use		Truck for Private use					
百万人キロ	対前年度比	百万人キロ	対前年度比	百万人キロ	対前年度比	百万人キロ	対前年度比	百万人キロ	対前年度比	百万人キロ	対前年度比	百万人キロ	対前年度比
(A)	(B)	(A)	(B)	(A)	(B)	(A)	(B)	(A)	(B)	(A)	(B)		(B)
1,257	213.1	11,532	130.7	5,162	120.0	6,370	140.9	…	…	2,670	…	737	150.1
6,762	156.2	40,622	127.3	11,216	111.9	29,406	134.3	…	…	3,402	110.8	2,952	107.5
20,655	109.2	181,335	127.8	19,311	104.5	162,024	131.3	…	…	4,814	108.4	9,319	133.3
29,953	88.7	250,804	109.8	15,572	99.3	235,232	110.6	…	…	6,895	88.9	19,148	108.6
36,462	104.0	321,272	100.4	16,243	98.7	305,030	100.5	…	…	6,132	95.2	29,688	98.2
34,050	105.3	384,362	105.1	15,763	100.8	368,600	105.3	…	…	5,752	99.5	33,119	98.9
		(575,507)	(103.5)			(559,868)	(103.7)	(92,523)	(90.1)				
33,031	96.6	552,412	103.2	15,639	98.2	536,773	103.4	(74,659)	(96.7)	6,275	105.2	51,624	109.5
		(664,625)	(…)			(650,829)	(…)	(81,620)	(98.0)				
23,377	103.0	608,508	…	13,796	96.2	594,712	103.1	(73,887)	(100.1)	5,637	94.8	65,014	106.1
		(741,148)	(101.1)			(729,096)	(101.1)	(63,366)	(92.2)				
17,777	92.1	643,010	99.7	12,052	99.5	630,958	99.7	(59,431)	(91.9)	4,304	96.1	79,698	100.4
		(750,518)	(99.4)			(738,933)	(99.4)	(59,023)	(100.7)				
15,284	103.8	599,142	96.7	11,485	99.1	587,657	96.7	49,742	96.1	4,025	104.0	83,220	101.7
		(723,869)				(712,415)	(98.1)	(56,908)	(98.8)				
16,987	105.6	570,633	98.7	11,100	96.9	559,533	98.8	48,656	100.4	3,834	101.3	84,327	98.3
		(713,147)				(702,575)	(98.5)	(55,930)	(98.4)				
16,661	98.1	552,875	96.9	10,572	95.2	542,304	96.9	46,910	96.4	3,510	91.6	80,951	96.0
		(711,670)	(99.8)			(701,515)	(99.8)	(55,054)	(98.4)				
16,197	97.2	543,654	98.3	10,155	96.1	533,499	98.4	44,594	95.1	3,073	87.5	75,236	92.9
…	…	7,723	…	7,723	…	…	…	…	…	3,004	97.8	73,777	98.1
…	…	7,221	93.5	7,221	93.5	…	…	…	…	3,047	101.4	71,226	96.5
…	…	7,210	99.8	7,210	99.8	…	…	…	…	3,092	101.5	77,931	109.4
…	…	7,044	97.7	7,044	97.7	…	…	…	…	3,265	105.6	84,169	108.0
…	…	6,930	98.4	6,930	98.4	…	…	…	…	2,986	91.4	86,806	103.1
…	…	6,508	93.9	6,507	93.9	…	…	…	…	3,139	105.1	88,289	101.7
…	…	6,382	98.1	6,382	98.1	…	…	…	…	3,275	104.4	90,689	102.7
…	…	6,290	98.6	6,290	98.6	…	…	…	…	3,191	97.4	94,549	104.3
…	…	5,993	95.3	5,993	95.3	…	…	…	…	3,364	105.4	96,286	101.8
…	…	5,486	91.5	5,486	91.5	…	…	…	…	…	0.0	94,592	98.2

自動車輸送統計年報、航空輸送統計年報)、海事局内航課

5. 平成22、23年度の自動車の数値には、平成23年3,4月の北海道及び東北6県の数値（営業用バスを除く）を含まない。

6. 自動車の数値は平成22年度より、調査方法及び集計方法を変更した。21年度以前とは連続しない。
（自家用乗用車、自家用貨物車及び軽自動車を調査対象から除外している。）
なお、原典資料の自動車輸送統計年報においては、接続係数を用いて遡及改訂をおこなっているが、本書はそれによらず、従前調査体系の原数値系列により掲載している。

7. 令和元年の合計には、旅客船の数値は入っていない。

輸 送 機 関 別 国 内
Domestic Passenger Transportation

年度 Fiscal Year	鉄道 Railways						自					
	計 Total		JR (JR)		民鉄 Private (ex,JR)		計 Total		バス			
									計 Sub Total		営業用 Commercial use	
	人数 Pax	人キロ Pax-km	人数 Pax	人キロ Pax-km	人数 Pax	人キロ Pax-km	人数 Pax	人キロ Pax-km	人数 Pax	人キロ Pax-km	人数 Pax	人キロ Pax-km
S35 (1960)	60.6	75.8	25.3	51.0	35.3	24.8	38.9	22.8	31.0	18.1	30.5	17.6
S40 (1965)	51.3	66.8	21.8	45.5	29.5	21.3	48.3	31.6	34.3	21.0	32.6	19.2
S45 (1970)	40.3	49.2	16.1	32.3	24.3	16.9	59.2	48.4	29.1	17.5	25.3	14.0
S50 (1975)	38.1	45.6	15.3	30.3	22.8	15.3	61.5	50.8	23.2	15.5	20.1	11.3
S55 (1980)	34.8	40.2	13.2	24.7	21.6	15.5	64.8	55.2	19.1	14.1	16.0	9.4
S60 (1985)	35.3	38.5	12.9	23.0	22.4	15.5	64.4	57.0	16.3	12.2	13.4	8.3
	(28.2)	(29.8)	(10.7)	(18.3)	(17.4)	(11.5)	(71.6)	(65.7)	(11.0)	(8.5)		
H2 (1990)	33.9	35.0	12.9	21.4	21.0	13.5	65.8	59.8	13.2	10.0	10.4	7.0
	(26.9)	(28.8)	(10.7)	(17.9)	(16.2)	(10.9)	(72.8)	(66.1)	(9.1)	(7.0)		
H7 (1995)	33.2	34.0	13.2	21.2	20.0	12.8	66.5	60.0	11.2	8.3	8.8	6.3
	(25.6)	(27.1)	(10.2)	(17.0)	(15.3)	(10.1)	(74.2)	(67.0)	(7.8)	(6.1)		
H12 (2000)	32.1	32.1	12.9	20.1	19.2	12.0	67.6	60.9	9.8	7.3	7.5	5.8
	(24.7)	(27.2)	(9.8)	(17.1)	(14.9)	(10.1)	(75.1)	(66.8)	(6.8)	(6.1)		
H17 (2005)	32.5	33.6	12.8	21.1	19.6	12.5	67.2	59.0	8.7	7.6	6.7	6.2
	(25.2)	(28.2)	(9.9)	(17.7)	(15.2)	(10.5)	(74.6)	(65.4)	(6.7)	(6.3)		
H19 (2007)	33.7	35.2	13.3	22.1	20.4	13.0	66.0	57.2	8.8	7.7	6.7	6.2
	(25.5)	(29.0)	(10.0)	(18.2)	(15.6)	(10.8)	(74.2)	(64.9)	(6.6)	(6.4)		
H20 (2008)	34.2	35.7	13.4	22.4	20.8	13.3	65.5	56.8	8.8	7.9	6.9	6.5
	(25.4)	(28.7)	(9.9)	(17.8)	(15.5)	(10.9)	(74.4)	(65.6)	(6.4)	(6.4)	(0.0)	(0.0)
H21 (2009)	34.3	35.7	13.3	22.1	20.9	13.6	65.5	57.2	8.6	7.9	6.8	6.5
H22 (2010)	78.0	71.8	30.3	44.6	47.6	27.2	21.5	14.2	15.3	12.8	15.3	12.8
H23 (2011)	78.4	72.7	30.6	45.5	47.8	27.3	21.0	13.6	15.3	12.3	15.3	12.3
H24 (2012)	78.9	72.5	30.7	45.5	48.2	27.0	20.8	13.6	15.2	12.3	15.2	12.3
H25 (2013)	79.1	72.3	30.6	45.4	48.4	26.9	20.0	13.0	15.1	11.8	15.1	11.8
H26 (2014)	79.3	72.2	30.6	45.4	48.8	26.8	20.4	12.7	15.1	11.4	15.1	11.4
H27 (2015)	79.9	72.8	30.6	45.9	49.3	26.9	19.8	12.2	15.0	11.1	15.0	11.1
H28 (2016)	80.0	72.9	30.6	45.9	49.5	27.0	19.6	11.8	14.9	10.8	14.9	10.8
H29 (2017)	80.1	72.7	30.4	45.7	50.0	27.0	19.5	11.6	15.0	10.6	15.0	10.6
H30 (2018)	80.4	72.6	30.4	45.7	50.0	27.0	19.2	11.5	14.8	10.5	14.8	10.5
R1 (2019)	81.0	73.1	30.6	45.7	50.5	27.4	18.7	11.0	14.6	10.1	14.6	10.1
資料	国土交通省総合政策局情報政策課交通経済統計調査室(鉄道輸送統計年報、											

(注) 1. 平成2年度から平成21年度までの上段( )内は、軽自動車及び自家用貨物車を含む数値である。
ただし、自家用貨物車の上段( )内は軽自動車のみの数値であり、下段( )内は登録車のみの数値である。

旅客輸送分担率

Share by Mode of Transportation

単位：%（Unit : Percent）　Pax＝Passenger

動		車 Motor vehicles								旅客船 Maritime		航空 Aviation	
Buses		乗用車 Passenger Cars						自家用貨物車 Truck for Private use					
自家用 Private use		計 Sub Total		営業用 Commercial use		自家用 Private use							
人数 Pax	人キロ Pax-km	人数 Pax	人キロ Pax-km	人数 Pax	人キロ Pax-km	人数 Pax	人キロ Pax-km	人数 Pax	人キロ Pax-km	人数 Pax	人キロ Pax-km	人数 Pax	人キロ Pax-km
0.6	0.5	7.9	4.7	5.9	2.1	2.0	2.6	…	…	0.5	1.1	0.0	0.3
1.7	1.8	14.0	10.6	8.5	2.9	5.5	7.7	…	…	0.4	0.9	0.0	0.8
3.8	3.5	30.1	30.9	10.6	3.3	19.5	27.6	…	…	0.4	0.8	0.0	1.6
3.1	4.2	38.3	35.3	7.0	2.2	31.3	33.1	…	…	0.4	1.0	0.1	2.7
8.1	4.7	45.7	41.1	6.6	2.1	39.1	39.0	…	…	0.3	0.8	0.1	3.8
2.9	4.0	48.1	44.8	6.0	1.8	42.0	43.0	…	…	0.3	0.7	0.1	3.9
		(46.5)	(44.3)			(42.3)	(43.1)	(9.7)	(7.1)	(0.2)	(0.5)	(0.1)	(4.0)
2.8	3.0	52.6	49.8	5.0	1.4	47.6	48.4	(5.3)	(6.7)	0.3	0.6	0.1	4.7
		(51.2)	(47.9)			(47.9)	(46.9)	(8.9)	(5.9)	(0.2)	(0.4)	(0.1)	(4.7)
2.4	2.0	55.3	51.7	4.0	1.2	51.3	50.6	(4.6)	(6.3)	0.2	0.5	0.1	5.5
		(56.6)	(52.2)			(53.7)	(51.4)	(6.8)	(4.5)	(0.1)	(0.3)	(0.1)	(5.6)
2.3	1.5	57.8	53.6	3.6	1.0	54.1	52.6	(2.9)	(4.2)	0.2	0.4	0.1	6.6
		(59.5)	(52.9)			(57.0)	(52.1)	(6.2)	(4.2)	(0.1)	(0.3)	(0.1)	(5.8)
2.0	1.3	58.5	51.4	3.3	1.0	55.2	50.4	(3.1)	(4.3)	0.2	0.3	0.1	7.1
		(59.7)	(51.6)			(57.2)	(50.8)	(5.9)	(4.1)	(0.1)	(0.3)	(0.1)	(6.1)
2.1	1.5	57.2	49.5	3.2	1.0	54.0	48.5	(3.0)	(4.2)	0.1	0.3	0.1	7.3
		(59.8)	(51.1)			(57.6)	(50.4)	(5.7)	(4.0)	(0.1)	(0.3)	(0.1)	(5.8)
2.0	1.5	56.7	48.8	3.0	0.9	53.7	47.9	(2.8)	(4.1)	0.1	0.3	0.1	7.2
(0.0)	(0.0)	(60.5)	(51.9)	(0.0)	(0.0)	(58.4)	(51.2)	(5.5)	(4.0)	(0.1)	(0.2)	(0.1)	(5.5)
1.9	1.5	56.8	49.3	2.9	0.9	53.9	48.4	(2.7)	(4.0)	0.1	0.3	0.1	6.8
…	…	6.1	1.4	6.1	1.4	…	…	…	…	0.3	0.5	0.3	13.5
…	…	5.7	1.3	5.7	1.3	…	…	…	…	0.3	0.6	0.3	13.2
…	…	5.6	1.3	5.6	1.3	…	…	…	…	…	…	0.3	14.0
…	…	5.5	1.2	5.5	1.2	…	…	…	…	…	…	0.3	14.7
…	…	5.2	1.2	5.2	1.2	…	…	…	…	…	…	0.3	15.1
…	…	4.8	1.1	4.8	1.1	…	…	…	…	…	…	0.3	15.0
…	…	4.7	1.1	4.7	1.1	…	…	…	…	…	…	0.3	15.3
…	…	4.6	1.0	4.6	1.0	…	…	…	…	…	…	0.3	15.7
…	…	4.4	1.0	4.4	1.0	…	…	…	…	…	…	0.3	15.8
…	…	4.1	0.9	4.1	0.9	…	…	…	…	…	…	0.3	15.9

自動車輸送統計年報、航空輸送統計年報）

2. 国鉄の61年度は、JR各社が発足した62年4月以降に整合する接続値である。

3. 平成6年度の自動車の数値には、平成7年1～3月の兵庫県の数値（営業用バス等を除く）を含まない。

国 際 貨 物 輸 送 量

Volume of International Freight Transportation

暦 年 Calendar Year (CY)	海 運 Shipping		定 期 航 空 Scheduled Air Transport			
	千トン Thousand tons	対前年度比(%) Ratio to Preceding FY	千トン Thousand tons	対前年度比(%) Ratio to Preceding FY	百万トンキロ Million tons-km	対前年度比(%) Ratio to Preceding FY
S45 (1970)	343,937	127.4	49	114.1	362	105.8
S50 (1975)	517,958	99.7	114	120.9	825	115.9
S55 (1980)	552,614	96.6	232	116.0	1,542	114.8
S60 (1985)	549,065	102.1	361	107.8	2,649	110.1
H2 (1990)	597,822	100.9	620	99.5	4,288	98.1
H7 (1995)	703,606	105.1	857	110.1	5,596	108.5
H12 (2000)	739,377	100.0	1,188	106.4	7,389	106.0
H15 (2003)	772,057	110.1	1,219	102.9	7,103	101.5
H16 (2004)	776,099	105.2	1,333	109.3	7,616	107.2
H17 (2005)	779,108	100.2	1,319	100.0	7,711	101.2
H18 (2006)	803,050	103.1	1,309	99.2	8,097	105.0
H19 (2007)	833,217	103.8	1,350	103.2	8,600	106.2
H20 (2008)	877,002	105.3	1,314	97.3	7,451	86.6
H21 (2009)	823,850	93.9	1,165	88.7	6,065	81.4
H22 (2010)	819,075	99.4	1,323	113.5	6,658	109.8
H23 (2011)	966,697	118.0	1,057	79.9	5,627	84.5
H24 (2012)	1,001,130	103.6	1,140	107.9	6,096	108.3
H25 (2013)	1,026,984	102.6	1,204	91.0	6,535	98.2
H26 (2014)	1,035,238	100.8	1,389	115.4	7,697	117.8
H27 (2015)	1,056,143	102.0	1,402	100.9	7,947	103.2
H28 (2016)	1,018,441	96.4	1,529	109.1	8,412	105.9
H29 (2017)	997,068	97.9	1,750	114.5	9,700	115.3
H30 (2018)	1,032,337	103.5	1,537	87.8	8,415	86.8
H31・R1 (2019)	959,693	93.0	1,444	93.9	8,071	95.9
資 料	国土交通省海事局外航課、総合政策局情報政策課 交通経済統計調査室(航空輸送統計年報)					

(注) 1. 海運の貨物には、外国用船による輸送を含む。
2. 定期航空は、定期航空運送事業に係る輸送である。

国　際　旅　客　輸　送　量
Volume of International Passenger Transportation

暦年 Calendar Year (CY)	海運 Shipping		定期航空 Scheduled Air Transport			
	千人 Thousand Persons	対前年度比(%) Ratio to Preceding FY	千人 Thousand Persons	対前年度比(%) Ratio to Preceding FY	百万人キロ Million Persons-km	対前年度比(%) Ratio to Preceding FY
S45 (1970)	98	107.8	1,628	123.9	6,638	114.5
S50 (1975)	76	105.2	2,555	111.2	13,888	115.4
S55 (1980)	76	119.3	4,831	101.8	23,151	101.5
S60 (1985)	95	113.1	6,496	106.4	32,165	106.6
H4 (1990)	206	117.0	10,884	105.4	50,695	101.6
H9 (1995)	290	108.2	13,797	109.8	68,883	111.2
H14 (2000)	469	115.5	19,249	109.8	96,829	110.2
H15 (2003)	508	98.4	14,593	81.6	72,817	84.9
H16 (2004)	548	107.8	17,704	121.3	83,209	114.3
H17 (2005)	580	100.0	17,909	100.0	83,127	100.0
H18 (2006)	633	109.1	17,390	97.1	80,293	96.6
H19 (2007)	673	106.4	17,756	102.1	78,726	98.0
H20 (2008)	649	96.3	16,425	92.5	72,805	92.5
H21 (2009)	530	81.6	15,388	93.7	67,200	92.3
H22 (2010)	630	118.9	14,565	94.7	63,352	94.3
H23 (2011)	…	…	12,158	83.5	53,039	83.7
H24 (2012)	…	…	13,997	115.1	61,361	115.7
H25 (2013)	…	…	14,858	106.2	65,610	106.9
H26 (2014)	…	…	16,355	110.1	73,608	112.2
H27 (2015)	…	…	18,254	111.6	82,105	111.5
H28 (2016)	…	…	20,505	112.3	r 90,401	110.1
H29 (2017)	…	…	22,144	108.0	r 97,527	r 105.0
H30 (2018)	…	…	r 23,300	r 105.2	r 102,440	105.1
H31・R1 (2019)	…	…	23,455	100.7	105,074	102.6
資料	国土交通省海事局外航課、 総合政策局情報政策課交通経済統計調査室(航空輸送統計年報)					

(注) 1. 海運は、邦船社による輸送である。
2. 定期航空は、定期航空運送事業に係る輸送である。

輸
送

輸送機関別品目別輸送量（平成27年度）(FY2015)

Volume of Items Carried by Mode of Transportation

単位：千トン（Unit：thousand tons）

品目区分 Items		合計 Sum Total	自動車 Motor Vehicles 計 Total	営業用 Commercial use	自家用 Private use	内航海運 Coastal Shipping
合計	Sum Total	4,654,486	4,289,000	2,916,827	1,372,174	365,486
穀物	Cereals	37,233	34,746	25,935	8,811	2,487
野菜・果物	Vegetables, Fruit	65,937	65,936	45,619	20,317	1
その他の農産物	Other Crops	23,160	23,111	15,511	7,600	49
畜産品	Stock Products	48,671	48,671	38,203	10,468	
水産品	Maline Products	42,900	42,899	34,646	8,254	1
木材	Lumber	131,263	129,544	77,604	51,939	1,719
薪炭	Firewood	1,050	1,045	542	503	5
石炭	Coal	30,601	17,436	17,200	236	13,165
金属鉱	Metallic minarals	11,497	8,974	7,918	1,056	2,523
砂利・砂・石材	Gravel,Sands & Stones	543,568	520,781	191,593	329,187	22,787
非金属鉱物(工業用)	Non-ferrous Metals & Minerals	118,388	49,268	36,370	12,899	69,120
金属	Metals	223,466	182,303	153,106	29,197	41,163
金属製品	Metal Products	129,517	129,144	87,784	41,360	373
輸送用機械	Transportation machinery	66,716	60,754	37,421	23,333	5,962
輸送用機械部品	Parts for Transportation Machinery	160,003	159,059	144,183	14,876	944
機械	Machinery	151,843	150,010	92,924	57,086	1,833
セメント	Cement	86,664	51,554	41,120	10,434	35,110
その他の窯業品	Other Ceramics	259,438	256,950	108,185	148,765	2,488
石油製品	Petroleum-Products	249,185	163,044	107,758	55,286	86,141
コークス・その他の石炭製品	Coke,Other Coal Products	14,129	5,907	5,596	311	8,222
化学薬品	Chemicals	60,141	39,153	35,250	3,903	20,988
化学肥料	Chemicals Fertilizers	11,678	10,909	7,579	3,329	769
染料・塗料その他の化学工業品	Dyes,Paints,Other Chemicals	109,102	106,668	94,068	12,601	2,434
紙・パルプ	Paper,Pulp	120,123	118,275	99,847	18,428	1,848
繊維工業品	Textile Products	17,169	17,169	12,249	4,919	-
製造食品	Manufactured food	r 200,271	r 200,271	r 184,122	r 16,149	r -
食料工業品	Foodstuff	r 236,648	r 235,416	r 205,883	r 29,534	1,232
日用品	Daily Necessaries	239,923	239,923	225,891	14,032	0
ゴム製品・木製品・その他の製造工業品	Rubber,Wood Products	64,242	40,563	30,599	9,964	23,679
特種品・その他	Parcels & Others Products	1,199,488	1,179,516	752,120	427,396	19,972
分類不能のもの	Others	468	0	0	0	468
資料	国土交通省総合政策局情報政策本部情報政策課交通経済統計調査室（自動車輸送統計年報、内航船舶輸送統計年報）					

(注) 1. 内航海運は、営業用・自家用の合計である。
2. 自動車は、平成22年度より調査方法及び集計方法を変更した。21年度以前の数値とは連続しない。
特に、22年度からは自家用軽自動車を対象から除外している。

輸送機関別品目別輸送量 (平成28年度) (FY2016)

Volume of Items Carried by Mode of Transportation

単位：千トン(Unit:thousand tons)

品目区分 Items		合計 Sum Total	自動車 Motor Vehicles			内航海運 Coastal Shipping
			計 Total	営業用 Commercial use	自家用 Private use	
合計	Sum Total	r 4,742,307	r 4,377,822	r 3,019,328	r 1,358,494	364,485
穀物	Cereals	r 46,380	r 43,870	r 31,049	r 12,821	2,510
野菜・果物	Vegetables, Fruit	r 60,903	r 60,903	r 42,440	r 18,463	-
その他の農産物	Other Crops	r 25,026	r 24,977	r 18,003	r 6,974	49
畜産品	Stock Products	r 45,433	r 45,433	r 31,243	r 14,190	-
水産品	Maline Products	r 46,829	r 46,824	r 37,219	r 9,605	5
木材	Lumber	r 137,785	r 136,236	89,145	r 47,091	1,549
薪炭	Firewood	659	659	531	128	-
石炭	Coal	r 37,997	23,726	23,606	r 120	14,271
金属鉱	Metallic minarals	r 13,028	r 10,280	9,978	r 302	2,748
砂利・砂・石材	Gravel,Sands & Stones	r 569,804	r 549,003	201,328	r 347,675	20,801
非金属鉱物(工業用)	Non-ferrous Metals & Minerals	r 120,325	r 50,114	29,203	r 20,911	70,211
金属	Metals	r 242,457	r 199,958	162,629	r 37,329	42,499
金属製品	Metal Products	r 117,473	r 117,124	78,713	r 38,411	349
輸送用機械	Transportation machinery	r 61,004	r 55,172	r 30,607	r 24,564	5,832
輸送用機械部品	Parts for Transportation Machinery	r 163,421	r 162,459	151,898	r 10,561	962
機械	Machinery	r 141,534	r 139,590	94,071	r 45,519	1,944
セメント	Cement	r 82,988	r 48,054	r 34,434	r 13,620	34,934
その他の窯業品	Other Ceramics	r 231,261	r 228,842	r 93,852	r 134,990	2,419
石油製品	Petroleum-Products	r 240,643	r 161,472	r 114,506	r 46,967	79,171
コークス・その他の石炭製品	Coke,Other Coal Products	13,925	6,074	5,972	102	7,851
化学薬品	Chemicals	r 59,319	r 36,114	32,147	r 3,967	23,205
化学肥料	Chemicals Fertilizers	13,459	12,769	10,063	2,705	690
染料・塗料その他の化学工業品	Dyes,Paints,Other Chemicals	r 95,995	r 93,339	r 82,311	r 11,028	2,656
紙・パルプ	Paper,Pulp	r 135,544	r 133,819	119,375	r 14,445	1,725
繊維工業品	Textile Products	r 16,498	r 16,498	11,647	r 4,850	-
製造食品	Manufactured food	r 231,674	r 231,674	r 215,495	r 16,178	r -
食料工業品	Foodstuff	r 254,973	r 253,767	228,465	r 25,302	1,206
日用品	Daily Necessaries	r 295,950	r 295,950	281,503	r 14,447	-
ゴム製品・木製品・その他の製造工業品	Rubber,Wood Products	r 72,763	r 48,253	38,263	r 9,990	24,510
特種品・その他	Parcels & Others Products	r 1,166,588	r 1,144,868	719,630	r 425,235	21,720
分類不能のもの	Others	664	0	0	0	664
資料	国土交通省総合政策局情報政策本部情報政策課交通経済統計調査室(自動車輸送統計年報、内航船舶輸送統計年報)					

(注) 1. 内航海運は、営業用・自家用の合計である。

2. 自動車は、平成22年度より調査方法及び集計方法を変更した。21年度以前の数値とは連続しない。
特に、22年度からは自家用軽自動車を対象から除外している。

輸送機関別品目別輸送量（平成29年度）(FY2017)

Volume of Items Carried by Mode of Transportation

単位：千トン(Unit：thousand tons)

品目区分	Items	合計 Sum Total	自動車 Motor Vehicles 計 Total	営業用 Commercial use	自家用 Private use	内航海運 Coastal Shipping
合計	Sum Total	4,741,373	4,381,246	3,031,940	1,349,306	360,127
穀物	Cereals	41,281	r 38,368	28,195	10,172	2,913
野菜・果物	Vegetables, Fruit	68,328	68,316	47,969	20,347	12
その他の農産物	Other Crops	22,656	22,623	15,267	7,356	33
畜産品	Stock Products	45,548	45,548	34,426	11,122	-
水産品	Maline Products	52,919	52,915	44,844	8,071	4
木材	Lumber	136,327	135,391	93,028	42,363	936
薪炭	Firewood	716	709	336	374	7
石炭	Coal	36,172	22,697	22,089	608	13,475
金属鉱	Metallic minarals	9,088	7,241	6,443	798	1,847
砂利・砂・石材	Gravel,Sands & Stones	522,217	502,682	188,196	314,485	19,535
非金属鉱物(工業用)	Non-ferrous Metals & Minerals	124,369	54,727	41,533	13,194	69,642
金属	Metals	262,361	217,004	181,645	35,358	45,357
金属製品	Metal Products	130,039	129,684	87,122	42,561	355
輸送用機械	Transportation machinery	65,193	59,254	38,870	20,384	r 5,939
輸送用機械部品	Parts for Transportation Machinery	192,214	191,231	178,984	12,247	983
機械	Machinery	141,397	140,263	90,743	49,520	1,134
セメント	Cement	91,742	57,284	43,864	13,420	34,458
その他の窯業品	Other Ceramics	257,871	255,983	115,852	140,132	1,888
石油製品	Petroleum-Products	248,245	168,329	115,488	52,839	79,916
コークス・その他の石炭製品	Coke,Other Coal Products	14,121	8,222	7,710	512	5,899
化学薬品	Chemicals	53,856	30,165	27,798	r 2,367	23,691
化学肥料	Chemicals Fertilizers	12,394	11,616	8,795	r 2,821	778
染料・塗料その他の化学工業品	Dyes,Paints,Other Chemicals	111,649	109,151	97,216	11,935	2,498
紙・パルプ	Paper,Pulp	123,534	121,711	103,264	18,447	1,823
繊維工業品	Textile Products	21,209	21,209	14,924	6,285	-
製造食品	Manufactured food	r 165,328	r 165,328	r 146,440	r 18,888	r -
食料工業品	Foodstuff	r 255,883	r 254,339	r 226,004	r 28,335	1,544
日用品	Daily Necessaries	295,725	295,725	281,313	14,413	-
ゴム製品・木製品・その他の製造工業品	Rubber,Wood Products	56,572	34,108	22,966	11,142	22,464
特種品・その他	Parcels & Others Products	1,182,411	1,159,426	720,615	438,809	22,985
分類不能のもの	Others	12	0	0	0	12
資料	国土交通省総合政策局情報政策課交通経済統計調査室(自動車輸送統計年報、内航船舶輸送統計年報)					

(注) 1．内航海運は、営業用・自家用の合計である。

2．自動車は、平成22年度より調査方法及び集計方法を変更した。21年度以前の数値とは連続しない。
特に、22年度からは自家用軽自動車を対象から除外している。

輸送機関別品目別輸送量（平成30年度）(FY2018)

Volume of Items Carried by Mode of Transportation

単位：千トン（Unit：thousand tons）

品目区分	Items	合計 Sum Total	自動車 Motor Vehicles 計 Total	営業用 Commercial use	自家用 Private use	内航海運 Coastal Shipping
合計	Sum Total	4,684,229	4,329,784	3,018,819	1,310,965	354,445
穀物	Cereals	46,273	43,091	33,804	9,288	3,182
野菜・果物	Vegetables, Fruit	68,408	68,407	48,047	20,360	1
その他の農産物	Other Crops	19,321	19,267	12,128	7,138	54
畜産品	Stock Products	39,693	39,693	26,364	13,329	-
水産品	Maline Products	43,577	43,574	36,664	6,910	3
木材	Lumber	138,834	138,125	91,313	46,813	709
薪炭	Firewood	1,113	1,111	223	888	2
石炭	Coal	45,177	31,733	31,635	98	13,444
金属鉱	Metallic minarals	12,753	12,197	11,645	552	556
砂利・砂・石材	Gravel,Sands & Stones	492,738	472,394	150,243	322,151	20,344
非金属鉱物（工業用）	Non-ferrous Metals & Minerals	120,130	54,624	35,696	18,928	65,506
金属	Metals	229,049	185,797	151,939	33,857	43,252
金属製品	Metal Products	129,515	129,112	85,979	43,133	403
輸送用機械	Transportation machinery	62,925	56,831	32,194	24,637	6,094
輸送用機械部品	Parts for Transportation Machinery	225,274	224,457	215,764	8,693	817
機械	Machinery	150,316	149,022	102,332	46,690	1,294
セメント	Cement	90,198	55,082	39,676	15,406	35,116
その他の窯業品	Other Ceramics	223,566	222,265	99,773	122,492	1,301
石油製品	Petroleum-Products	212,425	132,509	82,717	49,793	79,916
コークス・その他の石炭製品	Coke,Other Coal Products	11,611	6,231	5,987	244	5,380
化学薬品	Chemicals	54,341	35,242	32,053	3,189	19,099
化学肥料	Chemicals Fertilizers	13,275	12,577	10,730	1,847	698
染料・塗料その他の化学工業品	Dyes,Paints,Other Chemicals	112,373	110,341	98,271	12,070	2,032
紙・パルプ	Paper,Pulp	146,148	144,197	127,891	16,306	1,951
繊維工業品	Textile Products	15,802	15,802	11,958	3,844	-
製造食品	Manufactured food	r 212,762	r 212,762	r 192,733	r 20,029	r -
食料工業品	Foodstuff	r 241,085	r 239,680	r 211,527	r 28,153	1,405
日用品	Daily Necessaries	320,012	320,012	306,991	13,021	-
ゴム製品・木製品・その他の製造工業品	Rubber,Wood Products	64,868	39,530	30,212	9,318	25,338
特種品・その他	Parcels & Others Products	1,144,067	1,114,119	702,329	411,789	29,948
分類不能のもの	Others	0	0	0	0	0
資料	国土交通省総合政策局情報政策課交通経済統計調査室（自動車輸送統計年報、内航船舶輸送統計年報）					

（注）1. 内航海運は、営業用・自家用の合計である。
2. 自動車は、平成22年度より調査方法及び集計方法を変更した。21年度以前の数値とは連続しない。
特に、22年度からは自家用軽自動車を対象から除外している。

輸送機関別品目別輸送量（令和元年度）(FY2019)

Volume of Items Carried by Mode of Transportation

単位：千トン(Unit：thousand tons)

品目区分	Items	合計 Sum Total	自動車 Motor Vehicles 計 Total	営業用 Commercial use	自家用 Private use	内航海運 Coastal Shipping
合計	Sum Total	4,670,582	4,329,132	3,053,766	1,275,366	341,450
穀物	Cereals	42,113	39,429	31,016	8,413	2,684
野菜・果物	Vegetables, Fruit	68,761	68,761	50,924	17,837	-
その他の農産物	Other Crops	20,362	20,010	13,331	6,680	352
畜産品	Stock Products	49,377	49,377	36,470	12,908	-
水産品	Maline Products	40,536	40,532	33,272	7,260	4
木材	Lumber	147,830	147,192	93,759	53,433	638
薪炭	Firewood	413	409	253	156	4
石炭	Coal	43,806	29,719	29,653	66	14,087
金属鉱	Metallic minarals	14,623	14,238	13,398	840	385
砂利・砂・石材	Gravel,Sands & Stones	445,087	426,866	139,643	287,223	18,221
非金属鉱物(工業用)	Non-ferrous Metals & Minerals	118,895	50,857	33,574	17,284	68,038
金属	Metals	245,275	206,115	171,366	34,749	39,160
金属製品	Metal Products	147,225	146,856	100,510	46,345	369
輸送用機械	Transportation machinery	62,144	56,310	31,508	24,803	5,834
輸送用機械部品	Parts for Transportation Machinery	292,465	291,744	277,147	14,596	721
機械	Machinery	147,953	146,546	95,641	50,905	1,407
セメント	Cement	78,891	44,906	36,374	8,533	33,985
その他の窯業品	Other Ceramics	234,869	233,597	108,419	125,178	1,272
石油製品	Petroleum-Products	212,318	141,755	99,001	42,754	70,563
コークス・その他の石炭製品	Coke,Other Coal Products	15,004	10,156	9,306	850	4,848
化学薬品	Chemicals	64,650	46,369	42,099	4,270	18,281
化学肥料	Chemicals Fertilizers	14,326	13,694	8,986	4,708	632
染料・塗料その他の化学工業品	Dyes,Paints,Other Chemicals	126,753	124,939	111,966	12,973	1,814
紙・パルプ	Paper,Pulp	128,865	126,826	109,061	17,764	2,039
繊維工業品	Textile Products	15,540	15,540	11,013	4,527	-
製造食品	Manufactured food	220,245	220,245	204,625	15,619	-
食料工業品	Foodstuff	225,301	224,046	196,146	27,901	1,255
日用品	Daily Necessaries	333,032	333,032	321,331	11,700	-
ゴム製品・木製品・その他の製造工業品	Rubber,Wood Products	58,836	33,557	23,603	9,953	25,279
特種品・その他	Parcels & Others Products	1,055,087	1,025,509	620,372	405,138	29,578
分類不能のもの	Others	0	0	0	0	0
資料	国土交通省総合政策局情報政策課交通経済統計調査室(自動車輸送統計年報、内航船舶輸送統計年報)					

(注) 1. 内航海運は、営業用・自家用の合計である。

2. 自動車は、平成22年度より調査方法及び集計方法を変更した。21年度以前の数値とは連続しない。
特に、22年度からは自家用軽自動車を対象から除外している。

少量物品輸送量

Volume of Baggage and Parcels Transportation

単位 ： 万個(Unit : Ten Thousand Parcels)

年度 Fiscal Year	国鉄 JNR 小計 Sub Total	国鉄 JNR 手荷物 Baggage	国鉄 JNR 普通小荷物 Ordinary Parcels	宅配便 Private Parcels	郵便小包 Postal Parcels	メール便 Printed Matter Parcels
S40 (1965)	7,890	998	6,892	…	13,777	…
S45 (1970)	7,540	730	6,810	…	19,572	…
S50 (1975)	7,935	463	7,471	…	15,649	…
S55 (1980)	4,152	203	3,949	…	18,392	…
S60 (1985)	1,230	10	1,220	49,303	15,098	…
H2 (1990)	…	…	…	110,050	35,143	…
H7 (1995)	…	…	…	141,933	40,018	…
H12 (2000)	…	…	…	257,379	31,048	…
H17 (2005)	…	…	…	292,784	207,498	206,823
H21 (2009)	…	…	…	313,694	…	513,278
H22 (2010)	…	…	…	321,983	…	524,264
H23 (2011)	…	…	…	340,096	…	533,892
H24 (2012)	…	…	…	352,600	…	547,135
H25 (2013)	…	…	…	363,668	…	563,772
H26 (2014)	…	…	…	361,379	…	546,425
H27 (2015)	…	…	…	374,493	…	526,394
H28 (2016)	…	…	…	397,780	…	528,960
H29 (2017)	…	…	…	425,134	…	527,599
H30 (2018)	…	…	…	430,701	…	502,112
R1 (2019)	…	…	…	432,349	…	470,192
資料	日本国有鉄道(鉄道統計年報)			国土交通省 自動車局	情報通信白書	国土交通省 自動車局

注： 1)国鉄による手荷物・小荷物輸送は、昭和61年(1986年)廃止

2)郵便小包は、郵政民営化により貨物自動車運送事業法に基づく荷物となり、平成19年度より宅配便(普通小包)とメール便(冊子小包)にそれぞれ含まれる。

地 域 相 互 間

Volume of Inter-area

平成28年度 (FY2016)

発地域＼着地域	全国	北海道	北東北	東東北	西東北	東関東
全国	4, 911, 845, 128	399, 826, 753	162, 032, 470	209, 009, 572	115, 684, 374	207, 841, 303
北海道	393, 391, 419	367, 114, 184	1, 982, 559	2, 860, 707	986, 943	3, 578, 911
北東北	160, 923, 662	3, 699, 647	138, 021, 085	7, 680, 040	3, 098, 627	1, 738, 081
東東北	206, 344, 336	2, 803, 586	8, 836, 924	159, 321, 463	9, 042, 763	4, 680, 497
西東北	108, 385, 020	455, 561	3, 554, 337	2, 536, 288	92, 882, 572	549, 213
東関東	218, 951, 052	6, 414, 467	1, 366, 993	7, 323, 732	892, 684	137, 397, 615
北関東	272, 449, 232	631, 715	359, 830	3, 957, 141	1, 701, 838	17, 875, 813
京浜葉	705, 466, 237	10, 292, 916	5, 080, 708	11, 723, 043	3, 609, 899	31, 286, 548
新潟	110, 048, 506	236, 211	436, 880	1, 044, 079	1, 398, 180	1, 047, 601
北陸	194, 092, 007	1, 000, 427	27, 683	303, 482	178, 907	392, 391
甲信	112, 056, 484	57, 767	144, 438	480, 258	132, 762	1, 271, 670
静岡	123, 572, 388	560, 284	238, 045	751, 611	447, 340	625, 978
中京	427, 696, 730	3, 467, 315	991, 928	5, 529, 758	390, 847	2, 057, 908
近畿	169, 826, 941	148, 804	106, 776	324, 844	20, 107	1, 520, 070
阪神	372, 464, 946	1, 145, 852	184, 916	2, 606, 693	224, 654	786, 556
山陰	75, 973, 419	10, 205	13, 284	7, 919	6, 392	24, 987
山陽	235, 007, 701	681, 457	236, 159	528, 572	217, 234	336, 055
山口	112, 197, 745	250, 449	87, 532	340, 859	85, 511	567, 969
北四国	228, 994, 494	220, 927	99, 549	320, 200	25, 753	466, 735
南四国	88, 818, 209	54, 377	55, 815	72, 789	7, 418	284, 081
北九州	267, 299, 337	242, 156	171, 391	500, 279	234, 650	1, 028, 264
中九州	135, 206, 381	189, 705	13, 527	19, 009	70, 922	272, 280
南九州	145, 767, 611	138, 676	17, 586	776, 148	28, 370	52, 087
沖縄	46, 911, 274	10, 065	4, 515	660	0	0
資料	国土交通省総合政策局情報政策課					

(注)地域の区分分けは、4頁の凡例7(1)による。

貨　物　輸　送　量　（その1）

Freight Transportation (No.1)

単位：トン (Unit : tons)

北関東	京浜葉	新　潟	北　陸	甲　信	静　岡
292, 522, 200	708, 721, 540	113, 757, 311	204, 315, 451	110, 373, 250	134, 474, 683
944, 899	7, 488, 795	1, 113, 606	1, 613, 714	54, 880	332, 336
717, 438	4, 003, 231	378, 020	148, 752	58, 302	61, 817
4, 602, 615	6, 363, 342	951, 012	378, 528	420, 929	588, 060
1, 737, 317	3, 371, 921	1, 489, 881	186, 078	176, 190	635, 209
22, 515, 517	30, 157, 287	1, 557, 231	401, 048	715, 744	1, 174, 691
178, 076, 138	51, 185, 491	3, 793, 104	213, 397	3, 586, 643	3, 139, 698
63, 282, 410	509, 821, 374	2, 662, 152	1, 053, 204	5, 440, 285	11, 960, 664
2, 572, 681	2, 255, 610	92, 766, 423	1, 974, 754	1, 166, 076	597, 537
820, 375	1, 002, 103	1, 640, 417	179, 422, 753	360, 366	520, 586
3, 054, 328	7, 566, 266	1, 247, 570	737, 533	90, 963, 746	1, 481, 399
3, 284, 071	7, 314, 320	290, 432	653, 377	2, 401, 054	94, 409, 410
4, 492, 453	18, 441, 436	1, 868, 005	7, 141, 739	3, 392, 222	13, 203, 072
676, 219	3, 011, 973	430, 044	1, 376, 627	318, 883	1, 045, 194
1, 825, 383	11, 328, 160	723, 715	3, 586, 121	437, 976	2, 343, 264
92, 010	214, 318	49, 070	46, 184	62, 525	8, 398
982, 948	5, 350, 632	947, 409	1, 671, 212	266, 220	723, 401
224, 516	5, 008, 288	817, 043	1, 214, 837	7, 955	380, 184
2, 038, 379	3, 770, 884	202, 439	951, 095	175, 805	421, 121
24, 948	7, 470, 045	116, 031	116, 008	123, 305	121, 996
404, 455	9, 916, 125	304, 520	573, 099	160, 097	915, 509
80, 130	2, 402, 410	389, 468	568, 037	81, 623	400, 228
72, 967	10, 880, 855	19, 718	287, 356	2, 423	10, 910
0	396, 675	0	0	0	0

（貨物・旅客地域流動調査）

地 域 相 互 間
Volume of Inter-area

平成28年度 (FY2016)

発地域＼着地域	中 京	近 畿	阪 神	山 陰	山 陽	山 口
全 国	418, 933, 383	176, 409, 699	383, 805, 909	79, 343, 270	213, 586, 454	101, 240, 199
北海道	2, 165, 150	246, 650	1, 488, 882	149, 848	210, 891	196, 734
北東北	406, 474	31, 923	432, 362	62, 162	90, 855	83, 876
東東北	5, 155, 566	148, 251	1, 918, 249	3, 591	467, 648	140, 385
西東北	112, 052	93, 789	243, 474	1, 415	137, 084	19, 119
東関東	3, 571, 994	1, 011, 776	1, 421, 703	35, 135	547, 697	233, 545
北関東	3, 088, 141	602, 791	2, 210, 324	7, 445	475, 075	120, 402
京浜葉	15, 664, 886	2, 206, 808	10, 925, 875	79, 189	2, 624, 134	1, 375, 465
新 潟	1, 915, 730	549, 080	1, 169, 618	58, 709	96, 999	67, 166
北 陸	3, 601, 404	1, 074, 479	2, 594, 589	251, 487	137, 424	23, 882
甲 信	2, 987, 363	294, 296	648, 664	56, 842	239, 585	4, 200
静 岡	7, 259, 926	1, 066, 528	1, 855, 942	50, 836	861, 756	97, 560
中 京	322, 172, 591	11, 098, 821	12, 721, 613	178, 410	4, 679, 022	1, 616, 904
近 畿	10, 708, 786	122, 177, 136	19, 968, 266	432, 473	2, 054, 714	269, 533
阪 神	12, 097, 956	26, 249, 730	261, 147, 433	2, 448, 232	12, 562, 604	2, 141, 341
山 陰	313, 334	560, 809	2, 019, 243	68, 529, 196	3, 188, 278	447, 357
山 陽	8, 147, 710	3, 107, 604	19, 010, 534	4, 141, 263	157, 177, 036	9, 561, 499
山 口	2, 518, 968	612, 797	9, 698, 502	1, 505, 277	9, 354, 685	64, 022, 984
北四国	3, 775, 478	2, 321, 577	10, 484, 524	266, 593	6, 467, 387	1, 092, 110
南四国	1, 515, 539	1, 881, 332	4, 841, 378	5, 452	1, 309, 433	428, 211
北九州	6, 751, 802	847, 184	7, 792, 832	795, 207	3, 859, 545	5, 169, 703
中九州	4, 309, 863	127, 552	3, 798, 210	276, 321	4, 657, 042	8, 245, 471
南九州	535, 699	98, 787	7, 098, 670	8, 185	2, 197, 422	5, 892, 380
沖 縄	156, 371	0	315, 019	0	190, 137	1, 367
資料	国土交通省総合政策局情報政策課					

(注) 地域の区分分けは、4頁の凡例7(1)による。

貨　物　輸　送　量　（その2）

Freight Transportation （Continued No.2）

単位：トン（Unit : tons）

北四国	南四国	北九州	中九州	南九州	沖　縄
225, 422, 190	86, 467, 941	270, 742, 764	115, 975, 005	128, 277, 582	53, 081, 826
137, 995	33, 457	396, 815	222, 636	61, 130	10, 696
54, 550	9, 685	93, 040	45, 343	6, 851	1, 501
119, 868	126, 677	216, 813	29, 788	17, 831	9, 951
9, 785	36, 674	103, 616	47, 673	5, 773	0
379, 463	179, 561	1, 466, 533	141, 573	45, 023	40
725, 626	35, 592	467, 003	95, 351	100, 671	0
3, 644, 241	399, 874	9, 036, 612	1, 023, 675	1, 054, 127	1, 218, 148
295, 044	83, 219	276, 283	28, 916	11, 702	0
375, 560	67, 623	215, 512	53, 776	26, 780	0
108, 462	15, 170	447, 290	62, 528	54, 342	0
274, 073	56, 138	789, 831	211, 461	65, 834	6, 583
3, 567, 182	1, 376, 232	6, 998, 836	580, 038	1, 131, 128	599, 265
1, 917, 347	721, 572	1, 750, 030	297, 037	130, 746	419, 761
11, 076, 299	3, 351, 875	8, 932, 683	4, 426, 297	1, 067, 686	1, 769, 530
133, 207	9, 078	209, 412	25, 882	1, 730	0
9, 615, 326	2, 653, 795	6, 747, 941	1, 428, 113	1, 239, 490	236, 088
2, 475, 848	1, 322, 803	8, 579, 363	1, 915, 750	833, 761	371, 864
176, 689, 929	14, 281, 382	3, 455, 305	859, 086	510, 420	97, 815
8, 772, 452	60, 059, 967	1, 074, 449	354, 122	128, 689	370
1, 452, 030	1, 051, 029	200, 941, 138	15, 354, 653	6, 755, 833	2, 087, 839
2, 949, 977	547, 544	14, 624, 429	84, 879, 190	6, 135, 717	167, 726
626, 871	48, 993	3, 271, 657	3, 881, 409	108, 810, 266	1, 010, 173
21, 053	0	648, 171	10, 771	82, 052	45, 074, 476

（貨物・旅客地域流動調査）

輸

送

地域相互間

Volume of Inter-area

平成29年度 (FY2017)

発地域＼着地域	全 国	北海道	北東北	東東北	西東北	東関東
全 国	4, 926, 687, 138	402, 107, 656	160, 776, 659	203, 196, 006	121, 129, 043	206, 611, 038
北海道	395, 221, 222	369, 098, 014	1, 689, 497	2, 314, 873	1, 170, 972	3, 599, 256
北東北	159, 967, 571	3, 802, 351	134, 319, 305	6, 913, 812	4, 165, 200	1, 869, 259
東東北	205, 328, 999	3, 879, 527	11, 352, 040	154, 371, 648	8, 024, 070	6, 305, 654
西東北	111, 508, 133	334, 909	1, 782, 000	3, 541, 683	98, 374, 895	429, 444
東関東	224, 377, 368	6, 557, 690	2, 285, 085	7, 695, 021	1, 131, 311	140, 582, 513
北関東	289, 253, 842	680, 667	1, 085, 180	4, 859, 759	821, 707	15, 163, 312
京浜葉	656, 196, 232	9, 603, 939	5, 120, 011	10, 677, 761	4, 182, 660	28, 950, 447
新 潟	103, 555, 822	310, 652	552, 986	815, 283	1, 643, 459	1, 062, 818
北 陸	209, 853, 428	1, 164, 450	223, 891	445, 672	170, 102	219, 919
甲 信	113, 937, 167	68, 687	56, 993	342, 347	77, 423	335, 725
静 岡	122, 241, 866	495, 239	160, 088	864, 648	86, 972	986, 872
中 京	444, 489, 737	3, 423, 847	1, 042, 504	6, 110, 840	142, 473	1, 785, 536
近 畿	183, 788, 769	264, 335	260, 012	446, 272	27, 068	662, 684
阪 神	371, 412, 132	727, 967	262, 190	1, 837, 324	254, 402	1, 648, 491
山 陰	63, 083, 858	8, 371	7, 935	10, 428	5, 213	7, 578
山 陽	232, 550, 828	816, 537	91, 295	575, 768	259, 077	439, 746
山 口	106, 361, 784	231, 008	113, 740	327, 326	124, 544	634, 310
北四国	227, 939, 145	185, 564	137, 577	277, 572	21, 699	277, 346
南四国	93, 424, 855	59, 231	14, 405	135, 193	31, 089	249, 722
北九州	284, 510, 352	228, 852	181, 246	526, 409	204, 004	1, 000, 348
中九州	136, 077, 356	98, 291	29, 058	20, 225	91, 340	286, 368
南九州	133, 875, 849	64, 369	8, 111	85, 622	119, 364	112, 970
沖 縄	57, 730, 823	3, 159	1, 513	520	0	721
資料						国土交通省総合政策局情報政策課

(注)地域の区分分けは、4頁の凡例7(1)による。

貨　物　輸　送　量　（その1）

Freight Transportation (No.1)

単位：トン (Unit : tons)

北関東	京浜葉	新　潟	北　陸	甲　信	静　岡
303, 762, 362	666, 241, 778	106, 386, 705	220, 412, 804	114, 597, 921	128, 987, 574
558, 862	7, 736, 312	1, 243, 519	2, 111, 261	54, 591	145, 318
843, 292	5, 552, 398	350, 010	343, 868	40, 535	76, 002
3, 425, 394	6, 780, 750	1, 889, 421	246, 615	499, 230	608, 069
1, 160, 151	3, 399, 585	1, 123, 433	168, 023	11, 919	402, 301
20, 327, 455	32, 300, 171	1, 364, 146	765, 858	949, 124	1, 565, 611
202, 509, 019	48, 141, 898	2, 831, 107	313, 620	2, 534, 043	1, 647, 413
55, 037, 993	466, 179, 539	3, 110, 464	1, 416, 459	6, 461, 412	10, 556, 799
2, 413, 122	2, 347, 267	85, 583, 713	2, 800, 212	1, 960, 078	230, 864
1, 216, 241	1, 317, 319	2, 506, 080	193, 295, 636	480, 650	940, 822
3, 498, 406	6, 371, 407	826, 004	933, 281	92, 923, 167	2, 472, 041
2, 486, 758	7, 203, 701	370, 077	1, 128, 760	2, 505, 244	90, 785, 837
4, 639, 939	17, 948, 171	835, 036	5, 649, 985	4, 151, 502	13, 269, 649
1, 519, 169	3, 554, 386	609, 549	2, 304, 120	552, 522	845, 384
1, 875, 914	11, 916, 892	989, 589	3, 508, 735	986, 112	1, 735, 054
96, 430	222, 045	5, 423	60, 123	2, 255	1, 445
366, 065	5, 969, 019	715, 887	1, 711, 444	129, 182	562, 760
217, 810	5, 760, 356	793, 935	1, 547, 378	7, 011	398, 988
567, 695	4, 141, 589	205, 054	360, 426	234, 688	671, 043
513, 909	6, 978, 045	5, 018	176, 437	195	204, 718
356, 901	9, 578, 862	503, 177	625, 436	55, 574	1, 129, 813
28, 148	2, 729, 239	520, 196	691, 376	32, 572	708, 082
103, 687	9, 774, 759	5, 865	253, 751	26, 314	29, 560
0	338, 069	0	0	0	0

（貨物・旅客地域流動調査）

地 域 相 互 間

Volume of Inter-area

平成29年度 (FY2017)

着地域 / 発地域	中 京	近 畿	阪 神	山 陰	山 陽	山 口
全 国	43, 788, 086	190, 721, 809	385, 724, 117	68, 039, 121	216, 314, 374	96, 524, 042
北海道	2, 363, 511	223, 994	1, 525, 835	130, 144	172, 517	275, 023
北東北	569, 568	120, 573	557, 874	60, 882	94, 384	118, 824
東東北	5, 462, 775	370, 290	1, 258, 341	2, 295	297, 870	113, 905
西東北	141, 671	80, 498	311, 615	835	53, 245	32, 763
東関東	2, 993, 816	708, 514	2, 000, 016	10, 875	600, 443	420, 349
北関東	2, 718, 369	923, 408	2, 998, 291	8, 210	626, 638	15, 415
京浜葉	16, 647, 874	3, 112, 269	12, 916, 493	32, 924	3, 763, 526	2, 472, 738
新 潟	797, 859	760, 565	1, 000, 342	123, 083	201, 227	58796
北 陸	3, 169, 249	909, 033	2, 342, 882	134, 398	555, 586	80, 626
甲 信	3, 504, 916	577, 847	1, 402, 178	9, 225	161, 865	4, 345
静 岡	9, 089, 365	786, 621	1, 827, 975	5, 105	654, 657	77, 327
中 京	340, 656, 596	10, 978, 311	12, 869, 314	188, 693	5, 526, 148	1, 751, 799
近 畿	7, 835, 541	133, 883, 106	21, 837, 055	170, 782	2, 919, 018	476, 119
阪 神	14, 355, 784	29, 004, 503	247, 616, 435	2, 065, 177	15, 171, 853	2, 659, 718
山 陰	245, 094	170, 902	2, 547, 128	56, 568, 128	2, 071, 289	422, 278
山 陽	8, 639, 891	2, 744, 297	19, 807, 786	5, 187, 976	155, 416, 164	7, 969, 362
山 口	2, 961, 557	345, 511	10, 104, 151	2, 310, 008	9, 542, 195	54, 091, 980
北四国	3, 555, 406	1, 545, 009	11, 055, 027	384, 851	6, 279, 819	1, 160, 039
南四国	1, 554, 022	2, 045, 361	4, 735, 180	2, 784	1, 238, 745	207, 497
北九州	5, 707, 448	829, 482	14, 459, 614	479, 915	5, 196, 622	8, 747, 113
中九州	4, 113, 059	196, 174	4, 737, 375	154, 383	4, 852, 644	8, 267, 861
南九州	616, 717	401, 978	7, 468, 706	8, 449	736, 581	7, 098, 164
沖 縄	180, 802	3, 559	344, 507	0	181, 337	2, 002
資料	国土交通省総合政策局情報政策課					

(注) 地域の (注)地域の区分分けは、4頁の凡例7(1)による。

貨 物 輸 送 量 （その2）

Freight Transportation (Continued No.2)

単位：トン (Unit : tons)

北四国	南四国	北九州	中九州	南九州	沖 縄
222, 715, 150	94, 510, 117	279, 685, 353	117, 637, 594	118, 589, 348	64, 135, 685
133, 643	34, 607	298, 837	208, 403	51, 445	80, 789
24, 530	20, 413	97, 447	18, 301	7, 289	1, 457
14, 440	137, 658	231, 555	42, 493	10, 324	4, 640
11, 890	3, 165	95, 371	45, 136	3, 596	0
337, 096	160, 489	1, 324, 156	197, 251	99, 864	515
157, 410	154, 656	930, 667	82, 295	50, 756	0
2, 819, 433	423, 570	9, 240, 207	1, 381, 900	829, 038	1, 258, 775
260, 163	24, 414	541, 868	50, 258	16, 793	0
188, 868	127, 419	301, 202	37, 784	25, 601	0
9, 717	43, 692	238, 313	7, 860	71, 729	0
515, 605	240, 696	961, 489	873, 831	127, 460	7, 538
3, 747, 172	1, 017, 547	6, 481, 217	553, 915	1, 151, 239	568, 297
1, 671, 263	974, 934	1, 936, 394	267, 016	512, 193	259, 847
12, 425, 114	4, 759, 302	9, 410, 172	5, 068, 810	1, 303, 349	1, 829, 243
113, 864	178, 925	323, 903	13, 504	1, 596	0
9, 051, 277	2, 240, 517	7, 109, 027	1, 190, 340	1, 432, 260	125, 156
2, 509, 175	1, 276, 370	8, 871, 465	2, 707, 996	1, 053, 931	431, 038
176, 835, 952	14, 797, 893	3, 471, 586	693, 995	724, 941	354, 376
7, 064, 686	66, 417, 255	1, 454, 592	277, 673	58, 650	450
2, 028, 990	1, 038, 608	209, 044, 753	12, 391, 109	8, 083, 290	2, 112, 789
2, 102, 577	383, 360	12, 957, 203	87, 896, 160	4, 982, 840	198, 823
667, 548	54, 174	3, 736, 284	3, 621, 171	97, 899, 108	982, 600
24, 737	450	627, 649	10, 392	92, 054	55, 919, 352

（貨物・旅客地域流動調査）

地 域 相 互 間

Volume of Inter-area

平成30年度（FY2018）

着地域／発地域	全　国	北海道	北東北	東東北	西東北	東関東
全　国	4,868,656,212	425,060,235	137,325,418	194,283,874	96,748,600	203,753,944
北海道	419,217,425	392,658,332	2,446,001	2,781,079	1,258,104	3,741,447
北東北	138,842,398	3,992,912	113,310,855	7,954,374	4,451,448	1,492,932
東東北	194,306,954	4,448,620	9,037,489	146,392,833	7,172,854	5,185,484
西東北	88,199,529	612,391	1,737,020	3,492,804	74,487,678	538,147
東関東	226,614,412	6,340,289	1,598,459	7,540,224	927,393	136,789,356
北関東	270,208,926	509,097	864,596	4,123,460	1,094,047	16,323,827
京浜葉	625,183,878	9,338,972	4,770,935	10,589,580	4,498,373	29,322,672
新　潟	105,500,796	311,017	425,729	1,294,485	1,311,800	846,559
北　陸	208,296,693	1,139,036	90,036	293,582	126,420	451,251
甲　信	115,244,246	60,777	173,979	189,616	183,554	710,270
静　岡	134,343,869	378,914	297,342	553,018	91,565	2,357,817
中　京	413,493,695	2,955,289	1,195,052	4,860,341	206,007	1,318,279
近　畿	193,603,478	154,538	147,064	468,446	59,293	524,799
阪　神	365,361,828	554,698	678,000	1,224,544	201,329	1,558,736
山　陰	69,922,483	8,824	9,260	10,441	3,225	31,537
山　陽	252,833,157	307,554	114,173	601,662	164,699	165,336
山　口	122,126,077	175,859	107,103	156,840	120,553	554,692
北四国	217,739,537	166,330	93,628	210,963	52,745	518,697
南四国	79,121,928	59,471	16,693	234,446	8,175	480,966
北九州	300,113,599	290,907	188,391	770,700	208,617	487,881
中九州	145,157,850	124,293	19,508	16,003	104,311	340,175
南九州	133,759,865	12,193	4,105	524,433	16,410	13,084
沖　縄	49,463,589	459,922	0	0	0	0
資料	国土交通省総合政策局情報政策課					

（注）地域の区分分けは、4頁の凡例7(1)による。

貨物輸送量 (その1)

Freight Transportation (No.1)

単位：トン (Unit : tons)

北関東	京浜葉	新潟	北陸	甲信	静岡
282, 029, 097	646, 889, 152	107, 759, 660	215, 043, 379	114, 548, 393	138, 053, 722
625, 836	7, 465, 459	1, 283, 512	1, 844, 723	53, 947	176, 000
551, 073	4, 871, 732	105, 874	121, 424	97, 935	115, 281
4, 616, 755	7, 666, 831	1, 736, 595	412, 325	248, 100	542, 281
1, 592, 666	3, 839, 493	768, 321	123, 315	97, 273	176, 427
22, 805, 142	36, 104, 165	973, 214	470, 324	1, 457, 208	1, 964, 851
175, 835, 697	50, 918, 308	3, 288, 393	803, 342	4, 644, 140	2, 143, 984
54, 263, 294	437, 921, 123	3, 492, 145	1, 657, 017	7, 619, 725	9, 224, 029
3, 202, 066	2, 614, 040	87, 276, 792	1, 480, 893	1, 428, 889	716, 810
1, 038, 838	1, 688, 814	1, 589, 450	188, 886, 132	692, 480	803, 995
4, 526, 341	8, 164, 234	1, 338, 198	759, 472	89, 895, 871	3, 261, 423
2, 765, 456	3, 857, 691	321, 207	691, 946	2, 765, 348	99, 962, 815
4, 174, 380	17, 214, 042	969, 146	4, 990, 473	3, 412, 455	11, 684, 083
1, 426, 145	3, 723, 628	484, 193	2, 284, 173	469, 290	742, 896
2, 221, 542	12, 603, 333	1, 229, 532	4, 216, 810	750, 761	1, 712, 357
139, 933	392, 071	2, 077	277, 795	2, 430	99, 861
262, 007	5, 419, 221	856, 254	1, 964, 200	40, 049	905, 079
201, 188	6, 384, 086	799, 722	1, 503, 446	4, 506	602, 267
1, 139, 643	4, 525, 810	368, 518	585, 019	224, 791	993, 115
139, 530	7, 743, 723	46, 731	40, 806	172, 256	74, 118
334, 693	11, 891, 965	325, 919	1, 030, 278	415, 074	852, 338
117, 100	2, 444, 145	499, 444	639, 076	53, 363	1, 237, 534
49, 772	9, 108, 416	4, 423	260, 390	2, 502	62, 178
0	326, 822	0	0	0	0

(貨物・旅客地域流動調査)

地 域 相 互 間

Volume of Inter-area

平成30年度 (FY2018)

着地域 発地域	中 京	近 畿	阪 神	山 陰	山 陽	山 口
全 国	414, 229, 659	198, 900, 773	372, 677, 634	74, 043, 938	234, 776, 176	112, 089, 588
北海道	2, 114, 510	240, 981	1, 275, 304	122, 464	146, 088	301, 732
北東北	594, 117	129, 135	573, 411	58, 922	121, 909	91, 709
東東北	4, 279, 410	264, 657	857, 382	1, 630	383, 872	152, 102
西東北	135, 932	102, 787	276, 563	9, 887	82, 228	11, 548
東関東	2, 798, 271	908, 668	3, 231, 766	46, 450	494, 109	301, 116
北関東	3, 107, 133	867, 784	3, 068, 827	42, 711	408, 597	90, 606
京浜葉	13, 783, 809	1, 751, 765	12, 801, 166	115, 426	3, 751, 483	2, 910, 771
新 潟	1, 070, 330	540, 747	1, 517, 497	128, 544	366, 570	76640
北 陸	4, 536, 236	2, 499, 729	3, 082, 432	97, 000	537, 589	116, 039
甲 信	2, 774, 074	696, 321	1, 791, 693	22, 823	238, 212	5, 258
静 岡	12, 410, 439	773, 600	2, 157, 775	52, 305	694, 930	71, 879
中 京	315, 014, 638	12, 720, 937	10, 408, 543	243, 358	5, 968, 270	2, 116, 469
近 畿	9, 680, 622	137, 986, 222	26, 415, 809	350, 142	2, 142, 591	689, 554
阪 神	13, 722, 364	29, 476, 951	240, 315, 801	2, 222, 027	14, 384, 011	2, 814, 534
山 陰	191, 028	301, 210	1, 864, 475	63, 027, 881	2, 154, 434	378, 691
山 陽	8, 799, 928	3, 532, 995	16, 832, 937	4, 509, 529	172, 337, 941	10, 274, 788
山 口	3, 162, 550	695, 251	10, 034, 205	1, 768, 164	9, 767, 595	68, 501, 365
北四国	3, 561, 370	1, 688, 425	8, 696, 173	369, 219	8, 901, 346	1, 342, 844
南四国	1, 893, 378	1, 957, 558	4, 261, 238	31, 838	1, 164, 399	245, 015
北九州	6, 054, 488	720, 700	10, 217, 403	559, 223	3, 846, 663	7, 265, 976
中九州	3, 635, 056	219, 658	5, 202, 682	232, 173	5, 342, 857	8, 457, 491
南九州	718, 115	822, 783	7, 447, 695	32, 222	1, 537, 710	5, 873, 461
沖 縄	191, 861	1, 909	346, 857	0	2, 772	0
資料						国土交通省総合政策局情報政策課

(注) 地域の区分分けは、4頁の凡例7(1)による。

貨　物　輸　送　量　（その2）

Freight Transportation (Continued No.2)

単位：トン (Unit : tons)

北四国	南四国	北九州	中九州	南九州	沖縄
217, 584, 241	77, 317, 685	294, 786, 690	132, 035, 453	122, 167, 344	56, 551, 557
118, 098	62, 364	350, 545	98, 656	44, 052	8, 191
11, 281	19, 780	70, 758	16, 707	87, 442	1, 387
140, 236	295, 032	361, 005	76, 314	29, 507	5, 640
16, 905	4, 375	63, 581	26, 481	3, 707	0
336, 742	105, 397	1, 029, 989	305, 320	85, 959	0
552, 653	66, 048	1, 260, 959	64, 556	130, 161	0
3, 652, 844	478, 277	10, 109, 333	924, 976	812, 875	1, 393, 288
462, 496	38, 602	289, 004	57, 310	43, 976	0
214, 926	41, 846	215, 728	122, 410	32, 724	0
158, 742	30, 922	253, 132	4, 985	4, 349	0
1, 089, 796	40, 153	969, 536	1, 982, 903	40, 824	16, 610
3, 448, 473	1, 478, 112	6, 751, 057	712, 048	1, 107, 560	544, 683
1, 828, 284	1, 101, 916	2, 212, 025	482, 977	152, 582	76, 289
12, 085, 814	2, 908, 842	12, 040, 767	5, 308, 853	1, 234, 173	1, 896, 049
317, 898	67, 838	193, 338	10, 164	1, 378	436, 694
11, 270, 758	3, 372, 402	7, 922, 912	1, 507, 371	1, 408, 554	262, 808
2, 532, 568	1, 364, 194	10, 303, 298	1, 782, 319	1, 233, 467	370, 839
169, 066, 975	10, 233, 414	3, 116, 370	603, 874	847, 494	432, 774
4, 818, 798	54, 103, 488	1, 198, 143	313, 455	117, 703	0
1, 787, 356	1, 008, 499	218, 744, 114	20, 938, 703	9, 766, 496	2, 407, 215
2, 724, 545	355, 797	13, 255, 742	94, 503, 381	5, 376, 097	257, 419
920, 891	140, 387	3, 538, 138	2, 182, 385	99, 524, 422	963, 750
27, 162	0	537, 216	9, 305	81, 842	47, 477, 921

（貨物・旅客地域流動調査）

地 域 相 互 間

Volume of Inter-area

平成28年度 (FY2016)

発地域＼着地域	全国	北海道	東東北	西東北	北関東	南関東	北 陸	甲 信
全 国	30, 609, 069. 3	783, 568. 3	496, 878. 0	90, 466. 9	391, 619. 5	18, 152, 874. 5	334, 274. 9	190, 517. 4
北海道	783, 582. 8	711, 605. 3	1, 381. 6	85. 5	76. 3	7, 542. 7	171. 2	25. 9
東東北	497, 403. 8	1, 376. 2	474, 727. 9	2, 878. 8	2, 012. 4	13, 521. 7	316. 5	221. 7
西東北	90, 455. 8	81. 9	2, 902. 1	83, 882. 4	93. 7	3, 004. 7	124. 4	25. 0
北関東	393, 423. 0	74. 3	1, 598. 2	94. 0	297, 392. 3	91, 183. 7	511. 6	868. 7
南関東	18, 151, 397. 4	7, 564. 2	13, 378. 9	3, 024. 2	88, 908. 3	17, 922, 535. 0	10, 547. 5	17, 194. 5
北 陸	334, 401. 4	164. 3	319. 4	138. 8	473. 0	10, 667. 4	313, 729. 6	1, 828. 0
甲 信	190, 105. 0	26. 5	217. 3	24. 2	952. 5	16, 338. 9	1, 798. 0	166, 979. 3
東 海	1, 956, 754. 0	832. 5	718. 7	138. 4	894. 4	35, 249. 6	1, 974. 7	2, 432. 4
近 畿	1, 288, 908. 1	14. 6	170. 3	24. 8	202. 4	8, 337. 9	1, 418. 9	436. 9
阪 神	4, 713, 235. 4	1, 432. 0	1, 089. 7	162. 8	424. 5	20, 504. 8	3, 109. 6	367. 9
山 陰	61, 955. 9	2. 4	2. 6	0. 0	3. 7	947. 2	31. 9	3. 9
山 陽	549, 452. 2	102. 7	114. 9	10. 8	88. 5	5, 636. 7	200. 3	62. 3
四 国	186, 789. 8	1. 5	12. 7	0. 7	11. 3	2, 990. 4	33. 6	11. 2
北九州	1, 636, 974. 3	244. 7	171. 5	1. 2	62. 2	7, 024. 2	231. 4	55. 6
南九州	272, 370. 4	0. 7	1. 4	0. 0	1. 7	3, 829. 4	22. 2	4. 0
沖 縄	101, 864. 4	44. 6	70. 9	0. 0	21. 5	3, 560. 3	53. 5	0. 0
資料	国土交通省総合政策局情報政策課							

(注)地域の区分分けは、4頁の凡例7(2)による。

旅 客 輸 送 量

Passenger Transportation

単位：千人（Unit : Thousand Persons）

東海	近畿	阪神	山陰	山陽	四国	北九州	南九州	沖縄
1, 957, 567. 0	1, 289, 561. 3	4, 713, 256. 7	62, 236. 2	547, 324. 8	187, 436. 9	1, 036, 817. 3	272, 822. 5	101, 847. 0
835. 2	10. 7	1, 441. 4	2. 3	104. 8	1. 4	252. 5	0. 6	44. 8
724. 1	175. 4	1, 076. 3	2. 7	116. 7	13. 0	169. 6	1. 7	69. 1
139. 8	24. 8	164. 1	0. 0	10. 8	0. 8	1. 2	0. 0	0. 0
839. 5	227. 1	439. 0	3. 2	92. 7	11. 8	63. 1	2. 1	21. 8
35, 325. 5	8, 151. 3	20, 785. 3	960. 9	5, 652. 7	2, 992. 3	6, 999. 0	3, 832. 5	3, 545. 3
1, 831. 2	1, 801. 3	2, 888. 6	13. 2	207. 4	33. 9	231. 1	22. 3	51. 8
2, 332. 6	442. 1	777. 3	3. 9	63. 7	88. 9	55. 5	4. 3	0. 0
1, 891, 372. 2	6, 852. 7	11, 541. 3	119. 3	1, 628. 5	329. 1	1, 424. 5	602. 2	643. 5
7, 481. 0	1, 068, 022. 4	199, 878. 1	331. 1	1, 114. 5	636. 3	677. 5	156. 2	0. 0
11, 804. 8	201, 010. 3	4, 451, 833. 3	1, 726. 6	8, 150. 9	3, 838. 7	4, 181. 8	2, 076. 5	1, 512. 3
119. 9	230. 3	1, 449. 1	57, 454. 3	1, 480. 3	117. 0	96. 7	16. 6	0. 0
1, 761. 3	1, 143. 0	9, 171. 6	1, 389. 0	516, 591. 8	5, 532. 0	6, 708. 9	814. 5	123. 9
328. 4	627. 6	4, 053. 4	117. 5	4, 759. 3	173, 219. 6	321. 9	205. 0	95. 7
1, 426. 7	685. 6	4, 157. 3	94. 9	6, 561. 5	317. 7	1, 004, 857. 3	10, 139. 9	943. 0
603. 6	156. 8	2, 078. 7	17. 3	663. 4	208. 4	9, 835. 4	254, 719. 1	228. 4
641. 4	0. 0	1, 521. 7	0. 0	125. 7	96. 1	941. 3	228. 9	94, 558. 4

（貨物・旅客地域流動調査）

地 域 相 互 間

Volume of Inter-area

平成29年度 (FY2017)

着地域 / 発地域	全国	北海道	東東北	西東北	北関東	南関東	北 陸	甲 信
全 国	31, 057, 121. 0	800, 834. 8	501, 812. 7	89, 206. 1	387, 672. 2	18, 479, 530. 7	327, 201. 2	185, 754. 3
北海道	800, 862. 8	788, 637. 6	1, 301. 6	101. 9	103. 2	7, 643. 8	178. 5	24. 9
東東北	501, 963. 0	1, 304. 0	477, 357. 6	3, 772. 7	1, 717. 3	14, 455. 3	579. 3	346. 0
西東北	88, 953. 5	98. 6	3, 627. 9	81, 295. 1	215. 8	3, 202. 6	128. 5	24. 1
北関東	389, 061. 5	101. 0	1, 776. 7	214. 8	289, 383. 6	93, 352. 1	1, 102. 2	1, 463. 1
南関東	18, 477, 791. 8	7, 655. 0	14, 408. 3	3, 168. 5	91, 601. 5	18, 242, 153. 1	10, 583. 2	16, 482. 7
北 陸	327, 037. 0	166. 9	588. 6	271. 8	974. 7	10, 515. 7	305, 619. 2	1, 508. 7
甲 信	185, 648. 6	25. 6	319. 8	23. 1	2, 059. 7	16, 150. 9	1, 280. 9	162, 650. 6
東 海	1, 979, 536. 7	875. 0	715. 1	141. 6	768. 6	36, 957. 5	2, 281. 3	1, 900. 2
近 畿	1, 298, 950. 7	11. 5	157. 9	24. 1	204. 4	8, 682. 8	1, 578. 4	788. 3
阪 神	4, 779, 321. 3	1, 514. 4	1, 169. 3	178. 8	430. 4	21, 611. 7	3, 310. 0	427. 3
山 陰	60, 983. 2	2. 5	2. 3	0. 1	3. 8	971. 1	13. 3	3. 7
山 陽	547, 705. 9	106. 8	119. 1	11. 0	87. 7	5, 799. 4	201. 9	60. 9
四 国	186, 598. 2	1. 9	13. 2	1. 0	12. 1	3, 096. 2	36. 4	10. 9
北九州	1, 046, 217. 4	283. 3	181. 0	1. 5	65. 6	7, 272. 3	232. 6	58. 8
南九州	271, 555. 8	0. 1	1. 9	0. 1	2. 5	3, 973. 4	23. 6	4. 2
沖 縄	114, 933. 7	50. 7	72. 4	0. 0	41. 5	3, 692. 9	51. 8	0. 0
資料	国土交通省総合政策局情報政策課							

(注)地域の区分分けは、4頁の凡例7(2)による。

旅　客　輸　送　量

Passenger　Transportation

単位：千人（Unit : Thousand Persons）

東海	近畿	阪神	山陰	山陽	四国	北九州	南九州	沖縄
1,979,736.9	1,299,986.7	4,777,027.4	61,515.6	546,779.2	186,843.2	1,046,493.7	271,806.4	114,919.9
881.0	9.2	1,525.2	2.5	109.5	1.9	290.8	0.1	51.0
721.9	166.7	1,153.6	2.9	119.6	13.5	179.1	2.2	71.4
142.5	24.6	178.5	0.1	12.3	1.1	1.7	0.0	0.0
781.2	223.5	445.1	3.7	93.1	12.4	65.9	2.4	40.7
36,891.3	8,487.8	21,584.5	987.8	5,810.2	3,087.3	7,237.2	3,974.4	3,678.9
2,156.9	1,947.1	2,719.6	13.3	206.8	36.9	236.3	23.5	50.9
2,053.0	364.8	579.4	3.4	63.1	11.5	59.0	4.0	0.0
1,911,445.5	7,798.8	12,057.5	123.7	1,355.3	332.1	1,485.0	621.3	678.3
7,976.7	1,076,255.2	200,733.9	121.1	1,159.4	416.8	677.4	162.9	0.0
12,094.4	202,008.2	4,514,915.4	1,778.0	8,313.1	3,384.6	4,383.3	2,223.1	1,579.3
122.9	122.0	1,564.5	56,988.1	985.5	89.9	96.2	17.2	0.0
1,345.6	1,163.3	8,163.1	1,354.6	515,992.2	5,102.4	7,481.2	573.1	143.5
335.0	560.0	3,246.0	23.4	4,904.7	173,705.6	329.3	221.5	101.0
1,494.9	691.5	4,361.0	96.4	6,935.4	323.3	1,013,673.8	9,528.2	1,017.8
620.6	164.1	2,218.8	16.7	574.3	222.7	9,281.0	254,212.6	239.2
673.4	0.0	1,581.3	0.0	144.7	101.2	1,016.3	240.0	107,267.7

（貨物・旅客地域流動調査）

地 域 相 互 間

Volume of Inter-area

平成30年度 (FY2018)

発地域＼着地域	全国	北海道	東東北	西東北	北関東	南関東	北 陸	甲 信
全 国	31, 309, 220. 4	778, 067. 3	510, 905. 2	86, 506. 5	388, 626. 4	18, 731, 698. 2	325, 276. 2	192, 703. 9
北海道	778, 102. 2	765, 793. 7	1, 311. 7	97. 1	105. 6	7, 690. 7	180. 1	25. 6
東東北	511, 421. 9	1, 310. 5	487, 178. 3	3, 630. 4	2, 230. 1	13, 908. 2	535. 8	133. 9
西東北	85, 943. 1	93. 1	3, 295. 5	78, 861. 2	92. 7	3, 065. 7	146. 0	23. 9
北関東	390, 403. 9	103. 8	1, 863. 2	92. 8	290, 872. 4	93, 996. 3	790. 6	768. 5
南関東	18, 729, 254. 4	7, 692. 8	14, 042. 7	3, 175. 3	91, 963. 2	18, 491, 134. 6	11, 008. 8	16, 433. 0
北 陸	325, 089. 7	167. 5	581. 3	260. 4	580. 6	10, 986. 7	304, 454. 8	1, 271. 8
甲 信	191, 708. 9	26. 2	135. 1	23. 3	1, 020. 1	16, 950. 5	1, 194. 6	169, 705. 8
東 海	1, 992, 678. 9	911. 1	729. 8	142. 1	914. 4	37, 425. 2	2, 324. 3	3, 501. 4
近 畿	1, 295, 867. 0	11. 0	156. 6	23. 1	201. 1	8, 950. 7	1, 414. 1	169. 6
阪 神	4, 780, 099. 1	1, 483. 1	1, 208. 5	188. 9	428. 4	22, 274. 6	2, 667. 5	532. 2
山 陰	64, 670. 2	2. 5	19. 2	0. 0	4. 3	981. 6	11. 3	3. 5
山 陽	541, 367. 2	104. 3	116. 1	9. 8	87. 5	5, 871. 1	199. 2	60. 5
四 国	180, 276. 3	17. 5	11. 9	0. 6	11. 4	3, 128. 1	32. 5	10. 5
北九州	1, 058, 920. 3	301. 3	183. 7	1. 5	67. 3	7, 456. 5	237. 7	59. 1
南九州	277, 669. 0	0. 1	1. 2	0. 0	2. 3	4, 078. 1	24. 6	4. 6
沖 縄	105, 748. 4	48. 7	70. 4	0. 0	45. 1	3, 799. 4	54. 3	0. 0
資料	国土交通省総合政策局情報政策課							

(注) 地域の区分分けは、4頁の凡例7(2)による。

旅　客　輸　送　量

Passenger Transportation

単位：千人（Unit : Thousand Persons）

東海	近畿	阪神	山陰	山陽	四国	北九州	南九州	沖縄
1, 989, 757. 7	1, 298, 229. 6	4, 779, 268. 3	64, 192. 5	541, 409. 8	180, 150. 1	1, 058, 768. 3	277, 920. 0	105, 740. 4
916. 5	9. 6	1, 488. 7	2. 5	107. 9	17. 8	305. 9	0. 1	48. 6
731. 5	162. 6	1, 197. 7	19. 9	116. 2	12. 1	183. 8	1. 3	69. 6
143. 1	24. 0	185. 5	0. 0	9. 8	0. 9	1. 6	0. 0	0. 0
1, 030. 9	221. 0	444. 6	4. 0	89. 8	11. 5	67. 1	2. 4	45. 0
37, 561. 5	8, 733. 8	22, 231. 5	993. 9	5, 887. 2	3, 117. 9	7, 424. 2	4, 074. 6	3, 779. 2
1, 935. 6	1, 591. 1	2, 691. 6	11. 4	206. 7	33. 5	240. 3	24. 1	52. 3
1, 885. 2	177. 2	450. 9	3. 6	62. 8	10. 8	58. 3	4. 6	0. 0
1, 921, 081. 8	8, 280. 8	12, 506. 5	135. 1	1, 513. 1	313. 0	1, 520. 2	663. 5	716. 6
7, 684. 9	1, 074, 660. 4	199, 644. 8	386. 0	1, 162. 3	548. 3	703. 4	150. 5	0. 0
11, 847. 4	201, 439. 4	4, 516, 277. 8	1, 677. 5	8, 114. 2	3, 663. 7	4, 423. 8	2, 286. 2	1, 586. 0
135. 2	118. 6	2, 006. 4	59, 715. 9	1, 430. 4	136. 0	89. 9	15. 5	0. 0
1, 422. 5	1, 395. 1	8, 034. 6	1, 002. 2	511, 079. 0	4, 366. 1	6, 980. 7	496. 4	142. 1
469. 9	553. 8	3, 831. 1	135. 4	4, 151. 1	167, 327. 0	321. 7	179. 6	94. 1
1, 533. 8	711. 2	4, 418. 3	89. 5	6, 845. 1	314. 5	1, 025, 784. 7	9, 872. 1	1, 043. 9
666. 7	150. 9	2, 280. 7	15. 5	491. 4	182. 5	9, 622. 1	259, 902. 5	245. 8
711. 1	0. 0	1, 577. 7	0. 0	142. 8	94. 5	1, 040. 4	246. 7	97, 917. 2

（貨物・旅客地域流動調査）

三大都市交通圏内輸
Volume of Passenger Transportation in Three Major

都市圏	年度 Fiscal Year		合計 Sum Total	J R (JR) 計 Total	J R (JR) 定期外 Other than Season Tickets	J R (JR) 定期 Season Tickets	私鉄 Private 計 Total	私鉄 Private 定期外 Other than Season Tickets
首都交通圏	S50	(1975)	15,875	4,066	1,378	2,688	3,594	1,164
	S55	(1980)	17,046	3,938	1,320	2,619	3,929	1,299
	S60	(1985)	18,700	4,283	1,485	2,798	4,265	1,432
	H2	(1990)	22,752	5,109	1,739	3,370	4,878	1,650
	H7	(1995)	24,021	5,374	1,819	3,555	5,135	1,749
	H12	(2000)	23,411	5,252	1,869	3,383	4,896	1,859
	H17	(2005)	23,866	5,381	2,026	3,355	5,123	2,039
	H22	(2010)	16,438	5,555	2,088	3,467	5,434	2,167
	H24	(2012)	16,174	5,630	2,156	3,473	5,499	2,218
	H25	(2013)	16,479	5,728	2,186	3,542	5,618	2,243
	H26	(2014)	16,510	5,709	2,203	3,505	5,629	2,245
中京交通圏	S50	(1975)	3,085	199	124	74	493	168
	S55	(1980)	3,639	185	107	78	485	169
	S60	(1985)	3,781	198	115	84	478	162
	H2	(1990)	4,637	271	153	118	496	165
	H7	(1995)	4,892	221	74	147	497	167
	H12	(2000)	4,734	215	76	139	437	150
	H17	(2005)	5,205	230	85	146	487	197
	H22	(2010)	1,373	239	81	158	454	164
	H24	(2012)	1,340	242	83	159	465	164
	H25	(2013)	1,379	248	85	163	480	168
	H26	(2014)	1,378	248	85	163	477	167
京阪神交通圏	S50	(1975)	7,975	1,148	468	680	2,410	856
	S55	(1980)	8,555	1,086	413	673	2,456	918
	S60	(1985)	8,903	1,074	408	666	2,575	948
	H2	(1990)	10,303	1,229	448	781	2,715	1,009
	H7	(1995)	10,587	1,381	506	875	2,590	1,010
	H12	(2000)	10,108	1,353	500	853	2,324	979
	H17	(2005)	9,786	1,354	490	864	2,138	932
	H22	(2010)	5,228	1,344	477	867	2,052	957
	H24	(2010)	5,234	1,368	497	871	2,062	960
	H25	(2013)	5,320	1,402	513	888	2,099	974
	H26	(2014)	5,324	1,390	513	877	2,112	983
資料								(一財)運輸総合研究所

(注)1. 首都交通圏は東京駅中心半径50km、中京交通圏は名古屋駅中心半径40km、京阪神交通圏は大阪駅中心半径50km範囲で、特に交通不便な地域及びその大半が圏外にある行政区域を除く。

送機関別旅客輸送量

Urban Commuting Areas by Mode of Transportation

単位：百万人（Unit：Million Persons）

Railways 定期 Season Tickets	地下鉄 Subway 計 Total	定期外 Other than Season Tickets	定期 Season Tickets	路面電車 Streetcars	乗合バス Buses	ハイヤー タクシー Hired cars & Taxis	自家用乗用車 Private Passenger Cars
2,430	1,761	593	1,167	49	2,509	821	3,074
2,630	2,021	733	1,288	44	2,257	891	3,965
2,833	2,370	884	1,486	42	2,116	892	4,731
3,228	2,768	1,024	1,744	44	2,197	820	6,936
3,386	2,771	1,042	1,730	40	2,025	748	7,928
3,036	2,792	1,134	1,659	39	1,769	725	7,937
3,084	3,031	1,318	1,713	40	1,685	688	7,918
3,267	3,369	1,439	1,930	38	1,447	595	—
3,282	3,440	1,459	1,981	37	992	577	—
3,376	3,586	1,513	2,073	37	935	534	—
3,385	3,635	1,528	2,107	36	940	561	—
325	260	114	146	11	579	142	1,403
316	304	130	174	9	491	151	2,012
316	319	141	179	7	421	144	2,213
331	352	168	184	6	388	146	2,978
330	381	195	187	5	341	127	3,320
287	361	197	164	4	266	94	3,357
290	419	241	178	—	187	98	3,784
290	422	224	197	—	182	78	—
301	433	217	216	—	124	77	—
313	448	219	229	—	127	76	—
310	451	218	233	—	128	74	—
1,554	759	338	421	150	1,207	445	1,858
1,538	918	420	421	32	1,129	477	2,457
1,627	960	428	532	64	1,039	445	2,745
1,706	1,157	520	637	60	1,020	445	3,677
1,580	1,158	537	621	53	973	364	4,069
1,345	1,080	518	563	33	806	293	4,219
1,206	1,051	529	522	31	749	298	4,165
1,095	1036	635	401	24	612	159	—
1,101	1,052	671	381	24	474	253	—
1,124	1,070	684	386	24	477	248	—
1,129	1,075	681	394	25	481	240	—

（都市・地域交通年報）

2. 路面電車には無軌条電車を含む。

3. 自家用乗用車の値については、平成22年10月の自動車輸送統計調査の調査方法変更により公表が行われなくなったため、公表値がない。このため、合計値の値は前年度までと連続しない。

輸

送

鉄 道 貨 物
Volume of Freight

年度 Fiscal Year	輸送トン数（千トン） Tonnage Carried (Thousand tons)					
	総計 Sum Total	J R (JR)				民
		合計 Total	車扱 Wagon	コンテナ Container	小口扱 LCL	合計 Total
S35 (1960)	238,199	195,295	192,236	(322)	3,059	42,904
S40 (1965)	252,472	200,010	196,994	(1,906)	3,015	52,463
S45 (1970)	255,757	198,503	189,538	(8,715)	8,965	57,254
S50 (1975)	184,428	141,691	129,577	12,114	…	42,737
S55 (1980)	166,550	121,619	111,664	9,955	…	44,931
S60 (1985)	99,341	68,552	56,368	12,184	…	30,790
H2 (1990)	86,619	58,400	38,239	20,161	…	28,219
H7 (1995)	76,932	51,456	30,886	20,570	…	25,477
	(100.0)	(66.7)	(31.8)	(34.9)	…	(33.3)
H12 (2000)	59,274	39,621	18,976	20,644	…	19,654
	(100.0)	(66.8)	(32.0)	(34.8)	…	(33.2)
H17 (2005)	52,474	36,864	14,536	22,328	…	15,610
	(100.0)	(70.3)	(27.7)	(42.6)	…	(29.7)
H21 (2009)	43,250	30,849	10,521	20,328	…	12,401
	(100.0)	(71.3)	(24.3)	(47.0)	…	(28.7)
H22 (2010)	43,646	30,790	10,344	20,446	…	12,856
	(100.0)	(70.5)	(23.7)	(46.8)	…	(29.5)

年度	総計	車扱
H24 (2012)	42,340	19,183
	(100.0)	(45.3)
H25 (2013)	44,101	19,905
	(100.0)	(45.1)
H26 (2014)	43,424	19,241
	(100.0)	(44.3)
H27 (2015)	43,210	18,454
	(100.0)	(42.7)
H28 (2016)	44,089	19,431
	(100.0)	(44.1)
H29 (2017)	45,170	19,971
	(100.0)	(44.2)
H30 (2018)	42,321	19,271
	(100.0)	(45.5)
R1 (2019)	42,660	19,154
	(100.0)	(44.9)

資料　'86まで国鉄…国鉄情報システム部（鉄道統計年報・月報）、民鉄…運輸省情報管理部統計課（民営鉄道

（注）1. 小口扱はJRについては49年10月より、民鉄については50年4月よりコンテナ及び一般の小口扱に分離され、後者は小荷物に統合された。従って、JRのコンテナは49年度までは小口扱の内数であり、民鉄の50年4月からの小口扱はコンテナのみである。

輸　送　量

Transportation by Railways

鉄 (Private)		総計 Sum total	輸送トンキロ（百万トンキロ） Tonnage-kilometers (Million ton-km) JR (JR)				民鉄 Private
車扱 Wagon	コンテナ (小口扱) Container		合計 Total	車扱 Wagon	コンテナ Container	小口扱 LCL	
42,533	371	54,515	53,592	52,449	…	1,144	923
52,311	152	57,299	56,408	54,819	(1,197)	1,590	890
57,167	86	63,423	62,435	56,087	(6,301)	6,348	988
42,553	184	47,347	46,577	37,199	9,378	…	770
44,745	187	37,701	36,961	28,764	8,197	…	740
30,347	443	22,135	21,626	10,906	10,720	…	509
27,198	1,021	27,196	26,728	8,231	18,497	…	468
23,914	1,563	25,101	24,072	5,481	19,221	…	399
(29.6)	(3.7)	(100.0)	(98.8)	(15.6)	(83.2)	…	(1.2)
17,465	2,189	22,136	21,855	3,341	18,515	…	280
(29.5)	(3.7)	(100.0)	(98.7)	(15.1)	(83.6)	…	(1.3)
12,774	2,836	22,812	22,601	2,654	19,947	…	211
(24.3)	(5.4)	(100.0)	(99.1)	(11.6)	(87.4)	…	(0.9)
9,741	2,660	20,561	20,404	1,868	18,536	…	157
(22.5)	(6.2)	(100.0)	(99.2)	(9.1)	(90.2)	…	(0.8)
10,158	2,698	20,398	20,227	1,773	18,454	…	170
(23.3)	(6.2)	(100.0)	(99.2)	(8.7)	(90.5)	…	(0.8)
コンテナ		総計		車扱		コンテナ	
	23,157		20,471		1,774		18,697
	(54.7)		(100.0)		(8.7)		(91.3)
	24,196		21,071		1,730		19,341
	(54.9)		(100.0)		(8.2)		(91.8)
	24,183		21,029		1,579		19,450
	(55.7)		(100.0)		(7.5)		(92.5)
	24,756		21,519		1,568		19,951
	(57.3)		(100.0)		(7.3)		(92.7)
	24,657		21,265		1,614		19,652
	(55.9)		(100.0)		(7.6)		(92.4)
	25,199		21,663		1,696		19,966
	(55.8)		(100.0)		(7.8)		(92.2)
	23,050		19,369		1,645		17,724
	(54.5)		(100.0)		(8.5)		(91.5)
	23,506		19,993		1,610		18,382
	(55.1)		(100.0)		(8.1)		(91.9)

輸送統計月報)、'87から国土交通省総合政策局情報政策課交通経済統計調査室(鉄道輸送統計年報)

2. JRは61年度までは無賃・有賃を含み、62年度以降は有賃のみ。

3. 平成23年度より、JRと民鉄の数値の公表を取り止めたため、鉄道貨物輸送全体の総計とコンテナ及び車扱の計の数値を公表する。

鉄道旅客
Volume of Passengers

年度 Fiscal Year	輸送人員（千人） Number of Passengers (Thousand Persons)					
	合計 Sum Total	国鉄およびJR (JNR&JR) 計 Total	定期外 Other than Season Tickets	定期 Season Tickets	民鉄 (Private) 計 Total	定期外 Other than Season Tickets
S35 (1960)	12,290,380	5,123,901	1,783,867	3,340,034	7,166,479	2,988,500
S40 (1965)	15,798,168	6,721,827	2,042,674	4,679,153	9,076,341	3,484,350
S45 (1970)	16,384,035	6,534,477	2,173,598	4,360,879	9,849,557	3,644,636
S50 (1975)	17,587,925	7,048,013	2,557,703	4,490,310	10,539,912	3,848,812
S55 (1980)	18,004,958	6,824,813	2,376,381	4,448,432	11,180,145	4,203,919
S60 (1985)	18,989,703	6,941,358	2,443,542	4,497,816	12,048,345	4,546,258
H2 (1990)	21,938,609	8,357,583	3,052,828	5,304,757	13,581,026	5,150,308
H7 (1995)	22,630,439	8,982,284	3,284,437	5,697,847	13,648,155	5,365,819
H12 (2000)	21,646,751	8,670,971	3,259,053	5,411,918	12,975,780	5,453,292
H17 (2005)	21,963,020	8,683,062	3,330,585	5,352,477	13,279,958	5,893,777
H22 (2010)	22,669,011	8,818,311	3,324,801	5,493,510	13,850,700	6,197,609
	(100.0)	(38.9)	(14.7)	(24.2)	(61.1)	(27.3)
H23 (2011)	22,632,357	8,837,406	3,355,662	5,481,744	13,794,951	6,160,967
	(100.0)	(39.0)	(14.8)	(24.2)	(61.0)	(27.2)
H24 (2012)	23,041,856	8,962,809	r 3,451,145	r 5,511,664	14,079,047	6,319,724
	(100.0)	(38.9)	(15.0)	(23.9)	(61.1)	(27.4)
H25 (2013)	23,606,390	9,146,991	3,514,570	5,632,421	14,459,399	6,442,266
	(100.0)	(38.7)	(14.9)	(23.9)	(61.3)	(27.2)
H26 (2014)	23,599,839	9,088,121	3,537,041	5,551,080	14,511,718	6,445,789
	(100.0)	(38.5)	(15.0)	(23.5)	(61.5)	(27.2)
H27 (2015)	24,289,880	9,308,375	3,634,587	5,673,788	14,981,505	6,669,569
	(100.0)	(38.3)	(15.0)	(23.4)	(61.7)	(27.5)
H28 (2016)	24,598,365	9,392,177	3,663,487	5,728,487	15,206,188	6,744,566
	(100.0)	(38.2)	(14.9)	(23.3)	(61.8)	(27.4)
H29 (2017)	24,972,593	9,488,030	3,714,203	5,773,827	15,484,563	6,837,839
	(100.0)	(38.0)	(14.9)	(23.1)	(62.0)	(27.4)
H30 (2018)	25,269,494	9,555,915	3,738,779	5,817,136	15,713,564	6,903,314
	(100.0)	(37.8)	(14.8)	(23.0)	(62.2)	(27.3)
R1 (2019)	25,189,733	9,503,181	3,627,328	5,875,853	15,686,552	6,765,110
	(100.0)	(37.7)	(14.4)	(23.3)	(62.3)	(26.9)
資料	1986年まで国鉄…国鉄情報システム部（鉄道統計年報・月報）、民鉄…運輸省情報管理部統計課					

（注）定期とは、通勤・通学定期乗車券で一定区間を往復する旅客をいう。

輸　送　量
Carried by Railways

(ex.JR)	輸送人キロ（百万人キロ） Passengers-kilometers (million person-km)						
		国鉄およびJR (JNR&JR)			民　鉄 (Private) (ex.JR)		
定期 Season Tickets	合計 Sum Total	計 Total	定期外 Other than Season Tickets	定期 Season Tickets	計 Total	定期外 Other than Season Tickets	定期 Season Tickets
4,177,979	184,340	123,983	66,888	57,095	60,357	22,607	37,750
5,591,991	255,384	174,014	95,334	78,680	81,370	27,709	53,661
6,204,921	288,816	189,726	118,772	70,954	99,090	33,622	65,468
6,691,100	323,800	215,289	139,304	75,985	108,511	36,652	71,859
6,976,226	314,542	193,143	115,152	77,992	121,399	41,689	79,710
7,502,087	330,083	197,463	117,235	80,227	132,620	44,871	87,749
8,430,718	387,478	237,657	140,097	97,560	149,821	50,311	99,510
8,282,336	400,056	248,998	138,951	110,046	151,059	52,126	98,933
7,522,489	384,441	240,659	132,834	107,825	143,783	52,977	90,806
7,386,181	391,227	245,996	138,051	107,945	145,231	56,384	88,847
7,653,079	393,465	244,592	134,632	109,960	148,873	58,865	r 90,009
(33.8)	(100.0)	(62.2)	(34.2)	(27.9)	(37.8)	(15.0)	(22.9)
7,633,976	395,067	246,937	137,278	109,659	148,130	58,444	89,686
(33.7)	(100.0)	(62.5)	(34.7)	(27.8)	(37.5)	(14.8)	(22.7)
7,759,324	404,396	253,788	143,959	109,829	150,608	r 60,129	r 90,479
(33.7)	(100.0)	(62.8)	(35.6)	(27.2)	(37.2)	(14.9)	(22.4)
8,017,133	414,387	260,013	148,057	111,955	154,374	61,383	92,991
(34.0)	(100.0)	(62.7)	(35.7)	(27.0)	(37.3)	(14.8)	(22.4)
8,065,929	413,970	260,097	150,619	109,478	153,873	61,303	92,570
(34.2)	(100.0)	(62.8)	(36.4)	(26.4)	(37.2)	(14.8)	(22.4)
8,311,936	427,486	269,394	157,783	111,611	158,092	63,298	94,795
(34.2)	(100.0)	(63.0)	(36.9)	(26.1)	(37.0)	(14.8)	(22.2)
8,461,622	431,799	271,996	159,762	112,233	159,802	63,681	96,121
(34.4)	(100.0)	(63.0)	(37.0)	(26.0)	(37.0)	(14.7)	(22.3)
8,646,724	437,363	275,124	162,388	112,736	162,239	64,625	97,614
(34.6)	(100.0)	(62.9)	(37.1)	(25.8)	(37.1)	(14.8)	(22.3)
8,810,250	441,614	277,670	164,493	113,177	163,944	65,066	98,878
(34.9)	(100.0)	(62.9)	(37.2)	(25.6)	(37.1)	(14.7)	(22.4)
8,921,424	435,063	271,936	158,029	113,907	163,126	63,523	99,604
(35.4)	(100.0)	(62.5)	(36.3)	(26.2)	(37.5)	(14.6)	(22.9)

(民営鉄道輸送統計月報)、1987年より国土交通省総合政策局情報政策課交通経済統計調査室(鉄道輸送統計年報)

新幹線輸送実績
Volume of Passengers Carried by SHINKANSEN

年度 Fiscal Year	列車キロ Trains-km 千キロ 1000km	車両キロ Wagons-km 千キロ 1000km	輸送人員 Number of Passengers 千人 (Thousand)	人キロ Passengers-km 百万人キロ (Million-km)	平均輸送人員 Daily Mean Passengers 人(Person)	平均乗車キロ Daily Mean Passengers-km キロ(km)
S40 (1965)	14,545	180,291	30,967	10,651	84,841	344
S45 (1970)	34,553	472,499	84,628	27,890	231,855	330
S50 (1975)	53,505	857,690	157,218	53,318	429,557	339
S55 (1980)	57,016	914,900	125,636	41,790	344,209	333
S60 (1985)	80,864	1,144,292	179,833	55,422	492,693	308
H2 (1990)	102,642	1,381,642	260,053	72,173	712,474	278
H7 (1995)	111,125	1,498,920	275,896	70,826	755,879	257
H12 (2000)	114,171	1,495,930	280,612	71,154	768,800	254
H19 (2007)	135,182	1,772,448	315,846	82,826	865,332	262
H20 (2008)	130,254	1,712,768	310,290	81,660	850,110	264
H21 (2009)	137,798	1,821,611	288,880	76,040	791,452	263
H22 (2010)	134,294	1,813,455	292,094	77,430	800,257	265
H23 (2011)	142,746	1,886,532	307,046	81,420	841,222	265
H24 (2012)	145,735	1,932,724	355,862	85,994	974,964	242
H25 (2013)	146,610	1,957,641	334,337	89,168	915,992	267
H26 (2014)	144,830	1,950,108	339,928	91,002	931,310	268
H27 (2015)	155,231	2,102,088	365,705	97,398	1,001,932	266
H28 (2016)	156,054	2,118,241	372,663	99,637	1,020,995	267
H29 (2017)	158,543	2,147,514	378,449	101,393	1,036,847	268
H30 (2018)	160,368	2,175,795	386,249	103,640	1,058,216	268
R1 (2019)	162,040	2,195,787	370,451	99,332	1,014.934	268
資料	国土交通省総合政策局情報政策課 交通経済統計調査室(鉄道輸送統計年報)					

車　両　キ　ロ

Volume of Wagon-km Carried (Railways)

単位 ： 千キロ(Unit : Thousand km)

年 度 Fiscal Year	国鉄およびJR (JNR & JR)		民 鉄 (Private)	
	旅客車 Passenger	貨 車 Freight	旅客車 Passenger	貨 車 Freight
S40 (1965)	3,091,381	5,272,920	1,312,976	102,313
S45 (1970)	3,877,839	5,447,070	1,578,822	86,124
S50 (1975)	4,304,782	4,088,084	1,754,686	58,292
S55 (1980)	4,427,193	3,076,453	1,957,442	50,350
S60 (1985)	4,092,244	1,505,187	2,163,922	29,729
H2 (1990)	4,696,929	1,453,888	2,479,446	29,415
H7 (1995)	4,865,866	1,318,303	2,813,058	23,738
H12 (2000)	4,818,878	1,145,834	2,941,792	16,158
H19 (2007)	5,065,659	1,189,643	3,158,260	10,781
H20 (2008)	5,180,243	1,157,126	3,195,911	10,294
H21 (2009)	5,282,910	1,039,904	3,231,158	9,198
H22 (2010)	5,096,024	1,056,674	3,211,265	10,036
H23 (2011)	5,122,934	1,037,718	3,204,597	…
H24 (2012)	5,175,267	1,048,589	3,229,974	…
H25 (2013)	5,142,844	1,090,030	3,222,457	…
H26 (2014)	5,234,268	1,095,489	3,299,302	…
H27 (2015)	5,275,865	1,108,776	3,265,890	…
H28 (2016)	5,276,275	1,078,201	3,279,577	
H29 (2017)	5,329,268	1,095,467	3,306,646	…
H30 (2018)	5,314,166	971,144	3,303,593	…
R1 (2019)	5,362,326	1,020,833	3,323,363	…
資 料	国土交通省総合政策局情報政策課　交通経済統計調査室(鉄道輸送統計年報)			

(注) 1. 車両キロとは、営業キロに通過客車(貨車)数を乗じた実績キロをいう。

2. 国鉄およびJR欄の1986年度以前は、空車・無賃を含む。

3. 2011年度より貨物輸送に関してはJRと民鉄の数値の公表を取り止めたため、両者の総計をJR欄に記

鉄道主要品目別輸送
Tonnage of Commodities

品目区分 Items		S60 (1985FY) 合計 Total	S60 (1985FY) うち国鉄 JNR	H2 (1990FY) 合計 Total	H2 (1990FY) うちJR貨物 JNR	H7 (1995FY) 合計 Total	H7 (1995FY) うちJR貨物 JRF
合計	Sum-Total	83,658	53,312	65,396	38,239	54,718	30,886
穀物	Cereals	1,424	1,098	398	293	246	161
野菜・果物	Vegetables, Fruit	82	82	33	33	0	0
その他の農産物	Other Crops	1,528	1,115	661	488	330	190
畜産品	Stock Products	7	5	11	7	1	1
水産品	Maline Products	28	26	93	…	80	…
木材	Lumber	408	393	334	331	300	297
薪炭	Firewood	2	2	0	0	…	…
石炭	Coal	8,427	4,358	3,681	1,011	3,203	646
金属鉱	Metallic minerals	991	536	553	335	443	239
砂利・砂・石材	Gravel,Sands & Stones	572	266	377	162	86	74
非金属鉱物(工業用)	Non-ferrous Metals & Minerals	16,839	8,215	15,415	5,863	13,243	4,551
金属	Metals	877	688	563	357	489	178
金属製品	Metal Products	407	27	300	0	92	0
機械	Machinery	3,897	2,651	3,787	3,240	3,112	2,638
セメント	Cement	14,903	9,326	13,333	7,952	9,405	5,794
その他の窯業品	Other Ceramics	2,774	2,330	186	164	243	82
石油製品	Petroleum-Products	17,615	12,023	16,743	11,802	17,363	12,027
コークス・その他の石炭製品	Coke,Others Coal Products	459	354	39	36	5	5
化学薬品	Chemicals	4,627	3,216	3,664	2,370	2,778	1,749
化学肥料	Chemicals Fertilizers	742	547	80	44	6	4
染料・塗料その他の化学工業品	Dyes,Paints,Others Chemicals	838	574	269	198	359	86
紙・パルプ	Paper,Pulp	3,117	2,756	3,172	2,620	2,005	1,618
繊維工業品	Textile Products	144	140	13	9	…	…
食料工業品	Foodstuff	1,301	1,049	611	423	210	181
日用品	Daily Necessaries	1	…	0	…	0	…
ゴム製品・木製品・その他の製造工業品	Rubber,Wood Products	129	82	95	94	152	150
特種品・その他	Parcels & Others Products	1,135	1,088	283	157	202	198
分類不能のもの	Others	388	364	702	250	368	17
資料		国土交通省鉄道局監修					

(注) 1. 有償のみ

2. 特種品には、「くずもの」「動植物性飼肥料」「廃棄物」「運送用容器」「取り合わせ品」等を含む。

トン数の推移（車扱）
Carried by Freight Wagons

単位：千トン（Unit：Thousand tons）

H12 (2000FY)		H17 (2005FY)		H22 (2010FY)		H27 (2015FY)		H28 (2016FY)		H29 (2017FY)		H30 (2018FY)	
合計 Total	うちJR貨物 JRF	合計 Total	うちJR貨物 JRF	合計 Total	うちJR貨物 JRF	合計 Total	うちJR貨物 JRF	合計 Total	うちJR貨物 JRF	合計 Total	うちJR貨物 JRF	合計 Total	うちJR貨物 JRF
36,912	18,976	27,790	14,536	r 20,091	r 10,344	18,631	8,661	19,459	8,945	20,141	9,205	19,423	8,949
0	0	…	…	…	…	…	…	…	…	…	…	…	…
…	…	…	…	…	…	…	…	…	…	…	…	…	…
0	…	0	…	0	…	0	…	r 0	…	0	…	0	…
0	0	0	0	…	…	…	…	…	…	…	…	…	…
18	…	…	…	…	…	…	…	…	…	…	…	…	…
177	174	104	102	2	…	1	…	1	…	3	…	1	…
…	…	…	…	…	…	…	…	…	…	…	…	…	…
1,989	279	1,156	220	767	163	582	145	713	140	762	137	373	115
416	207	334	173	365	r 193	345	179	375	199	372	200	322	170
1,232	1,227	45	42	95	93	3	2	1	…	1	…	2	…
8,600	749	6,138	673	5,383	612	5,915	626	r 6,128	r 655	6,316	653	6,338	648
106	66	218	38	52	40	165	32	172	29	174	26	170	25
69	…	57	…	14	…	28	…	30	…	31	…	27	…
1,924	1,619	1,524	1,353	992	913	918	853	956	894	964	905	935	877
4,385	2,581	2,310	1,274	1,301	674	1,496	747	1,594	795	1,444	721	1,514	757
135	…	139	…	117	…	138	…	141	…	139	…	124	…
14,055	9,978	13,097	9,482	10,021	7,192	8,349	5,794	8,635	5,944	9,136	6,250	8,876	6,071
…	…	…	…	…	…	…	…	…	…	…	…	…	…
1,890	1,030	946	549	158	158	145	145	146	146	175	175	161	161
…	…	…	…	…	…	…	…	…	…	…	…	…	…
235	22	303	4	r 263	…	294	…	296	…	355	…	327	…
1,161	895	586	481	r 232	185	…	…	…	…	…	…	…	…
…	…	…	…	…	…	…	…	…	…	…	…	…	…
1	1	r …	r …	r …	…	…	…	…	…	…	…	…	…
0	…	2	…	2	…	0	…	r 0	…	0	…	0	…
9	8	6	6	r 3	3	…	…	…	…	…	…	…	…
280	137	307	139	r 234	120	235	138	255	141	242	139	227	124
61	…	517	…	r 92	…	15	…	17	…	29	…	27	…

（鉄道統計年報）

車 扱 貨 物 主 要 品 目 別
Volume of Commodities

事業者名 Names of Railway Company	合計 Total	農水産品 Agricultural & Aquastic Products					林産品 Forestry Products	
		農産品			畜産品	水産品	木材	薪炭
		穀物 Cereals	野菜 Vegetables	その他 Others	Stock Products	Marine Products	Lumber	Firewood
	トン	トン	トン	トン	トン	トン	トン	トン
(貨)太平洋石炭販売輸送	476,760	0	0	0	0	0	0	0
(貨)岩手開発鉄道	2,255,832	0	0	0	0	0	0	0
(貨)仙台臨海鉄道	539,764	0	0	0	0	0	0	0
(貨)福島臨海鉄道	196,008	0	0	0	0	0	0	0
(貨)秩父鉄道	2,200,629	0	0	0	0	0	0	0
(貨)京葉臨海鉄道	1,335,936	0	0	0	0	0	0	0
(貨)神奈川臨海鉄道	893,743	0	0	0	0	0	0	0
(貨)西濃鉄道	649,332	0	0	0	0	0	0	0
(貨)名古屋臨海鉄道	728,311	0	0	0	0	0	0	0
(貨)衣浦臨海鉄道	287,687	0	0	0	0	0	0	0
その他の鉄道	1,085,030	0	0	149	0	0	507	0
合計(民鉄) Total (Local Rail)	10,649,032	0	0	149	0	0	507	0
日本貨物鉄道 JR Freight	8,769,751	0	0	0	0	0	0	0
資料	国土交通省鉄道局監修							

(注) 「平成31年・令和元年版」から鹿島臨海鉄道を秩父鉄道に入れ替えた。

輸送実績（平成26年）（FY2014）（その１）

Carried by Wagon Load Freight (No.1)

単位　：　トン(Unit: tons)

鉱産品 Mining Products					金属・機械工業品 Fabricated Metals Products & Machinery			
石炭 Coal トン	金属鉱 Metallic minerals トン	砂利 Gravel トン	石灰石 Limestone トン	その他 Others トン	鉄鋼 Iron & Steel トン	非鉄金属 Non-ferrous metals トン	金属製品 Metal Products トン	機械 Machinery トン
476,760	0	0	0	0	0	0	0	0
0	0	0	2,255,832	0	0	0	0	0
0	0	0	0	0	8,670	0	0	48,286
0	177,384	0	0	0	0	0	18,624	0
187,720	0	0	2,008,040	0	0	0	0	0
0	0	0	0	0	0	125,306	0	800
0	0	0	0	0	0	0	0	0
0	0	0	649,332	0	0	0	0	0
0	0	0	726,057		0	0	0	0
0	0	0	0	133,980	0	0	0	0
0	0	2,012	0	0	0	0	11,496	10,280
664,480	177,384	2,012	5,639,261	133,980	8,670	125,306	30,120	59,366
167,960	188,820	1,920	649,332	0	36,831	0	0	867,836

（鉄道統計年報）

車 扱 貨 物 主 要 品 目 別
Volume of Commodities

事業者名 Names of Railway Company	化学工業品 Chemical Industrial Products						
	窯業品 Ceramics Products		石油製品	石炭製品	化学薬品	化学肥料	その他
	セメント Cement	その他 Others	Petroleum Products	Coal Products	Chemicals	Chemical Fertilizers	Others
	トン	トン	トン	トン	トン	トン	トン
(貨)太平洋石炭販売輸送	0	0	0	0	0	0	0
(貨)岩手開発鉄道	0	0	0	0	0	0	0
(貨)仙台臨海鉄道	0	0	482,808	0	0	0	0
(貨)福島臨海鉄道	0	0	0	0	0	0	0
(貨)秩父鉄道	0	0	0	0	0	0	0
(貨)京葉臨海鉄道	0	0	1,209,830	0	0	0	0
(貨)神奈川臨海鉄道	0	0	807,795	0	0	0	0
(貨)西濃鉄道	0	0	0	0	0	0	0
(貨)名古屋臨海鉄道	0	0	0	0	0	0	0
(貨)衣浦臨海鉄道	0	0	0	0	0	0	147,245
その他の鉄道	780,254	130,152	1,123	0	0	0	143,329
総合計(民鉄) Total (Local Rail)	780,254	130,152	2,501,556	0	0	0	290,574
日本貨物鉄道 JR Freight	778,240	0	5,805,222	0	143,038	0	0
資料	国土交通省鉄道局監修						

(注) 「平成31年・令和元年版」から鹿島臨海鉄道を秩父鉄道に入れ替えた。

輸 送 実 績（平成26年）（FY2014）（その２）

Carried by Wagon Load Freight (Continued No.2)

単位：トン（Unit：tons）

軽工業品 Light Manufacturing Products			雑工業品 Miscellaneous Products		特 殊 品 Special Products			分類不能
紙・パルプ Paper Pulp トン	繊維工業品 Textile Products トン	食料工業品 Food Stuff トン	日用品 Daily Necessities トン	その他 Others トン	金属屑 Metallic Scrap トン	動植物性飼料 Foodstuff & Fertilizers トン	その他 Others トン	Others トン
0	0	0	0	0	0	0	0	0
0	0	0	0	0	0	0	0	0
0	0	0	0	0	0	0	0	0
0	0	0	0	0	0	0	0	0
0	0	0	0	0	0	0	0	4,869
0	0	0	0	0	0	0	0	0
0	0	0	0	0	0	0	85,948	0
0	0	0	0	0	0	0	0	0
0	0	0	0	0	0	0	0	2,254
0	0	0	0	0	0	0	0	6,462
0	0	0	148	0	0	0	3,627	1,953
0	0	0	148	0	0	0	89,575	15,538
0	0	0	0	0	0	0	130,552	0

（鉄道統計年報）

車扱貨物主要品目別

Volume of Commodities

事業者名 Names of Railway Company	合計 Total	農水産品 Agricultural & Aquastic Products					林産品 Forestry Products	
		農産品			畜産品	水産品	木材	薪炭
		穀物 Cereals	野菜 Vegetables	その他 Others	Stock Products	Marine Products	Lumber	Firewood
	トン	トン	トン	トン	トン	トン	トン	トン
(貨)太平洋石炭販売輸送	275,760	0	0	0	0	0	0	0
(貨)岩手開発鉄道	2,058,156	0	0	0	0	0	0	0
(貨)仙台臨海鉄道	541,584	0	0	0	0	0	0	0
(貨)福島臨海鉄道	183,604	0	0	0	0	0	0	0
(貨)秩父鉄道	1,927,301	0	0	0	0	0	0	0
(貨)京葉臨海鉄道	1,315,918	0	0	0	0	0	0	0
(貨)神奈川臨海鉄道	972,636	0	0	0	0	0	0	0
(貨)西濃鉄道	626,042	0	0	0	0	0	0	0
(貨)名古屋臨海鉄道	704,727	0	0	0	0	0	0	0
(貨)衣浦臨海鉄道	297,070	0	0	0	0	0	0	0
その他の鉄道	1,066,970	0	0	110	0	0	875	0
合計(民鉄) Total (Local Rail)	9,969,768	0	0	110	0	0	875	0
日本貨物鉄道 JR Freight	0 8,660,999	0	0	0	0	0	0	0
資 料	国土交通省鉄道局監修							

(注) 「平成31年・令和元年版」から鹿島臨海鉄道を秩父鉄道に入れ替えた。

輸送実績（平成27年）（FY2015）（その１）

Carried by Wagon Load Freight (No.1)

単位　：　トン(Unit: tons)

鉱産品 Mining Products					金属・機械工業品 Fabricated Metals Products & Machinery			
石炭 Coal トン	金属鉱 Metallic minerals トン	砂利 Gravel トン	石灰石 Limestone トン	その他 Others トン	鉄鋼 Iron & Steel トン	非鉄金属 Non-ferrous metals トン	金属製品 Metal Products トン	機械 Machinery トン
275,760	0	0	0	0	0	0	0	0
0	0	0	2,058,156	0	0	0	0	0
0	0	0	0	0	8,739	0	0	49,224
0	166,060	0	0	0	0	0	17,544	0
161,880	0	0	1,763,240	0	0	0	0	0
0	0	0	0	0	0	123,944	0	800
0	0	0	0	0	0	0	0	0
0	0	0	626,042	0	0	0	0	0
0	0	0	699,656	0	0	0	0	0
0	0	0	0	142,135	0	0	0	0
0	0	624	0	0	0	0	10,599	14,850
437,640	166,060	624	5,147,094	142,135	8,739	123,944	28,143	64,874
144,840	179,004	1,920	626,042	43	32,302	0	0	853,108

（鉄道統計年報）

車扱貨物主要品目別
Volume of Commodities

事業者名 Names of Railway Company	化学工業品 Chemical Industrial Products						
	窯業品 Ceramics Products		石油製品	石炭製品	化学薬品	化学肥料	その他
	セメント Cement	その他 Others	Petroleum Products	Coal Products	Chemicals	Chemical Fertilizers	Others
	トン	トン	トン	トン	トン	トン	トン
(貨)太平洋石炭販売輸送	0	0	0	0	0	0	0
(貨)岩手開発鉄道	0	0	0	0	0	0	0
(貨)仙台臨海鉄道	0	0	483,621	0	0	0	0
(貨)福島臨海鉄道	0	0	0	0	0	0	0
(貨)秩父鉄道	0	0	0	0	0	0	0
(貨)京葉臨海鉄道	0	0	1,191,174	0	0	0	0
(貨)神奈川臨海鉄道	0	0	879,944	0	0	0	0
(貨)西濃鉄道	0	0	0	0	0	0	0
(貨)名古屋臨海鉄道	0	0	0	0	0	0	0
(貨)衣浦臨海鉄道	0	0	0	0	0	0	149,275
その他の鉄道	749,083	138,040	591	0	0	0	145,220
総合計(民鉄) Total (Local Rail)	749,083	138,040	2,555,330	0	0	0	294,495
日本貨物鉄道 JR Freight	746,624	0	5,794,100	0	144,976	0	0
資　料	国土交通省鉄道局監修						

(注)「平成31年・令和元年版」から鹿島臨海鉄道を秩父鉄道に入れ替えた。

輸 送 実 績（平成27年）（FY2015）（その２）

Carried by Wagon Load Freight (Continued No.2)

単位：トン(Unit: tons)

軽工業品 Light Manufacturing Products			雑工業品 Miscellaneous Products		特殊品 Special Products			分類不能
紙・パルプ Paper Pulp トン	繊維工業品 Textile Products トン	食料工業品 Food Stuff トン	日用品 Daily Necessities トン	その他 Others トン	金属屑 Metallic Scrap トン	動植物性飼料 Foodstuff & Fertilizers トン	その他 Others トン	Others トン
0	0	0	0	0	0	0	0	0
0	0	0	0	0	0	0	0	0
0	0	0	0	0	0	0	0	0
0	0	0	0	0	0	0	0	0
0	0	0	0	0	0	0	0	2,181
0	0	0	0	0	0	0	0	0
0	0	0	0	0	0	0	92,692	0
0	0	0	0	0	0	0	0	0
0	0	0	0	0	0	0	0	5,071
0	0	0	0	0	0	0	0	5,660
0	0	0	195	0	0	0	4,308	2,475
0	0	0	195	0	0	0	97,000	15,387
0	0	0	0	0	0	0	138,040	0

（鉄道統計年報）

車扱貨物主要品目別
Volume of Commodities

事業者名 Names of Railway Company	合計 Total	農水産品 Agricultural & Aquastic Products					林産品 Forestry Products	
		農産品			畜産品	水産品	木材	薪炭
		穀物 Cereals	野菜 Vegetables	その他 Others	Stock Products	Marine Products	Lumber	Firewood
	トン	トン	トン	トン	トン	トン	トン	トン
(貨)太平洋石炭販売輸送	416,040	0	0	0	0	0	0	0
(貨)岩手開発鉄道	2,171,376	0	0	0	0	0	0	0
(貨)仙台臨海鉄道	552,644	0	0	0	0	0	0	0
(貨)福島臨海鉄道	193,850	0	0	0	0	0	0	0
(貨)秩父鉄道	1,933,388	0	0	0	0	0	0	0
(貨)京葉臨海鉄道	1,431,675	0	0	0	0	0	0	0
(貨)神奈川臨海鉄道	1,006,000	0	0	0	0	0	0	0
(貨)西濃鉄道	654,432	0	0	0	0	0	0	0
(貨)名古屋臨海鉄道	739,992	0	0	0	0	0	0	0
(貨)衣浦臨海鉄道	301,168	0	0	0	0	0	0	0
その他の鉄道	1,113,972	0	0	137	0	0	1,074	0
合計(民鉄) Total (Local Rail)	10,514,537	0	0	137	0	0	1,074	0
日本貨物鉄道 JR Freight	0 8,944,737	0	0	0	0	0	0	0
資 料	国土交通省鉄道局監修							

(注) 「平成31年・令和元年版」から鹿島臨海鉄道を秩父鉄道に入れ替えた。

輸送実績（平成28年度）（FY2016）（その１）

Carried by Wagon Load Freight (No.1)

単位　：トン(Unit: tons)

鉱産品 Mining Products					金属・機械工業品 Fabricated Metals Products & Machinery			
石炭 Coal トン	金属鉱 Metallic minerals トン	砂利 Gravel トン	石灰石 Limestone トン	その他 Others トン	鉄鋼 Iron & Steel トン	非鉄金属 Non-ferrous metals トン	金属製品 Metal Products トン	機械 Machinery トン
416,040	0	0	0	0	0	0	0	0
0	0	0	2,171,376	0	0	0	0	0
0	0	0	0	0	9,709	0	0	50,327
0	175,370	0	0	0	0	0	18,480	0
156,578	0	0	1,770,720	0	0	0	0	0
0	0	0	0	0	0	133,014	0	800
0	0	0	0	0	0	0	0	0
0	0	0	654,432	0	0	0	0	0
0	0	0	731,440	0	0	0	0	4,400
0	0	0	0	145,600	0	0	0	0
0	0	831	0	0	0	0	11,323	5,948
572,618	175,370	831	5,327,968	145,600	9,709	133,014	29,803	61,475
140,080	199,488	0	654,432	301	29,161	0	0	894,364

（鉄道統計年報）

車扱貨物主要品目別
Volume of Commodities

事業者名 Names of Railway Company	化学工業品 Chemical Industrial Products						
	窯業品 Ceramics Products		石油製品 Petroleum Products	石炭製品 Coal Products	化学薬品 Chemicals	化学肥料 Chemical Fertilizers	その他 Others
	セメント Cement	その他 Others					
	トン	トン	トン	トン	トン	トン	トン
(貨)太平洋石炭販売輸送	0	0	0	0	0	0	0
(貨)岩手開発鉄道	0	0	0	0	0	0	0
(貨)仙台臨海鉄道	0	0	492,608	0	0	0	0
(貨)福島臨海鉄道	0	0	0	0	0	0	0
(貨)秩父鉄道	0	0	0	0	0	0	0
(貨)京葉臨海鉄道	0	0	1,297,861	0	0	0	0
(貨)神奈川臨海鉄道	0	0	897,564	0	0	0	0
(貨)西濃鉄道	0	0	0	0	0	0	0
(貨)名古屋臨海鉄道	0	0	0	0	0	0	0
(貨)衣浦臨海鉄道	0	0	0	0	0	0	150,080
その他の鉄道	798,626	141,440	2,113	0	0	0	146,103
総合計(民鉄) Total (Local Rail)	798,626	141,440	2,690,146	0	0	0	296,183
日本貨物鉄道 JR Freight	795,264	0	5,944,372	0	145,835	0	0
資 料	国土交通省鉄道局監修						

(注) 「平成31年・令和元年版」から鹿島臨海鉄道を秩父鉄道に入れ替えた。

輸 送 実 績（平成28年度）（FY2016）（その２）

Carried by Wagon Load Freight (Continued No.2)

単位：トン（Unit：tons）

軽工業品 Light Manufacturing Products			雑工業品 Miscellaneous Products		特殊品 Special Products			分類不能
紙・パルプ Paper Pulp	繊維工業品 Textile Products	食料工業品 Food Stuff	日用品 Daily Necessities	その他 Others	金属屑 Metallic Scrap	動植物性飼料 Foodstuff & Fertilizers	その他 Others	Others
トン	トン	トン	トン	トン	トン	トン	トン	トン
0	0	0	0	0	0	0	0	0
0	0	0	0	0	0	0	0	0
0	0	0	0	0	0	0	0	0
0	0	0	0	0	0	0	0	0
0	0	0	0	0	0	0	0	6,090
0	0	0	0	0	0	0	0	0
0	0	0	0	0	0	0	108,436	0
0	0	0	0	0	0	0	0	0
0	0	0	0	0	0	0	0	4,152
0	0	0	0	0	0	0	0	5,488
0	0	0	65	0	0	0	5,064	1,248
0	0	0	65	0	0	0	113,500	16,978
0	0	0	0	0	0	0	141,440	0

（鉄道統計年報）

車扱貨物主要品目別
Volume of Commodities

事業者名 Names of Railway Company	合計 Total	農水産品 Agricultural & Aquastic Products					林産品 Forestry Products	
		農産品			畜産品	水産品	木材	薪炭
		穀物 Cereals	野菜 Vegetables	その他 Others	Stock Products	Marine Products	Lumber	Firewood
	トン	トン	トン	トン	トン	トン	トン	トン
(貨)太平洋石炭販売輸送	473,040	0	0	0	0	0	0	0
(貨)岩手開発鉄道	2,331,108	0	0	0	0	0	0	0
(貨)仙台臨海鉄道	580,793	0	0	0	0	0	0	0
(貨)福島臨海鉄道	190,654	0	0	0	0	0	0	0
(貨)秩父鉄道	1,968,106	0	0	0	0	0	0	0
(貨)京葉臨海鉄道	1,497,029	0	0	0	0	0	0	0
(貨)神奈川臨海鉄道	1,104,751	0	0	0	0	0	0	0
(貨)西濃鉄道	653,412	0	0	0	0	0	0	0
(貨)名古屋臨海鉄道	732,525	0	0	0	0	0	0	0
(貨)衣浦臨海鉄道	328,895	0	0	0	0	0	0	0
その他の鉄道	1,075,813	0	0	90	0	0	2,811	0
合計(民鉄) Total (Local Rail)	10,936,126	0	0	90	0	0	2,811	0
日本貨物鉄道 JR Freight	9,205,373	0	0	0	0	0	0	0
資料	国土交通省鉄道局監修							

(注) 「平成31年・令和元年版」から鹿島臨海鉄道を秩父鉄道に入れ替えた。

輸 送 実 績（平成29年度）（FY2017）（その１）

Carried by Wagon Load Freight (No.1)

単位 ： トン(Unit: tons)

鉱産品 Mining Products					金属・機械工業品 Fabricated Metals Products & Machinery			
石炭 Coal トン	金属鉱 Metallic minerals トン	砂利 Gravel トン	石灰石 Limestone トン	その他 Others トン	鉄鋼 Iron & Steel トン	非鉄金属 Non-ferrous metals トン	金属製品 Metal Products トン	機械 Machinery トン
473,040	0	0	0	0	0	0	0	0
0	0	0	2,331,108	0	0	0	0	0
0	0	0	0	0	8,587	0	0	52,848
0	172,482	0	0	0	0	0	18,172	0
152,000	0	0	1,804,720	0	0	0	0	0
0	0	0	0	0	0	138,698	0	1,200
0	0	0	0	0	0	0	0	0
0	0	0	653,412	0	0	0	0	0
0	0	0	730,284	0	0	0	0	0
0	0	0	0	142,940	0	0	0	0
0	0	1,139	0	0	0	0	13,025	5,501
625,040	172,482	1,139	5,519,524	142,940	8,587	138,698	31,197	59,549
136,680	199,896	0	653,412	0	26,265	0	0	904,804

（鉄道統計年報）

車扱貨物主要品目別
Volume of Commodities

事業者名 Names of Railway Company	化学工業品 Chemical Industrial Products						
	窯業品 Ceramics Products		石油製品 Petroleum Products	石炭製品 Coal Products	化学薬品 Chemicals	化学肥料 Chemical Fertilizers	その他 Others
	セメント Cement	その他 Others					
	トン	トン	トン	トン	トン	トン	トン
(貨)太平洋石炭販売輸送	0	0	0	0	0	0	0
(貨)岩手開発鉄道	0	0	0	0	0	0	0
(貨)仙台臨海鉄道	0	0	519,358	0	0	0	0
(貨)福島臨海鉄道	0	0	0	0	0	0	0
(貨)秩父鉄道	0	0	0	0	0	0	0
(貨)京葉臨海鉄道	0	0	1,357,131	0	0	0	0
(貨)神奈川臨海鉄道	0	0	1,007,593	0	0	0	0
(貨)西濃鉄道	0	0	0	0	0	0	0
(貨)名古屋臨海鉄道	0	0	0	0	0	0	0
(貨)衣浦臨海鉄道	0	0	0	0	0	0	179,795
その他の鉄道	722,872	138,856	1,849	0	0	0	174,962
総合計(民鉄) Total (Local Rail)	722,872	138,856	2,885,931	0	0	0	354,757
日本貨物鉄道 JR Freight	720,784	0	6,249,932	0	174,744	0	0
資料	国土交通省鉄道局監修						

(注) 「平成31年・令和元年版」から鹿島臨海鉄道を秩父鉄道に入れ替えた。

輸 送 実 績（平成29年度）（FY2017）（その２）

Carried by Wagon Load Freight (Continued No.2)

単位：トン(Unit: tons)

軽工業品 Light Manufacturing Products			雑工業品 Miscellaneous Products		特殊品 Special Products			分類不能 Others
紙・パルプ Paper Pulp	繊維工業品 Textile Products	食料工業品 Food Stuff	日用品 Daily Necessities	その他 Others	金属屑 Metallic Scrap	動植物性飼料 Foodstuff & Fertilizers	その他 Others	
トン	トン	トン	トン	トン	トン	トン	トン	トン
0	0	0	0	0	0	0	0	0
0	0	0	0	0	0	0	0	0
0	0	0	0	0	0	0	0	0
0	0	0	0	0	0	0	0	0
0	0	0	0	0	0	0	0	11,386
0	0	0	0	0	0	0	0	0
0	0	0	0	0	0	0	97,158	0
0	0	0	0	0	0	0	0	0
0	0	0	0	0	0	0	0	2,241
0	0	0	0	0	0	0	0	6,160
0	0	0	66	0	0	0	5,510	9,132
0	0	0	66	0	0	0	102,668	28,919
0	0	0	0	0	0	0	138,856	0

（鉄道統計年報）

車扱貨物主要品目別
Volume of Commodities

事業者名 Names of Railway Company	合計 Total	農水産品 Agricultural & Aquastic Products					林産品 Forestry Products	
		農産品			畜産品	水産品	木材	薪炭
		穀物 Cereals	野菜 Vegetables	その他 Others	Stock Products	Marine Products	Lumber	Firewood
	トン	トン	トン	トン	トン	トン	トン	トン
(貨)太平洋石炭販売輸送	128,580	0	0	0	0	0	0	0
(貨)岩手開発鉄道	2,422,262	0	0	0	0	0	0	0
(貨)仙台臨海鉄道	580,150	0	0	0	0	0	0	0
(貨)福島臨海鉄道	167,846	0	0	0	0	0	0	0
(貨)秩父鉄道	1,904,378	0	0	0	0	0	0	0
(貨)京葉臨海鉄道	1,466,472	0	0	0	0	0	0	0
(貨)神奈川臨海鉄道	1,054,154	0	0	0	0	0	0	0
(貨)西濃鉄道	648,414	0	0	0	0	0	0	0
(貨)名古屋臨海鉄道	726,337	0	0	0	0	0	0	0
(貨)衣浦臨海鉄道	300,862	0	0	0	0	0	0	0
その他の鉄道	1,074,606	0	0	85	0	0	1,013	0
合計(民鉄) Total (Local Rail)	10,474,061	0	0	85	0	0	1,013	0
日本貨物鉄道 JR Freight	0 8,949,358	0	0	0	0	0	0	0
資料	国土交通省鉄道局監修							

(注) 「平成31年・令和元年版」から鹿島臨海鉄道を秩父鉄道に入れ替えた。

輸送実績（平成30年度）（FY2018）（その１）
Carried by Wagon Load Freight (No.1)

単位 ： トン(Unit: tons)

鉱産品 Mining Products					金属・機械工業品 Fabricated Metals Products & Machinery			
石炭 Coal トン	金属鉱 Metallic minerals トン	砂利 Gravel トン	石灰石 Limestone トン	その他 Others トン	鉄鋼 Iron & Steel トン	非鉄金属 Non-ferrous metals トン	金属製品 Metal Products トン	機械 Machinery トン
128,580	0	0	0	0	0	0	0	0
0	0	0	2,422,262	0	0	0	0	0
0	0	0	0	0	7,447	0	0	52,446
0	151,810	0	0	0	0	0	16,036	0
129,136	0	0	1,766,640	0	0	0	0	0
0	0	0	0	0	0	137,398	0	800
0	0	0	0	0	0	0	0	0
0	0	0	648,414	0	0	0	0	0
0	0	0	724,702	0	0	0	0	0
0	0	0	0	127,960	0	0	0	0
0	0	2,064	0	0	0	0	10,929	4,185
257,716	151,810	2,064	5,562,018	127,960	7,447	137,398	26,965	57,431
115,498	170,228	0	648,448	0	24,883	0	0	877,498

（鉄道統計年報）

車扱貨物主要品目別
Volume of Commodities

事業者名 Names of Railway Company	化学工業品 Chemical Industrial Products						
	窯業品 Ceramics Products		石油製品 Petroleum Products	石炭製品 Coal Products	化学薬品 Chemicals	化学肥料 Chemical Fertilizers	その他 Others
	セメント Cement	その他 Others					
	トン	トン	トン	トン	トン	トン	トン
(貨)太平洋石炭販売輸送	0	0	0	0	0	0	0
(貨)岩手開発鉄道	0	0	0	0	0	0	0
(貨)仙台臨海鉄道	0	0	520,257	0	0	0	0
(貨)福島臨海鉄道	0	0	0	0	0	0	0
(貨)秩父鉄道	0	0	0	0	0	0	0
(貨)京葉臨海鉄道	0	0	1,328,274	0	0	0	0
(貨)神奈川臨海鉄道	0	0	955,873	0	0	0	0
(貨)西濃鉄道	0	0	0	0	0	0	0
(貨)名古屋臨海鉄道	0	0	0	0	0	0	0
(貨)衣浦臨海鉄道	0	0	0	0	0	0	165,550
その他の鉄道	757,300	124,304	657	0	0	0	161,064
総合計(民鉄) Total (Local Rail)	757,300	124,304	2,805,061	0	0	0	326,614
日本貨物鉄道 JR Freight	756,656	0	6,070,937	0	160,906	0	0
資料	国土交通省鉄道局監修						

(注) 「平成31年・令和元年版」から鹿島臨海鉄道を秩父鉄道に入れ替えた。

輸 送 実 績（平成30年度）（FY2018）（その２）
Carried by Wagon Load Freight (Continued No.2)

単位：トン（Unit：tons）

軽工業品 Light Manufacturing Products			雑工業品 Miscellaneous Products		特殊品 Special Products			分類不能 Others
紙・パルプ Paper Pulp トン	繊維工業品 Textile Products トン	食料工業品 Food Stuff トン	日用品 Daily Necessities トン	その他 Others トン	金属屑 Metallic Scrap トン	動植物性飼料 Foodstuff & Fertilizers トン	その他 Others トン	トン
0	0	0	0	0	0	0	0	0
0	0	0	0	0	0	0	0	0
0	0	0	0	0	0	0	0	0
0	0	0	0	0	0	0	0	0
0	0	0	0	0	0	0	0	8,602
0	0	0	0	0	0	0	0	0
0	0	0	0	0	0	0	98,281	0
0	0	0	0	0	0	0	0	0
0	0	0	0	0	0	0	0	1,635
0	0	0	0	0	0	0	0	7,352
0	0	0	51	0	0	0	3,970	8,984
0	0	0	51	0	0	0	102,251	26,573
0	0	0	0	0	0	0	124,304	0

（鉄道統計年報）

貨 物 自 動 車
Tonnage Carried

年度 Fiscal Year	合計 Sum Total	営業用 Commercial use 計 Total	普通車 Ordinary Size	小型車 Small Size	特種用途車 Special Purpose Vehicles
S35 (1960)	1,156,291	380,728	256,450	110,359	13,919
S40 (1965)	2,193,195	664,227	462,599	130,591	71,037
S45 (1970)	4,626,069	1,113,061	861,602	100,790	150,669
S50 (1975)	4,392,859	1,251,482	1,023,632	57,146	170,704
S55 (1980)	5,317,950	1,661,473	1,378,692	48,731	234,050
S60 (1985)	5,048,048	1,891,937	1,612,536	45,571	233,830
H2 (1990)	6,113,565	2,427,625	2,092,641	40,596	283,147
SH7 (1995)	6,016,571	2,647,067	2,216,118	33,608	383,551
H12 (2000)	5,773,619	2,932,696	2,462,354	27,897	425,971
	(100.0)	(50.8)	(42.6)	(0.5)	(7.4)
H17 (2005)	4,965,874	2,858,258	2,386,335	25,108	429,243
	(100.0)	(49.5)	(48.1)	(0.5)	(8.6)
H22 (2010)	4,480,195	3,069,416	2,525,115	21,843	503,518
	(100.0)	(68.5)	(56.4)	(0.5)	(11.2)
H24 (2012)	4,365,927	3,011,839	2,447,819	23,029	517,849
	(100.0)	(69.0)	(56.1)	(0.5)	(11.9)
H25 (2013)	4,345,753	2,989,496	2,421,931	21,875	524,139
	(100.0)	(68.8)	(55.7)	(0.5)	(12.1)
H26 (2014)	4,315,836	2,934,361	2,387,773	22,026	502,892
	(100.0)	(68.0)	(55.3)	(0.5)	(11.7)
H27 (2015)	4,289,000	2,916,827	2,370,305	21,730	503,338
	(100.0)	(68.0)	(55.3)	(0.5)	(11.7)
H28 (2016)	4,378,268	3,019,313	2,477,718	20,379	501,001
	(100.0)	(69.0)	(56.6)	(0.5)	(11.4)
H29 (2017)	4,381,246	3,031,940	2,494,933	20,850	495,919
	(100.0)	(69.2)	(57.0)	(0.5)	(11.3)
H30 (2018)	4,329,784	3,018,819	2,489,532	20,509	488,782
	(100.0)	(69.7)	(57.5)	(0.5)	(11.3)
R1 (2019)	4,329,132	3,053,766	2,527,436	20,426	485,527
	(100.0)	(70.5)	(58.4)	(0.5)	(11.2)
資料	国土交通省総合政策局				

(注) 1. 区分は、凡例6参照

2. 特種用途車の輸送トン数は、タンク車・コンクリートミキサー車等の貨物輸送を目的とする車の輸送トン数のみである。

3. 昭和62年度より軽自動車を含む。平成22年度より自家用軽自動車を対象から除外した。

輸 送 ト ン 数
by Trucks

単位：千トン(Unit : Thousand tons)

	自 家 用 Private use				
軽自動車 Light Motor Vehicles	計 Total	普通車 Ordinary Size	小型車 Small Size	特種用途車 Special Purpose Vehicles	軽自動車 Light Motor Vehicles
…	775,563	422,009	336,178	17,376	…
…	1,528,978	781,004	690,524	57,440	…
…	3,513,008	1,811,750	1,531,272	169,986	…
…	3,141,377	2,106,926	757,659	276,792	…
…	3,656,477	2,466,643	797,176	392,658	…
…	3,156,111	2,114,946	655,819	385,346	…
11,241	3,685,940	2,529,224	561,625	466,312	128,779
13,790	3,369,504	2,307,007	443,678	479,450	139,369
16,474	2,840,923	1,970,648	336,845	405,899	127,531
(0.3)	(49.2)	(34.1)	(5.8)	(7.0)	(2.2)
17,572	2,107,616	1,458,046	250,493	275,435	123,642
(0.4)	(42.4)	(29.4)	(5.0)	(5.5)	(2.5)
18,940	1,410,779	1,004,710	167,702	238,367	…
(0.4)	(31.5)	(22.4)	(3.7)	(5.3)	
23,143	1,354,088	896,524	189,806	267,758	…
(0.5)	(31.0)	(20.5)	(4.3)	(6.1)	
21,551	1,356,256	898,140	184,146	273,971	…
(0.5)	(31.2)	(20.7)	(4.2)	(6.3)	
21,670	1,381,475	918,690	190,612	272,174	…
(0.5)	(32.0)	(21.3)	(4.4)	(6.3)	
21,454	1,372,174	913,769	188,278	270,127	…
(0.5)	(32.0)	(21.3)	(4.4)	(6.3)	
20,216	1,358,955	935,231	173,985	249,739	…
(0.5)	(31.0)	(21.4)	(4.0)	(5.7)	
20,238	1,349,306	923,209	167,811	258,286	…
(0.5)	(30.8)	(21.1)	(3.8)	(5.9)	
19,996	1,310,965	897,907	162,897	250,161	…
(0.5)	(30.3)	(20.7)	(3.8)	(5.8)	
20,377	1,275,366	882,778	153,102	239,486	…
(0.5)	(29.5)	(20.4)	(3.5)	(5.5)	

情報政策課交通経済統計調査室 （自動車輸送統計年報）

4. 平成22年度の数値には、平成23年3月の北海道及び東北6県の数値を含まない。
5. 平成23年度の数値には、平成23年4月の北海道及び東北6県の数値を含まない。
6. 平成22年度調査報告より、調査方法及び集計方法を変更した。これにより、過去の数値とは連続しない。

貨 物 自 動 車

Tonnage－km

年度 Fiscal Year	合計 Sum Total	営業用 Commercial use 計 Total	普通車 Ordinary Size	小型車 Small Size	特種用途車 Special Purpose Vehicles
S35 (1960)	20,801	9,639	8,220	1,128	291
S40 (1965)	48,392	22,385	18,582	1,885	1,918
S45 (1970)	135,916	67,330	61,222	1,774	4,335
S50 (1975)	129,701	69,247	62,327	1,592	5,328
S55 (1980)	178,901	103,541	93,046	1,469	8,999
S60 (1985)	205,941	137,299	123,177	1,642	12,479
H2 (1990)	274,244	194,221	172,834	1,391	19,575
H7 (1995)	294,648	223,090	192,153	1,060	29,443
H12 (2000)	313,118	255,533	217,398	928	36,686
	(100.0)	(81.6)	(69.4)	(0.3)	(11.7)
H17 (2005)	334,979	290,773	243,193	908	46,059
	(100.0)	(86.8)	(72.6)	(0.3)	(13.7)
H22 (2010)	243,150	213,288	171,365	663	40,804
	(100.0)	(87.7)	(70.5)	(0.3)	(16.8)
H24 (2012)	209,956	180,336	140,293	626	38,945
	(100.0)	(85.9)	(66.8)	(0.3)	(18.5)
H25 (2013)	214,092	184,840	146,336	612	37,412
	(100.0)	(86.3)	(68.4)	(0.3)	(17.5)
H26 (2014)	210,008	181,160	143,611	607	36,502
	(100.0)	(86.3)	(68.4)	(0.3)	(17.4)
H27 (2015)	204,316	175,981	140,121	582	34,855
	(100.0)	(86.1)	(68.6)	(0.3)	(17.1)
H28 (2016)	210,316	180,810	146,547	538	33,307
	(100.0)	(86.0)	(69.7)	(0.3)	(15.8)
H29 (2017)	210,829	182,526	148,858	543	32,712
	(100.0)	(86.6)	(70.6)	(0.3)	(15.5)
H30 (2018)	210,467	182,490	149,101	536	32,449
	(100.0)	(86.7)	(70.8)	(0.3)	(15.4)
R1 (2019)	213,836	186,377	153,280	543	32,144
	(100.0)	(87.2)	(71.7)	(0.3)	(15.0)
資料	国土交通省総合政策局				

(注) 1. 区分は、凡例6参照

2. 特種用途車の輸送トン数は、タンク車・コンクリートミキサー車等の貨物輸送を目的とする車の輸送トン数のみである。

3. 昭和62年度より軽自動車を含む。平成22年度より自家用軽自動車を対象から除外した。

輸　送　ト　ン　キ　ロ
Carried by Trucks

単位：百万トンキロ(Unit :Millon Tons-km)

	自　家　用 Private use				
軽自動車 Light Motor Vehicles	計 Total	普通車 Ordinary Size	小型車 Small Size	特種用途車 Special Purpose Vehicles	軽自動車 Light Motor Vehicles
…	11,163	7,375	3,543	245	…
…	26,006	15,199	9,821	986	…
…	68,586	42,343	23,807	2,436	…
…	69,455	41,685	15,033	3,737	…
…	75,360	52,963	16,669	5,729	…
…	68,641	47,254	14,882	6,504	…
422	80,023	58,086	12,401	7,870	1,665
435	71,558	52,284	9,570	8,057	1,647
522	57,585	41,806	7,266	6,953	1,559
(0.2)	(18.4)	(13.4)	(2.3)	(2.2)	(0.5)
613	44,206	31,858	5,503	5,391	1,455
(0.2)	(13.2)	(9.5)	(1.6)	(1.6)	(0.4)
456	29,862	22,785	2,999	4,078	…
(0.2)	(12.3)	(9.4)	(1.2)	(1.7)	
471	29,620	21,367	3,369	4,884	…
(0.2)	(14.1)	(10.2)	(1.6)	(2.3)	
480	29,252	20,838	3,524	4,889	…
(0.2)	(13.7)	(9.7)	(1.6)	(2.3)	
440	28,848	20,341	3,487	5,020	…
(0.2)	(13.7)	(9.7)	(1.7)	(2.4)	
423	28,335	19,998	3,451	4,886	…
(0.2)	(13.9)	(9.8)	(1.7)	(2.4)	
418	29,506	21,549	3,257	4,700	…
(0.2)	(14.0)	(10.2)	(1.5)	(2.2)	
412	28,303	20,500	3,137	4,666	…
(0.2)	(13.4)	(9.7)	(1.5)	(2.2)	
404	27,977	20,470	3,030	4,476	…
(0.2)	(13.3)	(9.7)	(1.4)	(2.1)	
410	27,459	19,988	2,865	4,607	…
(0.2)	(12.8)	(9.3)	(1.3)	(2.2)	

交通経済統計調査室（自動車輸送統計年報）

4. 平成6年度の数値には、平成7年1月～3月の兵庫県の数値を含まない。
5. 平成22年度の数値には、平成23年3月の北海道及び東北6県の数値を含まない。
6. 平成23年度の数値には、平成23年4月の北海道及び東北6県の数値を含まない。
7. 平成22年度調査報告より、調査方法及び集計方法を変更した。これにより、過去の数値とは連続しない。

旅 客 自 動 車
Number of Passengers

年度 Fiscal Year	合計 Sum Total	バス Bus 計 Total	営業用 Commercial use 小計 Sub Total	乗合 Regular	貸切 Charter
S35 (1960)	7,900,743	6,290,722	6,178,805	6,044,498	134,307
S40 (1965)	14,863,470	10,557,428	10,028,983	9,862,056	166,927
S45 (1970)	24,032,433	11,811,524	10,254,693	10,073,704	180,989
S50 (1975)	28,411,450	10,730,770	9,293,477	9,118,868	174,609
S55 (1980)	33,515,233	9,903,047	8,300,314	8,096,622	203,692
S60 (1985)	34,678,904	8,780,339	7,229,794	6,997,602	232,192
H2 (1990)	55,767,427	8,558,007	6,756,251	6,500,489	255,762
H7 (1995)	61,271,653	7,619,016	6,005,172	5,756,231	248,941
H12 (2000)	62,841,306	6,635,255	5,057,754	4,803,040	254,714
	(100.0)	(10.6)	(8.0)	(7.6)	(0.4)
H17 (2005)	65,946,689	5,888,754	4,545,417	4,243,854	301,563
	(100.0)	(8.9)	(6.9)	(6.4)	(0.5)
H22 (2010)	6,241,395	4,458,229	4,458,229	4,158,180	300,049
	(100.0)	(71.4)	(71.4)	(66.6)	(4.8)
H24 (2012)	6,076,806	4,437,253	4,437,253	4,124,997	312,256
	(100.0)	(73.0)	(73.0)	(67.9)	(5.1)
H25 (2013)	6,152,915	4,505,190	4,505,190	4,175,831	329,359
	(100.0)	(73.2)	(73.2)	(69.2)	(5.5)
H26 (2014)	6,057,426	4,500,163	4,500,163	4,174,821	325,342
	(100.0)	(74.3)	(74.3)	(69.2)	(5.4)
H27 (2015)	6,031,303	4,565,210	4,565,210	4,269,867	295,343
	(100.0)	(75.7)	(75.7)	(70.8)	(4.9)
H28 (2016)	6,034,900	4,582,953	4,582,953	4,288,516	294,437
	(100.0)	(75.9)	(75.9)	(71.1)	(4.9)
H29 (2017)	6,084,966	4,639,579	4,639,579	4,342,261	297,318
	(100.0)	(76.9)	(76.2)	(71.4)	(4.9)
H30 (2018)	6,036,558	4,645,762	4,645,762	4,347,726	298,035
	(100.0)	(77.0)	(77.0)	(71.5)	(4.9)
R1 (2019)	5,799,913	4,532,231	4,532,232	4,257,648	274,584
	(100.0)	(78.1)	(78.1)	(73.4)	(4.7)
資料	国土交通省総合政策局情報政策課				

(注) 1. 区分は、3頁の凡例6参照

2. 平成22年度調査報告より、調査方法及び集計方法が変更された(営業バスを除く)ため、過去の数値とは連続しない。

輸　送　人　員

Carried by Motor Vehicles

単位：千人(Unit：Thousand Persons)

	乗　用　車　Passenger Car				自家用貨物車 Truck for Private use	
		営業用	自　家　用　Private use			
自家用 Private Use	計 Total	Commercial Use	登録車 Motor Vehicles Registered	軽自動車 Light Motor Vehicles	登録車 Motor Vehicles Registered	軽自動車 Light Motor Vehicles
111,917	1,610,021	1,205,255	404,766	…	…	…
528,445	4,306,042	2,626,631	1,679,411	…	…	…
1,556,831	12,220,909	4,288,853	7,932,056	…	…	…
1,437,293	17,680,680	3,220,221	14,460,459	…	…	…
1,602,733	23,612,186	3,426,567	20,185,619	…	…	…
1,550,545	25,898,565	3,256,748	22,641,817	…	…	…
1,801,756	36,203,558	3,223,166	30,847,009	2,133,383	3,454,128	7,551,734
1,613,844	43,054,973	2,758,386	35,018,454	5,278,133	3,133,874	7,463,790
1,577,501	47,937,071	2,433,069	36,505,013	8,998,989	2,484,914	5,784,066
(2.5)	(76.3)	(3.6)	(58.1)	(14.3)	(4.0)	(9.2)
1,343,337	52,722,207	2,217,361	37,358,034	13,146,812	2,083,356	5,252,372
(2.0)	(79.9)	(3.4)	(56.6)	(19.9)	(3.2)	(8.0)
…	1,783,166	1,783,166	…	…	…	…
	(28.6)	(28.6)				
…	1,639,553	1,639,553	…	…	…	…
	(27.0)	(27.0)				
…	1,647,725	1,647,725	…	…	…	…
	(26.8)	(26.8)				
…	1,557,263	1,557,263	…	…	…	…
	(25.7)	(25.7)				
…	1,466,093	1,466,093	…	…	…	…
	(24.3)	(24.3)				
…	1,451,975	1,451,975	…	…	…	…
	(24.1)	(24.1)				
…	1,445,386	1,445,386	…	…	…	…
	(23.8)	(23.8)				
…	1,390,797	1,390,797	…	…	…	…
	(22.9)	(22.9)				
…	1,267,682	1,267,682	…	…	…	…
	(21.9)	(21.9)				

交通経済統計調査室(自動車輸送統計年報)

3.また平成22年度調査報告より、自家用乗用車、自家用貨物車及び軽自動車を調査対象から除外した。

4. 平成22年度の数値には、平成23年3月の北海道運輸局及び東北運輸局の乗用車の数値を含まない。

旅　客　自　動　車

Passenger−Kilometers

年度 Fiscal Year	合計 Sum Total	バス Buses			
		計 Total	営業用 Commercial use		
			小計 Sub Total	乗合 Regular	貸切 Charter
S35 (1960)	55,531	43,999	42,742	31,643	11,099
S40 (1965)	120,756	80,134	73,371	53,495	19,876
S45 (1970)	284,229	102,893	82,239	52,712	29,527
S50 (1975)	360,867	110,063	80,110	47,505	32,605
S55 (1980)	431,669	110,396	73,934	41,595	32,339
S60 (1985)	489,261	104,898	70,848	33,752	37,096
H2 (1990)	853,060	110,372	77,341	33,724	43,617
H7 (1995)	917,420	97,288	73,911	30,635	43,276
H12 (2000)	951,251	87,307	69,530	26,978	42,552
	(100.0)	(9.2)	(7.3)	(2.8)	(4.5)
H17 (2005)	933,005	88,065	72,781	27,664	45,117
	(100.0)	(9.4)	(7.8)	(3.0)	(4.8)
H22 (2010)	77,677	69,955	69,955	28,616	41,339
	(100.0)	(90.1)	(90.1)	(36.8)	(53.2)
H24 (2012)	75,668	68,458	68,458	29,787	38,670
	(100.0)	(92.6)	(92.6)	(40.3)	(52.3)
H25 (2013)	74,571	67,527	67,527	30,737	36,790
	(100.0)	(90.6)	(90.6)	(41.2)	(49.3)
H26 (2014)	72,579	65,649	65,649	31,384	34,265
	(100.0)	(90.5)	(90.5)	(43.2)	(47.2)
H27 (2015)	71,443	64,936	64,936	33,176	31,760
	(100.0)	(90.9)	(90.9)	(46.4)	(44.5)
H28 (2016)	70,119	63,737	63,737	33,604	30,133
	(100.0)	(90.9)	(90.9)	(47.9)	(43.0)
H29 (2017)	69,815	63,524	63,524	34,260	29,264
	(100.0)	(91.0)	(91.0)	(49.1)	(41.9)
H30 (2018)	70,101	64,108	64,108	35,214	28,894
	(100.0)	(91.5)	(91.5)	(50.2)	(41.2)
R1 (2019)	65,556	60,070	60,070	33,690	26,381
	(100.0)	(91.6)	(91.6)	(51.4)	(40.2)
資料	国土交通省総合政策局情報政策課				

(注) 1. 区分は、凡例6参照

2. 平成6年度の数値には、平成7年1月～3月の兵庫県の数値(営業バス等を除く)を含まない。

3. 平成22年度の数値には、平成23年3月の北海道及び東北6県の数値(営業バスを除く)を含まない。

輸 送 人 キ ロ
Carried by Motor Vehicles

単位：百万人キロ(Unit :Million Persons-km)

	乗 用 車 Passenger Car				自家用貨物車 Truck for Private use	
自家用 Private Use	計 Total	営業用 Commercial Use	自 家 用 Private use 登録車 Motor Vehicles Registered	軽自動車 Light Motor Vehicles	登録車 Motor Vehicles Registered	軽自動車 Light Motor Vehicles
1,257	11,532	5,162	6,370	…	…	…
6,763	40,622	11,216	29,406	…	…	…
20,655	181,335	19,311	162,024	…	…	…
29,953	250,804	15,572	235,232	…	…	…
36,462	321,272	16,243	305,030	…	…	…
34,050	384,363	15,763	368,600	…	…	…
33,031	575,506	15,639	536,773	23,094	74,659	92,523
23,377	664,625	13,796	594,712	56,117	73,887	81,620
17,777	741,148	12,052	630,958	98,138	59,431	63,366
(1.9)	(77.9)	(1.3)	(66.3)	(10.3)	(6.2)	(6.7)
15,284	737,621	11,485	587,657	138,479	49,742	57,576
(1.6)	(79.1)	(1.2)	(63.0)	(14.8)	(5.3)	(6.2)
…	7,723	7,723	…	…	…	…
	(9.9)	(9.9)				
…	7,210	7,210	…	…	…	…
	(9.8)	(9.8)				
…	7,044	7,044	…	…	…	…
	(9.4)	(9.4)				
…	6,930	6,930	…	…	…	…
	(9.5)	(9.5)				
…	6,508	6,508	…	…	…	…
	(9.1)	(9.1)				
…	6,382	6,382	…	…	…	…
	(9.1)	(9.1)				
…	6,290	6,290	…	…	…	…
	(9.0)	(9.0)				
…	5,993	5,993	…	…	…	…
	(8.5)	(8.5)				
…	5,486	5,486	…	…	…	…
	(8.4)	(8.4)				

交通経済統計調査室(自動車輸送統計年報)

4. 平成23年度の数値には、平成23年4月の北海道及び東北6県の数値(営業バスを除く)を含まない。
5. 平成22年度調査報告より、調査方法及び集計方法が変更された(営業バスを除く)ため、過去の数値とは連続しない。
6 .また平成22年度調査報告より、自家用乗用車、自家用貨物車及び軽自動車を調査対象から除外した。

貨 物 自 動 車

Kilometric

年 度 Fiscal Year	合 計 Sum Total	営 業 用 Commercial use			
		計 Total	普通車 Ordinary Size	小型車 Small Size	特種用途車 Special Purpose Vehicles
S35 (1960)	17,444,933	4,377,352	2,594,799	1,645,495	137,058
S40 (1965)	44,563,004	8,465,056	5,490,557	2,384,655	589,844
S45 (1970)	100,040,408	15,592,167	12,014,742	2,416,837	1,160,588
S50 (1975)	104,859,125	17,921,607	14,190,159	2,141,192	1,590,256
S55 (1980)	141,546,599	26,882,697	21,518,271	2,347,225	3,017,201
S60 (1985)	136,533,450	34,682,364	28,083,552	2,627,023	3,971,789
H2 (1990)	255,871,744	51,187,877	39,732,101	2,619,838	6,106,860
H7 (1995)	267,128,018	63,869,017	48,538,375	2,397,843	9,405,178
H12 (2000)	260,845,895	73,695,464	54,226,378	2,269,089	12,708,270
H17 (2005)	242,090,907	76,232,797	54,644,511	2,107,513	14,075,769
H20 (2008)	236,475,569	78,246,206	54,653,167	2,129,823	15,364,934
H21 (2009)	228,133,659	75,629,532	52,265,327	2,110,601	15,111,363
H22 (2010)	184,514,054	68,542,308	46,575,347	2,031,095	13,848,218
H23 (2011)	179,833,948	66,610,219	45,221,330	1,885,032	13,657,415
H24 (2012)	198,993,040	60,979,140	39,488,734	1,872,090	13,514,860
H25 (2013)	205,824,603	65,776,755	44,118,694	1,845,255	14,089,279
H26 (2014)	205,685,592	65,645,677	43,923,721	1,790,283	14,233,437
H27 (2015)	203,592,279	65,936,287	44,056,488	1,815,664	14,426,436
H28 (2016)	200,568,290	65,392,633	43,744,261	1,732,178	14,286,805
H29 (2017)	199,040,121	65,831,428	44,100,496	1,734,145	14,287,405
H30 (2018)	196,502,278	66,212,516	44,044,725	1,752,741	14,461,997
R1 (2019)	194,365,347	65,927,448	43,599,667	1,753,320	14,508,090
資 料	国土交通省総合政策局情報政策課交通経済統計調査室				

(注) 1. 区分は、3頁の凡例6参照

2. 特種用途車の輸送トン数は、タンク車・コンクリートミキサー車等の貨物輸送を目的とする車の走行キロのみである。

3. 平成22年度の数値には、平成23年3月の北海道及び東北6県の数値を含まない。

4. 平成23年度の数値には、平成23年4月の北海道及び東北6県の数値を含まない。

走　行　キ　ロ

Performance by Trucks

単位：千キロ(Unit：Thousand km)

	自　家　用 Private use				
軽自動車 Light Motor Vehicles	計 Total	普通車 Ordinary Size	小型車 Small Size	特種用途車 Special Purpose Vehicles	軽自動車 Light Motor Vehicles
…	13,067,581	3,673,150	9,250,417	144,014	…
…	36,097,948	6,378,969	29,346,590	372,389	…
…	84,448,241	15,491,848	68,163,358	793,035	…
…	86,937,518	14,730,938	70,515,944	1,690,636	…
…	114,663,902	20,163,657	91,508,840	2,991,405	…
…	111,851,086	20,787,990	87,216,192	3,846,904	…
2,729,078	204,683,867	27,148,708	89,789,012	5,139,466	82,606,681
3,527,621	203,259,001	29,907,983	85,526,055	6,818,600	81,006,363
4,491,727	187,150,431	28,797,198	79,940,123	7,991,047	70,422,063
5,404,004	165,858,110	24,962,312	66,162,139	6,349,014	68,384,645
6,098,282	158,229,363	24,292,351	60,510,432	6,212,412	67,214,168
6,142,241	152,504,127	22,968,937	57,224,544	6,070,941	66,239,705
6,087,648	115,971,746	17,809,207	23,461,578	6,594,275	68,106,686
5,846,442	113,223,729	16,288,454	24,062,704	6,415,012	66,457,559
6,103,456	138,013,900	15,905,406	44,700,623	6,826,890	70,580,981
5,723,527	140,047,848	17,057,716	44,231,227	7,061,787	71,697,118
5,698,236	140,039,915	17,021,649	43,955,232	7,037,031	72,026,003
5,637,699	137,655,992	17,253,393	43,123,408	7,040,634	70,238,557
5,629,389	135,175,657	17,215,971	40,363,669	6,894,403	70,701,614
5,709,382	133,208,693	17,180,429	39,765,507	6,779,665	69,483,092
5,953,053	130,289,762	17,408,973	39,310,754	6,587,051	66,982,984
6,066,371	128,437,899	17,559,435	39,102,160	6,382,943	65,393,361

(自動車輸送統計年報(平成21年度まで)、自動車燃料消費量調査年報(平成22年度より))

6. 平成22年度調査報告より、調査方法及び集計方法が変更されたため、自動車燃料消費量統計年報によること
これにより、過去の数値とは連続しない。

7. また、原典資料の章表事項の区分が従前と異なるため、他区分の車種を含むものがある。

a) 営業用普通車には、その他LPG車及びCNG車を含む。

b) 営業用小型車には、ガソリン貨物車の普通・小型・特種車を含む。

c) 自家用特種用途車には、軽油　自家用旅客車の特種車(非貨物)を含む。

旅 客 自 動 車

Kilometric Performance of

年度 Fiscal Year	合計 Sum Total	バス Buses				
		計 Total	営業用 Commercial use			
			小計 Sub Total	乗合 Regular	貸切 Charter
S35 (1960)	10,719,059	1,994,286	1,945,846	1,680,671	265,175
S40 (1965)	37,592,220	3,589,909	3,147,759	2,636,126	511,633
S45 (1970)	125,976,450	5,394,083	3,674,183	2,935,122	739,061
S50 (1975)	181,485,963	5,450,609	3,622,637	2,878,520	744,177
S55 (1980)	247,505,112	6,045,821	3,890,181	2,909,759	980,422
S60 (1985)	281,908,270	6,351,738	4,115,063	2,879,928	1,235,135
H2 (1990)	577,393,157	7,111,973	4,609,701	3,038,390	1,571,311
H7 (1995)	656,414,264	6,767,953	4,530,987	2,955,635	1,575,352
H12 (2000)	702,027,937	6,619,057	4,525,797	2,896,959	1,628,838
H17 (2005)	692,645,814	6,650,213	4,744,596	3,015,339	1,729,257
H20 (2008)	668,623,174	6,567,880	4,743,498	3,046,438	1,697,060
H21 (2009)	670,378,561	6,549,406	4,720,338	3,042,916	1,677,422
H22 (2010)	625,103,916	6,156,261	4,661,356	…	…
H23 (2011)	630,473,369	5,983,838	4,536,321	…	…
H24 (2012)	657,737,317	6,027,338	4,604,710	…	…
H25 (2013)	652,220,634	5,974,883	4,592,692	…	…
H26 (2014)	646,962,736	5,921,132	4,576,650	…	…
H27 (2015)	649,746,545	5,851,272	4,510,808	…	…
H28 (2016)	659,078,058	5,709,074	4,415,432	…	…
H29 (2017)	668,860,448	5,591,787	4,304,159	…	…
H30 (2018)	672,595,146	5,513,362	4,221,204	…	…
R1 (2019)	669,778,130	5,327,535	4,122,346	…	…
資料	国土交通省総合政策局情報政策課交通経済統計調査室				

(注) 1. 区分は、3頁の凡例6参照

2. 平成6年度の数値には、平成7年1月～3月の兵庫県の数値(営業バス等を除く)を含まない。

3. 平成22年度の数値には、平成23年3月の北海道及び東北6県の数値を含まない(営業用バスを除く)。

4. 平成23年度の数値には、平成23年4月の北海道及び東北6県の数値を含まない(営業用バスを除く)。

走　行　キ　ロ

Passenger Motor Vehicles

単位：千キロ(Unit : Thousand km)

	乗　用　車　Passenger Car				自家用貨物車 Truck for Private use	
			自　家　用　Private use			
自家用 Private Use	計 Total	営業用 Commercial Use	登録車 Motor Vehicles Registered	軽自動車 Light Motor Vehicles	登録車 Motor Vehicles Registered	軽自動車 Light Motor Vehicles
48,440	8,724,773	4,591,153	4,133,620	…	…	…
442,150	34,002,311	11,721,007	22,281,304	…	…	…
1,719,900	120,582,367	19,873,243	100,709,124	…	…	…
1,827,972	176,035,354	17,514,938	158,520,416	…	…	…
2,155,640	241,459,291	19,328,451	222,130,840	…	…	…
2,236,675	275,556,532	19,248,953	256,307,579	…	…	…
2,502,272	365,597,317	19,348,051	330,968,483	15,280,783	122,077,186	82,606,681
2,236,966	446,387,310	18,018,027	388,983,003	39,386,280	122,252,638	81,006,363
2,093,260	508,258,449	16,429,964	421,773,936	70,054,549	116,728,368	70,422,063
1,905,617	520,137,491	15,262,520	402,274,026	102,600,945	97,473,465	68,384,645
1,824,382	503,825,931	14,264,090	368,235,237	121,326,604	91,015,195	67,214,168
1,829,068	511,325,028	13,820,623	368,919,122	128,585,283	86,264,422	66,239,705
1,494,905	486,214,356	12,493,827	338,703,248	135,017,281	64,626,613	68,106,686
1,447,517	494,781,013	12,493,827	346,239,377	136,047,809	63,250,959	66,457,559
1,422,628	516,529,739	11,216,610	354,007,872	151,305,257	64,599,259	70,580,981
1,382,191	509,146,049	11,088,906	347,803,341	150,253,802	65,402,584	71,697,118
1,344,482	503,916,836	10,836,977	336,331,559	156,748,300	65,098,765	72,026,003
1,340,464	509,194,506	10,477,152	338,110,776	160,606,578	64,462,210	70,238,557
1,293,642	521,039,931	9,879,223	341,511,337	169,649,371	61,627,439	70,701,614
1,287,628	532,762,193	9,585,298	347,022,073	176,154,822	61,023,376	69,483,092
1,292,158	543,379,073	9,014,110	354,002,991	180,361,972	56,719,727	66,982,984
1,205,189	542,395,639	8,224,276	353,072,509	181,098,854	56,661,595	65,393,361

(自動車輸送統計年報(平成21年度まで)、自動車燃料消費量調査年報(平成22年度より))

5 平成22年度調査報告より、調査方法及び集計方法が変更されたため、自動車燃料消費量統計年報によることとした。これにより、過去の数値とは連続しない。

6. また、原典資料の章表事項の区分が従前と異なるため、他区分の車種を含むものがある。

・乗用車のうち自家用登録車は、旅客の普通車、小型車、乗用車(ハイブリッド)による。

自動車貨物品目別輸送トン数（平成28年度）

Tonnage of Items Carried by Trucks

単位：千トン（Unit : Thousand tons）

品目 Items	平成28年度 (FY 2016)									
	合計 Sum Total	営業用 Business use					自家用 Private use			
		計 Total	普通車 Ordinary Size	小型車 Small Size	特殊用途車 Special	軽自動車 Light Motor	計 Total	普通車 Ordinary Size	小型車 Small Size	特殊用途車 Special
合計 Sum Total	4,378,268	3,019,313	2,477,718	20,379	501,001	20,216	1,358,955	935,231	173,985	249,739
穀物 Cereals	43,851	31,049	25,367	355	5,112	215	12,802	5,324	7,073	405
野菜・果物 Vegetables, Fruit	60,905	42,439	18,714	319	22,983	423	18,465	8,803	7,169	2,493
その他の農産物 Other Crops	24,972	18,002	14,561	122	3,252	67	6,970	3,511	2,769	690
畜産品 Stock Products	45,422	31,242	11,777	2	19,228	235	14,180	8,101	1,075	5,004
水産品 Maline Products	46,825	37,218	6,525	134	30,352	207	9,607	5,848	1,554	2,206
木材 Lumber	136,200	89,145	86,935	835	1,314	61	47,055	39,740	7,105	209
薪炭 Firewood	659	531	390	6	75	61	128	51	77	0
石炭 Coal	23,726	23,606	23,442	100	63	1	121	107	4	10
金属鉱 Metallic minarals	10,285	9,978	9,885	17	1	75	307	270	37	0
砂利・砂・石材 Gravel,Sands,Stones	549,298	201,328	200,378	189	762	0	347,970	319,027	28,836	107
工業用非金属鉱物 Non-ferrous Metals & Minerals	50,128	29,203	26,994	46	2,146	17	20,925	16,902	1,778	2,245
鉄鋼 Iron & Steel	171,935	141,428	140,696	478	228	27	30,506	26,656	3,850	0
非鉄金属 Non-ferrous Metals & Products	27,933	21,201	20,351	175	445	230	6,732	4,650	2,081	1
金属製品 Metal Products	117,100	78,713	76,463	506	1,510	234	38,387	26,405	11,907	75
輸送用機械 Transportation Machinery	55,163	30,608	30,064	63	458	23	24,556	23,881	672	2
輸送用機械部品 Parts for Transportation Machinery	162,453	151,898	149,944	513	890	551	10,555	7,945	2,609	1
その他の機械 Other Machinery	139,555	94,071	92,481	419	1,003	167	45,484	36,021	9,449	14
セメント Cement	48,046	34,433	6,162	14	28,258	0	13,613	2,090	1,369	10,155
その他の窯業品 Other Ceramics	228,937	93,851	52,085	412	41,322	32	135,087	15,703	5,858	113,526
揮発油 Gasoline	23,567	23,168	13,666	0	9,502	0	398	21	83	294
重油 Heavy Oil	10,449	6,404	218	14	6,173	0	4,045	0	334	3,711
その他の石油 Other Petroleum	69,074	52,324	29,035	125	23,101	64	16,749	262	1,825	14,663
その他の石油製品 Other Petroleum-Products	30,260	15,993	13,052	26	2,915	0	14,267	11,865	2,211	191
LPG及びその他のガス LPG Gas and Other Gas	28,139	16,614	6,169	752	9,649	44	11,525	4,412	5,103	2,010
コークス・その他の石炭製品 Coke,Others Coal Products	6,074	5,972	5,323	9	640	0	102	43	4	55
化学薬品 Chemicals	36,112	32,147	13,711	72	18,302	62	3,965	863	1,043	2,060
化学肥料 Chemical Fertilizers	12,769	10,063	8,949	398	548	168	2,705	1,048	1,640	17
染料・塗料その他の科学工業品 Dyes,Paints,Others Chemicals	93,334	82,310	67,520	772	13,087	931	11,024	5,709	4,904	411
紙・パルプ Paper,Pulp	133,813	119,375	115,531	907	2,466	472	14,438	7,822	2,735	3,881
繊維工業品 Textile Products	16,497	11,647	11,253	216	122	56	4,849	3,689	1,148	12
製造食品 Food Products	231,665	215,492	98,342	397	115,615	1,137	16,174	6,096	2,482	7,595
食料工業品 Foodstuff	253,757	228,462	172,705	1,401	53,819	537	25,295	17,409	4,866	3,021
日用品 Daily Necessities	295,937	281,503	260,042	4,314	11,810	5,337	14,434	9,005	4,994	435
ゴム製品・木製品・その他の製造工業品 Rubber,Wood Products	48,247	38,263	36,704	254	891	413	9,984	4,947	3,303	1,734
金属くず Metallic Scraps	52,124	22,780	22,577	72	131	1	29,344	28,177	1,077	90
その他のくずもの Others Scraps	55,647	15,978	11,197	732	3,641	409	39,668	23,660	4,846	11,162
動植物性製造飼・肥料 Foodstuff & Fertilizers	66,920	44,122	32,011	407	11,664	40	22,798	14,744	4,887	3,167
廃棄物 Scrap Waste	226,385	67,551	48,337	458	18,515	241	158,834	91,520	10,721	56,592
廃土砂 Waste mixed with Soil and Sands	270,625	101,889	101,795	94	0	0	168,736	148,303	19,483	950
輸送用容器 Transport Containers	53,762	48,550	45,633	137	2,779	2	5,212	3,795	922	495
取合せ品 Parcels & Other Products	419,719	418,759	370,735	4,118	36,231	7,675	960	809	101	49
分類不能のもの Others	0	0	0	0	0	0	0	0	0	0
資料	国土交通省総合政策局情報政策本部情報政策課交通統計室（自動車輸送統計年報）									

（注）平成27年4月より品目分類が見直された（5頁の凡例9を参照）。

自動車貨物品目別輸送トン数（平成29年度）

Tonnage of Items Carried by Trucks

単位：千トン（Unit：Thousand tons）

品目 Items	平成29年度 (FY 2017) 合計 Sum Total	営業用 Business use 計 Total	普通車 Ordinary Size	小型車 Small Size	特殊用途車 Special	軽自動車 Light Motor	自家用 Private use 計 Total	普通車 Ordinary Size	小型車 Small Size	特殊用途車 Special
合計 Sum Total	4,381,246	3,031,940	2,494,933	20,850	495,919	20,238	1,349,306	923,209	167,811	258,286
穀物 Cereals	38,368	28,195	22,501	139	5,322	234	10,172	4,466	5,102	604
野菜・果物 Vegetables, Fruit	68,316	47,969	21,809	152	25,767	241	20,347	10,476	6,988	2,882
その他の農産物 Other Crops	22,623	15,267	11,230	257	3,534	245	7,356	4,079	2,678	599
畜産品 Stock Products	45,548	34,426	11,196	4	23,098	128	11,122	4,873	921	5,328
水産品 Maline Products	52,915	44,844	10,396	125	34,108	214	8,071	4,335	1,432	2,305
木材 Lumber	135,391	93,028	90,273	821	1,898	36	42,363	33,444	8,746	173
薪炭 Firewood	709	336	245	0	19	71	374	216	158	0
石炭 Coal	22,697	22,089	21,974	2	114	0	608	374	234	0
金属鉱 Metallic minarals	7,241	6,443	6,292	1	26	124	798	697	100	1
砂利・砂・石材 Gravel,Sands,Stones	502,682	188,196	186,359	139	1,695	2	314,485	285,430	28,425	630
工業用非金属鉱物 Non-ferrous Metals & Minerals	54,727	41,533	37,419	5	4,107	1	13,194	10,371	399	2,424
鉄鋼 Iron & Steel	189,621	158,882	157,816	361	692	14	30,738	26,612	4,126	0
非鉄金属 Non-ferrous Metals & Products	27,383	22,763	22,134	309	165	155	4,620	2,923	1,697	0
金属製品 Metal Products	129,684	87,122	84,148	784	1,933	258	42,561	29,395	13,032	134
輸送用機械 Transportation Machinery	59,254	38,870	38,779	6	76	8	20,384	19,724	659	1
輸送用機械部品 Parts for Transportation Machinery	191,231	178,984	174,977	467	2,881	658	12,247	9,592	2,656	0
その他の機械 Other Machinery	140,263	90,743	88,787	498	1,309	148	49,520	40,020	9,476	23
セメント Cement	57,284	43,864	10,500	19	33,345	0	13,420	3,504	1,365	8,551
その他の窯業品 Other Ceramics	255,983	115,852	61,218	489	54,143	2	140,132	16,714	4,558	118,859
揮発油 Gasoline	27,570	25,901	20,771	0	5,127	3	1,669	467	70	1,132
重油 Heavy Oil	8,824	5,738	331	9	5,399	0	3,085	48	99	2,939
その他の石油 Other Petroleum	73,847	54,369	27,310	170	26,870	18	19,478	224	1,231	18,023
その他の石油製品 Other Petroleum-Products	29,199	14,766	12,804	28	1,935	0	14,432	12,117	2,113	202
LPG及びその他のガス LPG Gas and Other Gas	28,889	14,714	7,698	900	6,099	16	14,175	6,966	5,843	1,366
コークス・その他の石炭製品 Coke,Others Coal Products	8,222	7,710	6,044	0	1,666	0	512	443	0	69
化学薬品 Chemicals	30,165	27,798	13,211	326	14,255	6	2,367	1,041	943	383
化学肥料 Chemical Fertilizers	11,616	8,795	7,584	445	641	126	2,821	894	1,814	114
染料・塗料その他の科学工業品 Dyes,Paints,Others Chemicals	109,151	97,216	83,508	982	11,741	986	11,935	6,731	4,768	436
紙・パルプ Paper,Pulp	121,711	103,264	100,528	718	1,780	238	18,447	11,871	3,439	3,137
繊維工業品 Textile Products	21,209	14,924	14,210	381	303	29	6,285	4,668	1,613	4
製造食品 Food Products	165,438	146,440	59,433	202	86,149	656	18,888	8,561	3,047	7,280
食料工業品 Foodstuff	254,339	226,004	177,524	1,084	46,677	718	28,335	20,390	4,216	3,730
日用品 Daily Necessities	295,725	281,313	254,388	5,109	15,862	5,954	14,413	8,495	5,144	774
ゴム製品・木製品・その他の製造工業品 Rubber,Wood Products	34,108	22,966	21,938	187	536	305	11,142	5,681	3,802	1,658
金属くず Metallic Scraps	66,769	27,354	27,035	108	167	44	39,415	37,118	2,075	222
その他のくずもの Others Scraps	59,622	20,047	15,454	563	3,556	473	39,575	23,200	4,745	11,630
動植物性製造飼・肥料 Foodstuff & Fertilizers	75,092	54,714	37,193	448	17,056	17	20,378	13,828	4,798	1,751
廃棄物 Scrap Waste	241,449	76,766	61,144	454	14,745	423	164,683	93,853	10,372	60,458
廃土砂 Waste mixed with Soil and Sands	250,831	85,887	85,707	97	83	0	164,943	150,868	13,718	357
輸送用容器 Transport Containers	42,965	35,702	33,848	286	1,563	6	7,162	6,216	879	67
取合せ品 Parcels & Other Products	422,798	420,145	369,215	3,774	39,477	7,679	2,653	2,282	331	40
分類不能のもの Others	0	0	0	0	0	0	0	0	0	0
資料	国土交通省総合政策局情報政策課交通統計室（自動車輸送統計年報）									

（注）平成27年4月より品目分類が見直された（5頁の凡例9を参照）。

自動車貨物品目別輸送トン数（平成30年度）

Tonnage of Items Carried by Trucks

単位：千トン（Unit：Thousand tons）

品目	Items	平成30年度 (FY 2018) 合計 Sum Total	営業用 Business use 計 Total	普通車 Ordinary Size	小型車 Small Size	特殊用途車 Special	軽自動車 Light Motor	自家用 Private use 計 Total	普通車 Ordinary Size	小型車 Small Size	特殊用途車 Special
合計	Sum Total	4,329,784	3,018,819	2,489,532	20,509	488,782	19,996	1,310,965	897,907	162,897	250,161
穀物	Cereals	43,091	33,804	29,760	491	3,416	138	9,288	3,965	4,958	365
野菜・果物	Vegetables, Fruit	68,407	48,047	22,151	372	25,271	253	20,360	10,063	7,429	2,867
その他の農産物	Other Crops	19,267	12,128	8,770	69	3,020	270	7,138	3,294	2,623	1,221
畜産品	Stock Products	39,693	26,364	11,721	15	14,594	33	13,329	6,030	1,089	6,210
水産品	Maline Products	43,574	36,664	12,111	52	24,236	265	6,910	3,633	1,115	2,162
木材	Lumber	138,125	91,313	88,074	903	2,103	233	46,813	39,014	7,599	200
薪炭	Firewood	1,111	223	151	1	7	63	888	794	80	14
石炭	Coal	31,733	31,635	31,507	0	129	0	98	60	37	0
金属鉱	Metallic minarals	12,197	11,645	11,235	0	397	14	552	518	34	0
砂利・砂・石材	Gravel,Sands,Stones	472,394	150,243	149,583	104	536	20	322,151	294,181	27,867	102
工業用非金属鉱物	Non-ferrous Metals & Minerals	54,624	35,696	32,584	21	2,952	139	18,928	16,029	1,210	1,689
鉄鋼	Iron & Steel	162,569	133,968	132,709	439	816	4	28,601	24,466	4,132	3
非鉄金属	Non-ferrous Metals & Products	23,228	17,971	17,119	177	448	227	5,256	3,778	1,479	0
金属製品	Metal Products	129,112	85,979	83,721	759	1,370	128	43,133	30,839	12,215	79
輸送用機械	Transportation Machinery	56,831	32,194	32,092	18	83	1	24,637	24,084	553	0
輸送用機械部品	Parts for Transportation Machinery	224,457	215,764	212,997	773	1,482	512	8,693	5,827	2,866	0
その他の機械	Other Machinery	149,022	102,332	99,622	615	1,450	645	46,690	37,428	9,259	3
セメント	Cement	55,082	39,676	11,929	44	27,674	28	15,406	2,539	2,228	10,639
その他の窯業品	Other Ceramics	222,265	99,773	59,755	365	39,625	28	122,492	13,861	4,445	104,185
揮発油	Gasoline	13,483	12,664	5,388	0	7,242	33	820	121	260	440
重油	Heavy Oil	7,343	4,562	469	1	4,092	0	2,781	27	4	2,750
その他の石油	Other Petroleum	46,267	27,559	12,944	202	14,411	1	18,708	731	1,787	16,190
その他の石油製品	Other Petroleum-Products	30,055	14,817	11,452	12	3,353	0	15,239	12,976	2,209	54
LPG及びその他のガス	LPG Gas and Other Gas	35,360	23,115	11,836	519	10,738	22	12,245	4,267	6,092	1,886
コークス・その他の石炭製品	Coke,Others Coal Products	6,231	5,987	4,598	0	1,389	0	244	240	4	0
化学薬品	Chemicals	35,242	32,053	17,389	144	14,448	73	3,189	1,248	1,142	799
化学肥料	Chemical Fertilizers	12,577	10,730	9,544	480	628	79	1,847	598	1,244	4
染料・塗料その他の科学工業品	Dyes,Paints,Others Chemicals	110,341	98,271	83,159	806	13,578	728	12,070	6,679	5,167	224
紙・パルプ	Paper,Pulp	144,197	127,891	124,938	858	1,605	490	16,306	9,951	2,452	3,903
繊維工業品	Textile Products	15,802	11,958	10,253	95	1,558	53	3,844	2,734	1,110	0
製造食品	Food Products	212,762	192,733	78,688	209	113,476	359	20,029	8,466	2,346	9,217
食料工業品	Foodstuff	239,680	211,527	158,366	1,370	51,251	541	28,153	18,064	5,778	4,311
日用品	Daily Necessities	320,012	306,991	274,636	4,638	21,310	6,407	13,021	7,065	5,602	354
ゴム製品・木製品・その他の製造工業品	Rubber,Wood Products	39,530	30,212	27,861	310	1,578	462	9,318	3,960	2,739	2,619
金属くず	Metallic Scraps	67,058	31,093	28,772	239	2,068	15	35,965	35,011	772	182
その他のくずもの	Others Scraps	76,797	37,095	30,184	652	5,923	336	39,702	23,682	3,980	12,040
動植物性製造飼・肥料	Foodstuff & Fertilizers	67,935	45,610	27,772	333	17,490	15	22,325	15,448	5,162	1,716
廃棄物	Scrap Waste	220,241	60,199	46,145	347	13,657	50	160,041	87,962	8,643	63,437
廃土砂	Waste mixed with Soil and Sands	229,445	80,940	80,864	63	10	3	148,505	133,965	14,410	130
輸送用容器	Transport Containers	43,651	39,912	37,595	90	2,207	20	3,739	3,012	654	74
取合せ品	Parcels & Other Products	408,992	407,480	359,088	3,924	37,159	7,310	1,512	1,297	122	92
分類不能のもの	Others	0	0	0	0	0	0	0	0	0	0
資料		国土交通省総合政策局情報政策課交通統計室（自動車輸送統計年報）									

（注）平成27年4月より品目分類が見直された（5頁の凡例9を参照）。

自動車貨物品目別輸送トン数（令和元年度）
Tonnage of Items Carried by Trucks

単位：千トン（Unit：Thousand tons）

品 目 Items	令和元年度 (FY 2019)									
	合計 Sum Total	営業用 Business use					自家用 Private use			
		計 Total	普通車 Ordinary Size	小型車 Small Size	特殊用途車 Special	軽自動車 Light Motor	計 Total	普通車 Ordinary Size	小型車 Small Size	特殊用途車 Special
合計 Sum Total	4,329,132	3,053,766	2,527,436	20,426	485,527	20,377	1,275,366	882,778	153,102	239,486
穀物 Cereals	39,429	31,016	26,744	325	3,869	78	8,413	4,893	3,110	410
野菜・果物 Vegetables, Fruit	68,761	50,924	24,733	88	25,866	237	17,837	8,815	5,739	3,284
その他の農産物 Other Crops	20,010	13,331	8,292	263	4,751	24	6,680	3,114	2,793	773
畜産品 Stock Products	49,377	36,470	15,333	20	21,083	33	12,908	6,659	984	5,264
水産品 Maline Products	40,532	33,272	12,524	34	20,525	190	7,260	3,443	1,139	2,678
木材 Lumber	147,192	93,759	91,904	1,205	637	12	53,433	44,723	8,516	195
薪炭 Firewood	409	253	155	2	4	92	156	111	43	3
石炭 Coal	29,719	29,653	28,079	0	1,549	26	66	48	18	0
金属鉱 Metallic minarals	14,238	13,398	13,390	0	0	8	840	690	138	12
砂利・砂・石材 Gravel,Sands,Stones	426,866	139,643	139,401	174	68	0	287,223	259,237	27,357	629
工業用非金属鉱物 Non-ferrous Metals & Minerals	50,857	33,574	29,578	61	3,929	6	17,284	13,675	814	2,794
鉄鋼 Iron & Steel	180,949	152,076	151,771	145	146	14	28,873	25,416	3,448	10
非鉄金属 Non-ferrous Metals & Products	25,166	19,290	18,147	170	871	103	5,876	3,601	2,275	0
金属製品 Metal Products	146,856	100,510	95,898	639	3,837	137	46,345	34,029	12,205	111
輸送用機械 Transportation Machinery	56,310	31,508	30,266	2	1,117	123	24,803	24,305	498	0
輸送用機械部品 Parts for Transportation Machinery	291,744	277,147	273,192	601	2,629	726	14,596	12,095	2,468	33
その他の機械 Other Machinery	146,546	95,641	92,937	738	1,765	202	50,905	42,207	8,596	102
セメント Cement	44,906	36,374	10,684	36	25,623	30	8,533	1,807	1,178	5,548
その他の窯業品 Other Ceramics	233,597	108,419	68,133	482	39,750	53	125,178	10,278	4,256	110,644
揮発油 Gasoline	11,556	11,139	5,128	1	6,010	0	417	7	165	245
重油 Heavy Oil	8,895	5,430	1,932	0	3,498	0	3,466	5	385	3,076
その他の石油 Other Petroleum	59,861	45,451	29,246	65	16,107	33	14,410	1,641	1,361	11,409
その他の石油製品 Other Petroleum-Products	24,249	12,673	11,082	17	1,574	0	11,575	9,340	1,989	246
LPG及びその他のガス LPG Gas and Other Gas	37,194	24,308	11,697	754	11,817	40	12,886	6,532	4,765	1,589
コークス・その他の石炭製品 Coke,Others Coal Products	10,156	9,306	7,864	25	1,418	0	850	841	3	5
化学薬品 Chemicals	46,369	42,099	22,732	153	19,202	13	4,270	1,727	675	1,868
化学肥料 Chemical Fertilizers	13,694	8,986	7,551	698	532	205	4,708	2,684	1,996	28
染料・塗料その他の科学工業品 Dyes,Paints,Others Chemicals	124,939	111,966	96,781	608	13,604	973	12,973	7,298	4,649	1,026
紙・パルプ Paper,Pulp	126,826	109,061	106,250	655	1,963	194	17,764	11,137	3,593	3,035
繊維工業品 Textile Products	15,540	11,013	10,677	79	175	82	4,527	3,481	1,046	0
製造食品 Food Products	220,245	204,625	89,039	205	114,431	951	15,619	5,168	2,053	8,398
食料工業品 Foodstuff	224,046	196,146	155,824	931	39,014	377	27,901	18,599	4,936	4,365
日用品 Daily Necessities	333,032	321,331	285,392	5,471	23,306	7,162	11,700	6,270	4,864	566
ゴム製品・木製品・その他の製造工業品 Rubber,Wood Products	33,557	23,603	21,621	278	1,138	566	9,953	4,302	3,525	2,126
金属くず Metallic Scraps	76,951	38,166	37,580	215	367	5	38,785	37,783	896	106
その他のくずもの Others Scraps	66,472	27,058	19,621	971	5,909	556	39,414	23,367	4,808	11,238
動植物性製造飼・肥料 Foodstuff & Fertilizers	68,577	47,154	29,025	394	17,711	24	21,423	16,655	3,405	1,363
廃棄物 Scrap Waste	216,615	57,597	42,500	454	14,401	242	159,017	93,689	9,307	56,021
廃土砂 Waste mixed with Soil and Sands	212,641	72,899	72,845	54	0	0	139,743	127,494	12,053	196
輸送用容器 Transport Containers	43,186	37,744	35,860	128	1,697	59	5,443	4,750	605	87
取合せ品 Parcels & Other Products	341,067	339,754	296,031	3,285	33,636	6,801	1,313	864	448	2
分類不能のもの Others	0	0	0	0	0	0	0	0	0	0
資料	国土交通省総合政策局情報政策課交通統計室（自動車輸送統計年報）									

（注）平成27年4月より品目分類が見直された（5頁の凡例9を参照）。

輸送

国内定期航空輸送実績（その１）

Performance of Domestic Scheduled Air Services

幹線＋ローカル線（Trunk lines + Local lines）

年度 Fiscal Year	運航キロ Operation KM	座席キロ Seat KM	旅客数 Number of Passenger	人キロ Passenger KM	貨物重量 Tonnages of Cargo	貨物トンキロ Cargo Ton KM
	×1,000	×1,000,000	×1,000	×1,000,000		×1,000
S35 (1960)	21,580	1,029	1,256	734	9,031	5,684
S40 (1965)	68,087	4,954	5,146	2,939	33,327	21,001
S45 (1970)	128,516	12,353	15,427	9,314	116,373	73,731
S50 (1975)	173,697	31,315	25,445	19,137	190,351	151,556
S55 (1980)	221,336	45,840	40,424	29,686	328,718	289,612
S60 (1985)	231,480	55,807	43,776	33,118	538,042	482,353
H2 (1990)	267,189	69,509	64,466	50,909	684,671	629,383
H7 (1995)	384,636	107,078	78,101	65,012	790,790	761,927
H12 (2000)	483,351	126,072	92,873	79,698	929,837	905,732
H17 (2005)	531,879	129,420	94,490	83,220	889,607	877,372
H20 (2008)	549,124	126,228	90,662	80,931	995,889	1,006,780
H21 (2009)	546,273	121,796	83,872	75,203	959,608	980,226
H22 (2010)	546,136	115,697	82,211	73,751	941,108	970,760
H23 (2011)	566,990	112,749	79,052	71,165	895,762	929,054
H24 (2012)	616,549	122,322	85,996	77,917	905,751	945,901
H25 (2013)	666,854	130,723	92,488	84,144	934,561	966,524
H26 (2014)	681,092	131,538	95,197	86,763	928,757	959,743
H27 (2015)	682,729	129,722	96,063	88,216	918,033	958,747
H28 (2016)	684,797	129,445	98,124	90,576	909,426	959,635
H29 (2017)	689,856	130,282	102,119	94,427	904,327	969,469
H30 (2018)	694,516	131,600	103,903	96,171	823,357	880,896
R1 (2019)	701,257	133,360	101,872	94,488	777,153	828,580
資料	国土交通省総合政策局情報政策課交通経済統計調査室（航空輸送統計年報）					

（注）1．幹線とは、千歳、東京、成田、大阪（伊丹）、関空、福岡、那覇の7空港を相互に結ぶ路線である。

2．ローカル線とは、幹線以外の路線である。

3．貨物重量及び貨物トンキロは、超過手荷物・郵便物を含まない。

国内定期航空輸送実績（その２）

Performance of Domestic Scheduled Air Services

幹線、ローカル線別 (Trunk lines and Local lines)

	年　度 Fiscal Year	運航キロ Operation KM	座席キロ Seat KM	旅客数 Number of Passenger	人キロ Passenger KM	貨物重量 Tonnages of Cargo	貨物トンキロ Cargo Ton KM
		×1,000	×1,000,000	×1,000	×1,000,000		×1,000
幹線	S40 (1965)	30,602	3,341	2,609	1,870	…	…
	S45 (1970)	57,954	7,766	7,667	5,621	90,706	61,483
	S50 (1975)	70,102	19,018	11,512	11,080	135,663	117,606
	S55 (1980)	66,886	23,651	15,398	14,534	232,200	223,168
	S60 (1985)	68,179	28,314	16,968	16,065	364,976	353,910
	H2 (1990)	78,112	32,577	25,485	24,484	464,525	454,906
	H7 (1995)	103,177	43,804	27,129	27,348	494,573	508,577
	H12 (2000)	144,501	54,850	36,684	36,299	566,897	585,573
	H17 (2005)	159,860	58,942	39,070	38,958	556,729	580,546
	H21 (2009)	171,049	54,620	34,926	35,426	620,581	672,547
	H22 (2010)	175,726	53,516	34,659	35,329	646,382	705,129
	H23 (2011)	183,606	52,741	33,596	34,420	642,231	705,097
	H24 (2012)	211,027	57,347	36,898	*38,121*	650,202	717,460
	H25 (2013)	224,668	59,438	39,353	40,517	673,343	731,278
	H26 (2014)	224,689	58,628	40,165	41,277	673,862	728,278
	H27 (2015)	232,883	59,199	41,509	42,924	679,189	739,052
	H28 (2016)	235,669	59,406	42,296	43,935	675,152	745,058
	H29 (2017)	235,074	59,153	43,655	45,377	674,118	756,665
	H30 (2018)	229,273	58,424	43,436	45,271	603,585	677,820
	R1 (2019)	230,115	58,856	42,494	44,381	570,680	638,301
ローカル線	S40 (1965)	37,485	1,614	2,532	1,069	…	…
	S45 (1970)	70,562	4,587	7,760	3,693	25,668	12,248
	S50 (1975)	103,595	12,297	13,932	8,057	54,688	33,950
	S55 (1980)	154,450	22,189	25,026	15,152	96,518	66,444
	S60 (1985)	163,301	27,493	26,808	17,053	173,066	128,443
	H2 (1990)	189,078	36,932	38,981	26,425	220,146	174,477
	H7 (1995)	281,459	63,274	50,971	37,664	296,217	253,350
	H12 (2000)	338,850	71,222	56,189	43,399	362,940	320,159
	H17 (2005)	372,019	70,479	55,420	44,262	332,878	296,826
	H21 (2009)	375,224	67,176	48,946	39,777	339,027	307,679
	H22 (2010)	370,163	62,180	47,552	38,406	294,725	265,632
	H23 (2011)	383,384	60,007	45,455	36,745	253,530	223,957
	H24 (2012)	405,522	64,975	49,099	39,796	255,549	228,441
	H25 (2013)	442,187	71,285	53,134	43,627	261,218	235,246
	H26 (2014)	456,402	72,910	55,032	45,486	254,895	231,465
	H27 (2015)	449,846	70,523	54,554	45,292	238,844	219,695
	H28 (2016)	449,128	70,038	55,828	46,642	234,274	214,577
	H29 (2017)	454,781	71,129	58,464	49,050	230,209	212,803
	H30 (2018)	465,244	73,176	60,466	50,900	219,772	203,076
	R1 (2019)	471,142	74,505	59,378	50,107	206,473	190,279

(注)　前ページの資料による。

国際航空輸送実績

Performance of International Scheduled Air Services

年 度 Fiscal Year	運行キロ Operation Km	座席キロ Seat Km	旅客数 Number of Passenger	人キロ Passenger Km	貨物重量 Tonnages of Cargo	貨物トンキロ Cargo Ton Km
	×1,000	×1,000,000	×1,000	×1,000,000		×1,000
S35 (1960)	13,814	…	113	556	3,240	22,113
S40 (1965)	35,799	4,202	477	2,114	11,861	94,976
S45 (1970)	92,369	12,478	1,710	6,867	50,975	375,897
S50 (1975)	114,861	23,891	2,683	14,090	125,919	902,109
S55 (1980)	155,875	38,492	5,024	23,720	238,236	1,581,179
S60 (1985)	179,600	45,039	6,561	32,410	379,626	2,782,464
H2 (1990)	255,540	66,369	10,928	50,822	621,720	4,292,685
H7 (1995)	359,457	101,669	14,559	72,680	857,906	5,630,134
H12 (2000)	453,233	130,140	19,543	97,873	1,160,819	7,228,471
H17 (2005)	466,040	117,367	17,676	82,328	1,325,408	7,729,052
H20 (2008)	465,738	105,260	r 15,886	69,809	1,201,880	6,579,518
H21 (2009)	420,572	92,710	15,400	67,302	1,265,613	6,450,931
H22 (2010)	391,638	80,416	13,707	59,898	1,254,224	6,368,295
H23 (2011)	388,771	76,367	12,594	54,902	1,072,517	5,756,420
H24 (2012)	421,977	82,510	14,209	62,400	1,145,862	6,124,779
H25 (2013)	458,990	88,531	15,085	66,630	1,238,564	6,749,403
H26 (2014)	526,007	100,790	16,777	75,219	1,421,979	7,996,179
H27 (2015)	563,864	109,758	18,852	84,770	1,386,118	7,807,357
H28 (2016)	617,466	118,304	21,053	92,556	1,593,272	8,777,305
H29 (2017)	653,536	125,110	22,387	98,798	1,763,226	9,828,688
H30 (2018)	645,732	129,469	23,396	102,841	1,446,565	7,889,818
R1 (2019)	650,404	131,464	21,434	98,602	1,459,081	8,609,365
資 料	国土交通省総合政策局情報政策課交通経済統計調査室(航空輸送統計年報)					

(注) 1. 本邦国際航空運送事業者15社の実績である。

2. 貨物重量及び貨物トンキロは、超過手荷物・郵便物を含まない。

空港別乗降客数　（その１）
Passenger of Civil Airports (No.1)

単位：千人(Unit：1,000 Persons)

種別 Category	名称 Name	乗降客数 Number of Pax(Thousand)							
		暦年	H12 (2000)	H17 (2005)	H22 (2010)	H27(2015)	H29(2017)	H30(2018)	H31・R1(2019)
会社管理空港	成田国際 Narita Intl	国際	26,599	30,249	29,128	28,030	31,091	33,426	34,771
		国内	791	1,124	1,652	6,721	7,540	7,249	7,643
		計	27,390	31,373	30,780	34,751	38,632	40,675	42,414
	中部国際 Central	国際	0	4,423	4,403	4,687	5,510	5,900	6,784
		国内	0	6,340	4,868	5,490	5,937	6,130	6,677
		計	0	10,764	9,271	10,178	11,446	12,030	13,460
	関西国際 Kansai Intl	国際	12,650	11,210	10,355	16,172	21,038	22,746	24,826
		国内	7,842	5,069	3,866	6,964	6,849	6,514	6,982
		計	20,491	16,279	14,220	23,136	27,887	28,860	31,808
	大阪国際 Osaka Intl	国際	0	0	0	302	0	0	0
		国内	16,344	18,948	14,788	14,542	15,598	16,185	16,504
		計	16,344	18,948	14,788	14,542	15,598	16,185	16,504
国管理空港	東京国際 Tokyo Intl	国際	926	1,160	3,882	12,754	15,895	17,969	18,537
		国内	55,476	62,144	60,329	62,500	66,268	66,925	68,383
		計	56,402	63,304	64,211	75,255	82,163	84,894	86,920
	新千歳	国際	447	623	947	2,113	3,290	3,726	3,867
		国内	17,576	17,249	15,801	18,349	19,428	19,587	20,733
		計	18,023	17,872	16,748	20,462	22,719	23,313	24,599
	稚内	国際	0	0	1	0	0	0	0
		国内	299	239	168	185	199	195	204
		計	299	239	169	185	199	195	204
	釧路	国際	3	48	17	5	1	1	1
		国内	899	904	692	680	742	774	866
		計	902	952	709	685	742	775	867
	函館	国際	20	147	81	206	197	181	168
		国内	2,242	1,946	1,502	1,567	1,594	1,583	1,633
		計	2,262	2,093	1,582	1,772	1,791	1,764	1,801
	仙台	国際	466	289	272	173	270	310	393
		国内	2,826	2,943	2,254	2,980	3,100	3,270	3,462
		計	3,292	3,232	2,826	3,153	3,370	3,580	3,855
	新潟	国際	223	232	199	129	109	131	138
		国内	1,045	1,018	742	856	908	993	1,064
		計	1,268	1,250	942	985	1,017	1,124	1,201
	広島	国際	311	296	325	274	323	360	345
		国内	3,016	2,980	2,485	2,395	2,653	2,599	2,821
		計	3,327	3,276	2,810	2,669	2,975	2,958	3,167
	高松	国際	51	47	43	149	299	303	337
		国内	1,559	1,439	1,380	1,661	1,700	1,740	1,815
		計	1,610	1,486	1,423	1,810	1,998	2,043	2,152
	松山	国際	43	52	56	42	33	93	97
		国内	2,644	2,631	2,325	2,822	2,996	3,045	3,055
		計	2,687	2,683	2,381	2,863	3,029	3,139	3,152
	高知	国際	3	6	4	1	2	2	2
		国内	1,929	1,532	1,269	1,350	1,476	1,516	1,654
		計	1,932	1,538	1,273	1,351	1,478	1,518	1,656
	福岡	国際	2,504	2,200	2,407	4,357	6,168	6,828	6,398
		国内	17,184	16,452	13,938	16,611	17,629	17,811	18,282
		計	19,688	18,652	16,345	20,968	23,797	24,639	24,680
	北九州	国際	1	1	60	15	275	325	303
		国内	148	313	1,140	1,303	1,364	1,425	1,451
		計	149	314	1,200	1,318	1,639	1,750	1,754

資料：空港管理状況調書(国土交通省航空局)

空港別乗降客数 （その２）
Passenger of Civil Airports (Continued No.2)

単位：千人(Unit：1,000 Persons)

種別 Category	名称 Name	暦年	乗降客数 Number of Pax(Thousand) H12 (2000)	H17 (2005)	H22 (2010)	H27(2015)	H29(2017)	H30(2018)	H31・R1(2019)
国管理空港	長崎	国際	47	61	39	74	56	60	85
		国内	2,910	2,556	2,292	3,036	3,110	3,170	3,275
		計	2,957	2,616	2,331	3,111	3,165	3,230	3,360
	熊本	国際	11	46	38	62	115	194	171
		国内	2,707	3,080	2,837	3,180	3,188	3,216	3,321
		計	2,717	3,125	2,875	3,242	3,302	3,410	3,492
	大分	国際	30	34	30	60	120	126	105
		国内	2,030	1,829	1,506	1,789	1,780	1,852	1,877
		計	2,059	1,863	1,536	1,850	1,900	1,978	1,982
	宮崎	国際	15	58	68	95	97	142	98
		国内	3,333	3,041	2,615	2,882	3,074	3,196	3,312
		計	3,348	3,098	2,683	2,977	3,170	3,338	3,410
	鹿児島	国際	113	67	80	154	286	387	412
		国内	6,000	5,647	4,888	5,067	5,332	5,591	5,664
		計	6,114	5,714	4,968	5,221	5,618	5,979	6,075
	那覇	国際	371	276	389	2,328	3,538	3,844	3,681
		国内	10,863	13,219	14,137	16,008	17,435	17,539	18,081
		計	11,234	13,494	14,526	18,336	20,973	21,383	21,762
特定地方管理空港	旭川	国際	1	69	72	182	63	58	49
		国内	972	1,116	1,126	967	1,059	1,067	1,110
		計	973	1,185	1,198	1,149	1,123	1,124	1,159
	帯広	国際	4	54	3	1	7	3	1
		国内	674	627	549	605	662	673	701
		計	678	681	552	606	669	675	702
	秋田	国際	10	37	47	30	18	18	12
		国内	1,220	1,313	1,062	1,209	1,304	1,322	1,369
		計	1,230	1,350	1,108	1,238	1,322	1,339	1,381
	山形	国際	1	2	7	2	3	13	28
		国内	378	209	156	221	303	326	339
		計	379	210	163	223	306	340	367
	山口宇部	国際	0	2	3	11	24	23	13
		国内	700	930	793	907	984	1,016	1,015
		計	700	932	796	918	1,008	1,039	1,028
地方管理空港	利尻	国内	23	36	28	38	46	45	45
	礼文	国内	4	0	0	0	0	0	0
	奥尻	国内	18	12	10	11	11	10	12
	中標津	国際	0	0	0	0	0	0	0
		国内	214	223	169	197	206	204	215
		計	214	223	169	197	206	204	215
	紋別	国内	62	56	50	72	75	71	77
	女満別	国際	1	2	1	1	0	1	2
		国内	1,059	1,013	710	756	825	833	859
		計	1,060	1,015	711	757	825	834	860
	青森	国際	45	60	49	38	86	89	72
		国内	1,571	1,214	982	955	1,081	1,102	1,178
		計	1,616	1,274	1,031	993	1,167	1,191	1,251
	花巻	国際	8	20	5	9	10	33	47
		国内	520	486	280	387	422	446	470
		計	528	506	285	396	433	478	517
	大館能代	国際	0	0	0	0	0	0	0
		国内	144	160	122	125	143	152	159
		計	144	160	122	125	143	152	159
	庄内	国際	3	1	0	1	1	2	5
		国内	426	409	355	364	398	394	437
		計	428	409	356	365	398	396	443

資料：空港管理状況調書(国土交通省航空局)

空港別乗降客数　（その３）

Passenger of Civil Airports (Continued No.3)

単位：千人(Unit : 1,000 Persons)

種別 Category	名称 Name	暦年	H12 (2000)	H17 (2005)	H22 (2010)	H27(2015)	H29(2017)	H30(2018)	H31・R1(2019)
			乗降客数 Number of Pax(Thousand)						
地方管理空港	福島	国際	82	67	67	4	3	20	27
		国内	627	485	210	246	251	249	256
		計	709	552	277	250	254	268	282
	大島	国内	103	80	38	38	27	26	25
	新島	国内	32	23	27	32	34	34	32
	神津島	国内	10	14	18	21	24	22	23
	三宅島	国内	28	0	5	22	26	27	29
	八丈島	国内	248	225	195	180	204	211	214
	佐渡	国内	8	10	0	1	0	0	0
	富山	国際	80	123	101	110	116	123	120
		国内	1,083	1,233	848	627	458	440	456
		計	1,162	1,356	949	737	575	563	575
	能登	国際	0	13	4	4	3	2	2
		国内	0	154	151	152	165	166	173
		計	0	167	155	156	169	168	175
	福井	国内	0	0	0	0	0	0	0
	松本	国際	0	1	0	0	1	1	2
		国内	190	124	66	112	131	135	154
		計	190	125	66	113	132	136	156
	静岡	国際	0	0	238	391	290	290	317
		国内	0	0	355	309	382	427	488
		計	0	0	593	699	672	717	805
	神戸	国際	0	0	0	0	0	0	0
		国内	0	0	2,224	2,435	3,109	3,182	3,363
		計	0	0	2,224	2,435	3,109	3,182	3,363
	南紀白浜	国際	0	―	3	1	0	1	0
		国内	142	141	122	127	128	153	182
		計	142	141	124	127	128	154	182
	鳥取	国際	6	2	0	1	1	4	7
		国内	334	335	305	366	400	399	411
		計	342	337	305	367	401	402	418
	隠岐	国内	54	45	52	58	60	62	64
	出雲	国際	5	1	0	1	1	1	2
		国内	770	720	701	832	939	1,001	1,049
		計	775	721	702	833	940	1,002	1,051
	石見	国際	0	0	0	0	0	0	0
		国内	145	83	76	129	142	151	153
		計	145	83	76	130	142	151	153
	岡山	国際	169	189	232	142	241	312	299
		国内	755	1,400	1,116	1,249	1,283	1,279	1,313
		計	924	1,589	1,348	1,392	1,524	1,591	1,612
	佐賀	国際	5	2	0	90	149	184	203
		国内	321	262	340	540	591	577	610
		計	326	264	340	630	741	761	813
	対馬	国際	0	0	3	0	0	0	0
		国内	375	316	261	250	246	258	258
		計	375	316	264	250	246	258	258
	小値賀	国内	6	3	0	0	0	0	0
	福江	国際	0	0	0	0	0	0	0
		国内	191	161	130	134	143	153	169
		計	191	161	130	134	143	153	169
	上五島	国内	20	5	0	0	0	0	0
	壱岐	国内	10	29	29	31	34	34	35
	種子島	国際	0	0	0	0	0	0	0
		国内	146	119	75	75	83	93	89
		計	146	119	76	75	83	93	89

資料：空港管理状況調書(国土交通省航空局)

空港別乗降客数 （その４）
Passenger of Civil Airports (Continued No.4)

単位：千人(Unit：1,000 Persons)

種別 Category	名称 Name	乗降客数 Number of Pax(Thousand) 暦年	H12 (2000)	H17 (2005)	H22 (2010)	H27(2015)	H29(2017)	H30(2018)	H31・R1(2019)
	屋久島	国内	145	176	155	165	186	179	146
	奄 美	国内	617	603	527	677	760	849	892
	喜 界	国内	84	80	71	80	84	88	90
		国際	0	0	0	0	0	0	0
	徳之島	国内	163	163	149	169	173	193	208
		計	163	163	149	169	173	193	208
	沖永良部	国内	97	92	82	100	101	112	120
	与 論	国内	70	68	60	78	89	82	78
	粟 国	国内	28	15	7	8	2	3	1
	久米島	国内	273	269	238	239	260	263	265
	慶良間	国内	8	4	0	0	1	0	0
	南大東	国内	39	37	38	42	48	47	48
	北大東	国内	14	14	15	17	20	19	22
	伊江島	国内	0	1	0	0	0	0	0
		国際	0	0	0	2	0	1	0
	宮 古	国内	1,002	1,095	1,093	1,333	1,664	1,756	1,803
		計	1,002	1,095	1,093	1,336	1,664	1,756	1,803
		国際	0	0	0	0	0	0	17
	下地島	国内	0	0	0	0	0	0	92
		計	0	0	0	0	0	0	109
	多良間	国内	36	36	29	37	44	45	45
		国際	—	0	18	17	83	89	100
	石 垣	国内	1,423	1,861	1,675	2,292	2,423	2,468	2,515
		計	1,423	1,861	1,693	2,308	2,506	2,557	2,615
	波照間	国内	5	3	0	0	0	0	0
		国際	0	0	0	0	0	0	0
	与那国	国内	62	78	75	95	103	103	104
		計	62	78	75	95	103	103	104
共用空港	札幌(丘珠)	国内	336	370	205	176	251	263	277
		国際	0	0	0	0	0	0	0
	三 沢	国内	588	338	263	253	236	291	310
		計	588	338	263	253	236	291	310
		国際	0	0	89	146	105	147	169
	百里(茨城)	国内	0	0	56	392	551	586	653
		計	0	0	145	538	656	733	822
		国際	49	98	111	193	205	237	234
	小 松	国内	2,539	2,374	2,007	1,651	1,574	1,530	1,653
		計	2,588	2,471	2,118	1,844	1,779	1,767	1,888
		国際	5	35	34	41	73	97	87
	美保(米子)	国内	409	442	435	625	586	578	605
		計	414	476	469	666	659	675	692
		国際	0	0	0	0	0	0	0
	岩国	国内	0	0	0	364	483	520	514
		計	0	0	0	364	483	520	514
		国際	1	0	2	0	0	7	8
	徳 島	国内	997	961	806	1,000	1,113	1,150	1,210
		計	998	962	808	1,000	1,113	1,157	1,219
その他の空港	調 布	国内	34	46	64	95	103	101	97
		国際	4,175	542	0	1	1	1	1
	名古屋	国内	6,714	1,021	445	734	901	913	942
		計	10,889	1,563	445	735	902	914	943
	但 馬	国内	22	27	28	29	32	38	42
	岡 南	国内	0	0	0	0	0	0	0
	天 草	国内	64	73	57	55	61	58	44
	大分県央	国内	0	0	0	0	0	0	0
	八 尾	国内	0	0	0	0	0	0	0
総 計		国際	49,485	52,842	53,917	73,297	91,195	98,409	103,343
		国内	189,142	196,728	180,128	203,510	217,032	219,969	229,062
		計	238,626	249,571	234,044	276,807	308,227	318,378	332,405

資料：空港管理状況調書（国土交通省航空局）

(注) 1. 名称欄においては、公共の用に供されている飛行場について記載している。
2. 乗降客数欄の「0」は、500人未満を示す。
3. 千人以下は四捨五入しているため、表中の計は必ずしも一致しない。

国内海上旅客輸送量（船舶運航事業別）

Number of Passengers Carried by Domestic Passenger Liners

単位：百万人、百万人キロ(Unit：MIllion Persons,　Million Persons-km)

年度 Fiscal Year	一般旅客定期航路事業 Passenger Liner		特定旅客定期航路事業 Special Passenger Liner		旅客不定期航路事業 Passenger Tramper	
	人員 Number of Passenger	人キロ Passenger-Kilometers	人員 Number of Passenger	人キロ Passenger-Kilometers	人員 Number of Passenger	人キロ Passenger-Kilometers
H2 (1990)	137.5	5,963	1.02	5.75	24.1	306
H7 (1995)	126.8	5,415	1.05	8.60	21.5	231
H12 (2000)	91.0	4,090	0.42	2.64	18.7	211
H17 (2005)	94.0	3,871	0.17	5.64	9.0	154
H20 (2008)	89.4	3,363	0.11	3.49	9.5	147
H21 (2009)	83.1	2,020	0.17	1.18	8.9	152
H22 (2010)	76.8	2,872	0.21	1.65	8.1	130
H23 (2011)	76.7	2,933	0.20	1.64	7.2	112
H24 (2012)	79.5	2,968	0.19	1.63	7.4	123
H25 (2013)	79.8	3,131	0.21	1.85	8.1	132
H26 (2014)	77.9	2,842	0.18	1.70	8.2	142
H27 (2015)	78.5	3,005	0.20	2.00	9.3	131
H28 (2016)	78.2	3,152	0.26	2.05	9.0	121
H29 (2017)	78.5	3,053	0.27	2.08	9.4	136
H30 (2018)	77.8	3,225	0.28	2.12	9.6	137
資料	海事レポート(国土交通省海事局)					

(注)1. 「一般旅客定期航路事業」とは、特定旅客定期航路事業以外の旅客定期航路事業をいい、「特定旅客定期航路事業」とは、特定の者の需要に応じ、特定の範囲の人の運送をする旅客定期航路事業をいう（海上運送法第2条）。

2. 「旅客不定期航路事業」とは、定期航路事業以外の船舶運航事業で、一定の航路に旅客船を就航させて人の運送をする事業をいう（海上運送法第21条）。

内 航 船 舶

Volume of Cargo Carried by

輸送トン数
(Tonnage Carried)

単位：千トン
(Unit : 1000 Gross Ton)

年度 Fiscal Year	合計 Sum Total	営業用 Commercial Use					自家用 Private Use
		小計 Sub Total	大型鋼船 Large Steel Vessel	小型鋼船 Small Steel Vessel	木船 Wooden Ship	プッシャーバージ・台船 Barge	
S30 (1955)	69,254	…	…	…	…	…	…
S35 (1960)	138,849	…	…	…	…	…	…
S40 (1965)	179,654	…	…	…	…	…	…
S45 (1970)	376,647	…	…	…	…	…	…
S50 (1975)	452,054	407,094	185,960	175,854	15,528	29,752	44,960
S55 (1980)	500,258	457,267	226,929	213,799	9,655	24,885	24,991
S60 (1985)	452,385	441,451	215,123	203,627	3,260	19,441	10,934
H2 (1990)	575,199	562,721	251,169	280,355	3,609	27,588	12,478
H7 (1995)	548,542	541,000	273,471	232,551	839	34,140	7,542
H12 (2000)	537,021	527,367	263,078	230,394	77	34,117	9,654
H17 (2005)	426,145	423,348	242,220	154,563	79	26,485	2,797
H20 (2008)	378,705	376,292	233,089	116,515	…	26,688	2,413
H21 (2009)	332,175	330,408	207,593	99,895	…	22,921	1,767
H22 (2010)	366,734	365,418	214,909	122,031	…	28,478	1,316
H23 (2011)	360,983	359,901	217,913	115,654	…	26,334	1,082
H24 (2012)	365,992	364,774	224,873	113,798	…	26,103	1,218
H25 (2013)	378,334	376,583	233,495	117,228	…	25,860	1,751
H26 (2014)	369,302	367,143	227,665	111,365	…	28,114	2,159
H27 (2015)	365,486	364,098	221,934	114,145	…	28,018	1,388
H28 (2016)	364,485	363,130	220,916	114,652	…	27,561	1,355
H29 (2017)	360,127	358,664	218,237	114,069	…	26,358	1,463
H30 (2018)	354,445	352,823	216,028	114,242	…	22,553	1,622
R1 (2019)	341,450	339,876	212,729	105,317	…	21,829	1,574
資料	国土交通省総合政策局情報政策課						

(注) 1. 昭和49年4月から調査方法が変更になったため昭和48年度以前の合計は49年度以降との接続を考慮して算出した推計値である。
2. 大型鋼船とは500総トン以上、小型鋼船とは20総トン以上500総トン未満の鋼船をいう。

輸　送　量

Domestic Shipping Vessels

輸送トンキロ

(Tonnage-Kilometers)

単位：百万トンキロ
(Unit : One million tonkilo)

年　度 Fiscal Year	合　計 Sum Total	営　業　用 Commercial Use					自家用 Private Use
		小　計 Sub Total	大型鋼船 Large Steel Vessel	小型鋼船 Small Steel Vessel	木　船 Wooden Ship	プッシャーバージ・台船 Barge	
S30 (1955)	29,022	…	…	…	…	…	…
S35 (1960)	63,579	…	…	…	…	…	…
S40 (1965)	80,635	…	…	…	…	…	…
S45 (1970)	151,243	…	…	…	…	…	…
S50 (1975)	183,579	176,489	118,543	51,845	2,317	3,784	7,090
S55 (1980)	222,173	215,736	139,670	69,743	1,318	5,005	6,436
S60 (1985)	205,818	201,861	124,890	72,363	563	4,045	3,957
H2 (1990)	244,546	239,739	142,960	90,560	430	5,789	4,807
H7 (1995)	238,330	235,204	151,004	78,315	92	5,793	3,126
H12 (2000)	241,671	239,224	150,693	82,329	6	6,197	2,447
H17 (2005)	211,576	211,265	146,552	59,976	12	4,725	311
H20 (2008)	187,859	187,474	134,646	47,651	…	5,178	385
H21 (2009)	167,315	167,118	122,847	40,312	…	3,958	197
H22 (2010)	179,898	179,723	124,380	49,708	…	5,635	175
H23 (2011)	174,900	174,734	123,189	46,275	…	5,271	165
H24 (2012)	177,791	177,612	126,531	46,092	…	4,989	179
H25 (2013)	184,860	184,420	131,684	47,563	…	5,173	440
H26 (2014)	183,120	182,597	131,201	45,512	…	5,884	523
H27 (2015)	180,381	180,125	126,969	47,327	…	5,838	256
H28 (2016)	180,438	180,199	126,448	48,312	…	5,438	240
H29 (2017)	180,934	180,695	126,536	48,930	…	5,229	239
H30 (2018)	179,089	178,791	125,273	49,822	…	3,696	298
R1 (2019)	169,680	169,296	120,926	44,950	…	3,420	384

交通経済統計調査室（内航船舶輸送統計年報）

内航船舶品目別

Volume of Cargo by Items Carried

品目 Items		営業用 Commercial Use 計 Total	大型鋼船 Large Steel Vessel	小型鋼船 Small Steel Vessel	木船 Wooden Ship	プッシャーバージ・台船 Barge	自家用 Private Use
合計 (Sum Total)		363, 130	220, 916	114, 652	–	27, 561	1, 355
穀物 (Cereals)		1, 919	16	1, 896	–	7	591
野菜・果物 (Vegetables & Fruit)		–	–		–	–	–
畜産品 (Stock Products)		–	–		–	–	–
水産品 (Marine Products)		5	–	5	–	–	–
その他の農林産品 (Others Crops)		49	–	49	–	–	–
木材 (Lumber)		1, 549	46	1, 503	–	–	–
薪炭 (Firewood)		–	–		–	–	–
石炭 (Coal)		14, 271	–	1, 958	–	4, 644	–
金属鉱 Metalmining	小計	2, 748	7, 669	264	–		–
	鉄鉱石	2, 442	2, 485	100	–	–	–
	その他の金属鉱	307	2, 342	164	–	–	–
砂利・砂・石材		20, 438	143	13, 545	–	3, 786	363
非金属鉱物 Non-metallic mineral	小計	61, 587	49, 748	13, 254	–	7, 208	–
	石灰石	32, 827	20, 595	5, 024	–	–	–
	原油	28, 176	28, 019	158	–	–	–
	その他の非金属鉱物	9, 207	1, 134	8, 073	–	–	–
金属 Metal	小計	42, 491	7, 432	29, 903	–	5, 156	8
	鉄鋼	40, 773	7, 269	28, 347	–	5, 156	8
	非鉄金属	1, 719	162	1, 556	–	–	–
金属製品 (Metal Goods)		349	37	296	–	16	2
機械 Machinery	小計	8, 691	6, 764	903	–	1, 023	48
	輸送用機械	5, 790	5, 782	8	–	–	42
	輸送用機械部品	962	864	98	–	0	–
	その他の機械	1, 938	119	797	–	1, 023	5
窯業品 Ceramics	小計	37, 328	35, 526	1, 095	–	708	26
	セメント	34, 933	33, 312	913	–	708	1
	その他の窯業品	2, 395	2, 214	181	–	–	24
資料		国土交通省総合政策局情報政策本部情報政策課					

(注) 大型鋼船とは500総トン以上、小型鋼船とは20総トン以上500総トン未満の鋼船をいう。

輸 送 量（平成28年度）
by Domestic Shipping Vessels (FY 2016)

単位：千トン（Unit：1000 Gross Ton）

品目 Items		営業用 Commercial Use 計 Total	大型鋼船 Large Steel Vessel	小型鋼船 Small Steel Vessel	木船 Wooden Ship	プッシャーバージ・台船 Barge	自家用 Private Use
石油製品 Oil Products	小計	79,108	69,451	9,657	-	-	63
	重油	19,840	15,067	4,774	-	-	63
	揮発油	38,399	36,011	2,388	-	-	-
	LPG	6,405	6,348	58	-	-	-
	その他のガス	248	248	-	-	-	-
	その他の石油及び石油製品	14,216	11,778	2,437	-	-	-
石炭製品 Coalproducts	小計	7,851	1,878	2,139	-	3,834	-
	コークス	7,763	1,878	2,051	-	3,834	-
	その他の石油製品	88	-	88	-	-	-
化学薬品 (Chemistry)		23,206	6,388	16,719	-	98	0
化学肥料 (Fertilizers)		690	4	686	-	-	-
その他の化学工業品 (Others Chemicals)		2,656	359	2,298	-	-	-
紙・パルプ (Paper・Pulp)		1,725	1,127	598	-	-	-
繊維工業品 (Textile Products)		-	-	-	-	-	-
食料工業品 (Processed Foodstuff)		1,206	776	431	-	-	-
日用品 (Daily Necessaries)		-	-	-	-	-	-
その他の製造工業品 (Others Products)		24,510	21,021	3,316	-	174	-
特種品 Products	小計	21,464	7,083	13,473	-	907	256
	金属くず	1,570	161	1,408	-	1	20
	再利用資材	10,031	2,979	6,534	-	518	0
	新植物性製造飼肥料	3,090	610	2,480	-	-	-
	廃棄物	3,407	2,231	1,176	-	-	1
	廃土砂	1,952	260	1,303	-	388	221
	輸送用容器	552	178	374	-	-	14
	取合せ品	862	664	198	-	-	-
分類不能のもの (Others)		664	-	664	-	-	-

交通経済統計調査室（内航船舶輸送統計年報）

内航船舶品目別

Volume of Cargo by Items Carried

品目 Items	営業用 Commercial Use 計 Total	大型鋼船 Large Steel Vessel	小型鋼船 Small Steel Vessel	木船 Wooden Ship	プッシャーバージ・台船 Barge	自家用 Private Use
合計 (Sum Total)	358,664	218,237	114,069	–	26,358	1,463
穀物 (Cereals)	2,279	6	2,266	–	6	634
野菜・果物 (Vegetables & Fruit)	12	2	9	–	–	–
畜産品 (Stock Products)	0	0	–	–	–	–
水産品 (Marine Products)	4	0	4	–	–	–
その他の農林産品 (Others Crops)	33	1	32	–	–	–
木材 (Lumber)	936	63	873	–	–	–
薪炭 (Firewood)	7	7	–	–	–	–
石炭 (Coal)	13,475	6,435	2,398	–	4,642	–
金属鉱 Metalmining 小計	1,847	1,559	287	–	–	–
金属鉱 鉄鉱石	1,662	1,504	158	–	–	–
金属鉱 その他の金属鉱	185	56	129	–	–	–
砂利・砂・石材	19,356	3,869	10,495	–	4,991	179
非金属鉱物 Non-metallic mineral 小計	69,396	48,979	13,785	–	6,632	246
非金属鉱物 石灰石	33,116	21,263	5,224	–	6,629	246
非金属鉱物 原油	26,777	26,618	159	–	–	–
非金属鉱物 その他の非金属鉱物	9,502	1,097	8,402	–	3	–
金属 Metal 小計	45,349	7,768	32,432	–	5,149	8
金属 鉄鋼	43,643	7,645	30,850	–	5,149	8
金属 非鉄金属	1,705	123	1,582	–	–	–
金属製品 (Metal Goods)	353	49	286	–	18	2
機械 Machinery 小計	8,014	6,906	1,108	–	0	42
機械 輸送用機械	5,902	5,889	13	–	–	37
機械 輸送用機械部品	983	900	83	–	–	–
機械 その他の機械	1,129	117	1,012	–	0	5
窯業品 Ceramics 小計	36,329	34,342	1,156	–	832	17
窯業品 セメント	34,457	32,709	916	–	832	1
窯業品 その他の窯業品	1,872	1,623	239	–	–	16

資料　国土交通省総合政策局情報政策課

(注)大型鋼船とは500総トン以上、小型鋼船とは20総トン以上500総トン未満の鋼船をいう。

輸 送 量（平成29年度）
by Domestic Shipping Vessels (FY 2016)

単位：千トン (Unit：1000 Gross Ton)

品目 Items		営業用 Commercial Use 計 Total	大型鋼船 Large Steel Vessel	小型鋼船 Small Steel Vessel	木船 Wooden Ship	プッシャーバージ・台船 Barge	自家用 Private Use
石油製品 Oil Products	小計	79,847	70,104	9,743	－	－	69
	重油	20,188	15,320	4,868	－	－	69
	揮発油	39,813	37,536	2,277	－	－	－
	LPG	5,697	5,641	57	－	－	－
	その他のガス	269	269	－	－	－	－
	その他の石油及び石油製品	13,880	11,339	2,541	－	－	－
石炭製品 Coalproducts	小計	5,899	2,145	1,920	－	1,834	－
	コークス	5,838	2,145	1,859	－	1,834	－
	その他の石油製品	61	－	61	－	－	－
化学薬品 (Chemistry)		23,691	5,877	17,753	－	61	－
化学肥料 (Fertilizers)		778	16	761	－	1	－
その他の化学工業品 (Others Chemicals)		2,498	336	2,162	－	－	－
紙・パルプ (Paper・Pulp)		1,823	1,189	634	－	－	－
繊維工業品 (Textile Products)		－	－	－	－	－	－
食料工業品 (Processed Foodstuff)		1,544	894	650	－	－	－
日用品 (Daily Necessaries)		0	0	－	－	－	－
その他の製造工業品 (Others Products)		22,464	19,669	2,777	－	174	－
特種品 Products	小計	22,719	8,021	12,526	－	2,173	266
	金属くず	1,491	137	1,348	－	6	29
	再利用資材	10,365	3,854	6,000	－	511	0
	新植物性製造飼肥料	3,408	525	2,883	－	0	－
	廃棄物	2,879	2,367	512	－	－	1
	廃土砂	3,192	229	1,308	－	1,655	222
	輸送用容器	461	195	267	－	－	14
	取合せ品	923	715	208	－	－	－
分類不能のもの (Others)		12	－	12	－	－	－

交通経済統計調査室（内航船舶輸送統計年報）

内航船舶品目別

Volume of Cargo by Items Carried

品目 Items		営業用 Commercial Use 計 Total	大型鋼船 Large Steel Vessel	小型鋼船 Small Steel Vessel	木船 Wooden Ship	プッシャーバージ・台船 Barge	自家用 Private Use
合計 (Sum Total)		352, 823	216, 028	114, 242	–	22, 553	1, 622
穀物 (Cereals)		2, 538	7	2, 524	–	7	644
野菜・果物 (Vegetables & Fruit)		1	–	1	–	–	–
畜産品 (Stock Products)		–	–	–	–	–	–
水産品 (Marine Products)		3	–	3	–	–	–
その他の農林産品 (Others Crops)		54	–	54	–	0	–
木材 (Lumber)		709	55	654	–	–	–
薪炭 (Firewood)		2	–	2	–	–	–
石炭 (Coal)		13, 444	6, 397	2, 532	–	4, 515	–
金属鉱 Metalmining	小計	556	275	281	–	–	–
	鉄鉱石	432	273	159	–	–	–
	その他の金属鉱	124	3	122	–	–	–
砂利・砂・石材		20, 060	3, 786	14, 658	–	1, 615	284
非金属鉱物 Non-metallic mineral	小計	65, 182	46, 988	12, 242	–	5, 952	324
	石灰石	33, 312	22, 299	5, 060	–	5, 952	324
	原油	23, 315	23, 139	175	–	–	–
	その他の非金属鉱物	8, 555	1, 549	7, 006	–	–	–
金属 Metal	小計	43, 243	8, 372	30, 143	–	4, 727	9
	鉄鋼	41, 602	8, 219	28, 655	–	4, 727	9
	非鉄金属	1, 641	153	1, 488	–	–	–
金属製品 (Metal Goods)		403	43	340	–	20	–
機械 Machinery	小計	8, 152	6, 898	1, 254	–	0	53
	輸送用機械	6, 044	6, 036	8	–	–	50
	輸送用機械部品	817	730	87	–	–	–
	その他の機械	1, 291	132	1, 159	–	0	3
窯業品 Ceramics	小計	36, 404	34, 213	1, 343	–	847	15
	セメント	35, 116	33, 311	958	–	847	0
	その他の窯業品	1, 287	903	385	–	–	15
資料		国土交通省総合政策局情報政策課					

(注) 大型鋼船とは500総トン以上、小型鋼船とは20総トン以上500総トン未満の鋼船をいう。

輸 送 量（平成30年度）

by Domestic Shipping Vessels (FY 2018)

単位：千トン (Unit：1000 Gross Ton)

品目 Items		営業用 Commercial Use 計 Total	大型鋼船 Large Steel Vessel	小型鋼船 Small Steel Vessel	木船 Wooden Ship	プッシャーバージ・台船 Barge	自家用 Private Use
石油製品 Oil Products	小計	76,467	67,813	8,654	–	–	48
	重油	18,709	14,130	4,579	–	–	48
	揮発油	38,660	36,920	1,740	–	–	–
	LPG	5,489	5,432	57	–	–	–
	その他のガス	200	200	–	–	–	–
	その他の石油及び石油製品	13,408	11,131	2,277	–	–	–
石炭製品 Coalproducts	小計	5,380	2,147	1,983	–	1,250	–
	コークス	5,325	2,143	1,933	–	1,250	–
	その他の石油製品	55	5	51	–	–	–
化学薬品 (Chemistry)		19,099	5,565	13,458	–	76	–
化学肥料 (Fertilizers)		698	14	683	–	2	–
その他の化学工業品 (Others Chemicals)		2,032	392	1,640	–	–	–
紙・パルプ (Paper・Pulp)		1,951	1,158	793	–	–	–
繊維工業品 (Textile Products)		–	–	–	–	–	–
食料工業品 (Processed Foodstuff)		1,405	868	537	–	–	–
日用品 (Daily Necessaries)		–	–	–	–	–	–
その他の製造工業品 (Others Products)		25,338	21,866	3,471	–	0	–
特種品 Products	小計	29,703	9,171	16,993	–	3,539	245
	金属くず	4,561	267	4,289	–	5	16
	再利用資材	10,707	4,001	6,494	–	212	0
	新植物性製造飼肥料	3,503	514	2,990	–	–	–
	廃棄物	3,892	2,587	1,305	–	–	1
	廃土砂	5,572	662	1,588	–	3,323	215
	輸送用容器	429	205	225	–	–	13
	取合せ品	1,039	936	103	–	–	–
分類不能のもの (Others)		0	–	0	–	–	–

交通経済統計調査室（内航船舶輸送統計年報）

内航船舶品目別
Volume of Cargo by Items Carried

品目 Items	営業用 Commercial Use 計 Total	大型鋼船 Large Steel Vessel	小型鋼船 Small Steel Vessel	木船 Wooden Ship	プッシャーバージ・台船 Barge	自家用 Private Use
合計 (Sum Total)	339,876	212,729	105,317	-	21,829	1,574
穀物 (Cereals)	2,086	9	2,066	-	11	598
野菜・果物 (Vegetables & Fruit)	-	-	-	-	-	-
畜産品 (Stock Products)	-	-	-	-	-	-
水産品 (Marine Products)	4	-	4	-	-	-
その他の農林産品 (Others Crops)	352	-	352	-	-	-
木材 (Lumber)	638	56	582	-	-	-
薪炭 (Firewood)	4	-	4	-	-	-
石炭 (Coal)	14,087	7,274	2,714	-	4,099	-
金属鉱 Metalmining 小計	385	95	290	-	-	-
鉄鉱石	218	93	125	-	-	-
その他の金属鉱	167	2	165	-	-	-
砂利・砂・石材	17,993	4,335	12,393	-	1,264	228
非金属鉱物 Non-metallic mineral 小計	67,534	48,740	12,687	-	6,108	504
石灰石	36,517	25,157	5,253	-	6,106	504
原油	21,878	21,658	220	-	-	-
その他の非金属鉱物	9,139	1,925	7,213	-	1	-
金属 Metal 小計	39,153	8,056	26,546	-	4,551	7
鉄鋼	37,718	7,926	25,240	-	4,551	7
非鉄金属	1,435	129	1,305	-	-	-
金属製品 (Metal Goods)	369	51	297	-	21	0
機械 Machinery 小計	7,916	6,484	1,431	-	1	47
輸送用機械	5,793	5,781	12	-	…	41
輸送用機械部品	721	619	102	-	…	-
その他の機械	1,402	84	1,317	-	…	5
窯業品 Ceramics 小計	35,242	33,278	1,119	-	844	15
セメント	33,985	32,301	839	-	844	-
その他の窯業品	1,257	977	280	-	-	15
資料	国土交通省総合政策局情報政策本部情報政策課					

(注) 大型鋼船とは500総トン以上、小型鋼船とは20総トン以上500総トン未満の鋼船をいう。

輸 送 量（令和元年度）
by Domestic Shipping Vessels (FY 2019)

単位：千トン（Unit：1000 Gross Ton）

品目 Items		計 Total	大型鋼船 Large Steel Vessel	小型鋼船 Small Steel Vessel	木船 Wooden Ship	プッシャーバージ・台船 Barge	自家用 Private Use
		営業用 Commercial Use					
石油製品 Oil Products	小計	70,504	62,559	7,945	–	–	59
	重油	17,345	13,202	4,143	–	–	59
	揮発油	35,605	33,852	1,753	–	–	–
	LPG	5,239	5,177	61	–	–	–
	その他のガス	209	209	–	–	–	–
	その他の石油及び石油製品	12,105	10,118	1,987	–	–	–
石炭製品 Coalproducts	小計	4,848	1,653	2,021	–	1,175	–
	コークス	4,795	1,653	1,967	–	1,175	–
	その他の石油製品	54	–	54	–	–	–
化学薬品 (Chemistry)		18,281	5,582	12,622	–	77	–
化学肥料 (Fertilizers)		632	14	618	–	1	–
その他の化学工業品 (Others Chemicals)		1,814	388	1,426	–	–	–
紙・パルプ (Paper・Pulp)		2,039	1,053	986	–	–	–
繊維工業品 (Textile Products)		–	–	–	–	–	–
食料工業品 (Processed Foodstuff)		1,255	795	460	–	–	–
日用品 (Daily Necessaries)		–	–	–	–	–	–
その他の製造工業品 (Others Products)		25,279	22,537	2,740	–	1	–
特種品 Products	小計	29,462	9,771	16,014	–	3,677	116
	金属くず	4,046	180	3,864	–	2	1
	再利用資材	11,108	4,256	6,810	–	43	0
	新植物性製造飼肥料	2,938	410	2,529	–	–	–
	廃棄物	3,489	2,430	1,059	–	–	1
	廃土砂	6,475	1,388	1,455	–	3,632	102
	輸送用容器	417	209	208	–	–	12
	取合せ品	988	898	90	–	–	0
分類不能のもの (Others)		–	–	–	–	–	–

交通経済統計調査室（内航船舶輸送統計年報）

国 内 フ ェ リ ー
Domestic Ferry

長距離航路(long haul ferry boat)

年 度 Fiscal Year	航路数 Number of Waterways	自動車航送台数（千台）Number of Cars Carried by Ferry Boats (Unit:Thousand)					
		普通トラック Ordinary Truck	乗用車 Passenger Car	バ ス Bus	その他 Others	総 計 Total	8トントラック換算総計 Converted into 8 ton Trucks
H2 (1990)	21	1,236 (55.7)	941 (42.4)	9 (0.4)	32 (1.4)	2,218 (100.0)	1,653
H7 (1995)	21	1,386 (58.4)	948 (39.9)	8 (0.3)	32 (1.4)	2,374 (100.0)	1,806
H12 (2000)	21	1,465 (60.5)	931 (38.4)	9 (0.4)	18 (0.7)	2,422 (100.0)	1,864
H17 (2005)	15	1,463 (60.4)	936 (38.6)	…	23 (0.9)	2,422 (1.0)	1,861
H21 (2009)	11	1,090 (60.7)	681 (37.9)	…	26 (1.4)	1,797 (100.0)	1,389
H22 (2010)	11	1,107 (61.2)	678 (37.5)	…	24 (1.3)	1,809 (100.0)	1,402
H23 (2011)	12	1,123 (60.6)	711 (38.4)	…	13 (0.7)	1,852 (100.0)	1,425
H24 (2012)	11	1,130 (59.9)	729 (38.6)	…	23 (1.2)	1,887 (100.0)	1,445
H25 (2013)	11	1,189 (60.9)	744 (38.1)	…	15 (0.8)	1,952 (100.0)	1,501
H26 (2014)	11	1,165 (62.1)	692 (36.9)	4 (0.2)	12 (0.6)	1,875 (100.0)	1,458
H27 (2015)	11	1,162 (61.4)	713 (37.6)	6 (0.3)	13 (0.7)	1,894 (100.0)	1,465
H28 (2016)	11	1,227 (62.3)	741 (37.7)			1,968 (100.0)	1,535
H29 (2017)	11	1,244 (61.4)	762 (37.6)	5 (0.2)	14 (0.7)	2,026 (100.0)	1,569
H30 (2018)	12	1,263 (61.4)	775 (37.7)	6 (0.3)	14 (0.7)	2,056 (100.0)	1,591
資 料	国土交通省						

(注) 1. 長距離航路とは、片道航路距離が300km以上の航路をいう。
2. 航路数は、翌年4月1日現在の運航中の数である。
3. 8トントラック換算は、乗用車2.5台を1台としたものである。
4. ( )は構成比である。

輸　送　量　（その１）

Transport（No.1）

自動車輸送量（百万台キロ） Thousand Car-km（Unit:Million）						旅客輸送人員（千人）	旅客輸送量（百万人キロ）
普通トラック Ordinary Truck	乗用車 Passenger Car	バス Bus	その他 Others	総計 Total	8トントラック換算総計 Converted into 8 ton Trucks	Passengers Carried (Thousand)	Volume of Passenger Traffic (Million Person-km)
808	554	4	24	1,390	859	4,626	2,325
(58.1)	(39.8)	(0.3)	(1.7)	(100.0)			
918	546	4	25	1,493	1,165	3,937	2,046
(61.5)	(36.6)	(0.3)	(1.6)	(100.0)			
941	541	4	13	1,498	1,174	3,715	1,970
(63.2)	(35.5)	(0.3)	(1.0)	(100.0)			
921	543	…	15	1,479	1,153	3,091	1,550
(62.3)	(36.9)		(1.0)	(100.0)			
1,090	681	…	26	1,797	1,388	2,328	1,165
(60.7)	(37.9)		(1.4)	(100.0)			
712	415	…	16	1,144	895	2,104	1,171
(62.2)	(36.3)		(1.4)	(100.0)			
728	443	…	9	1,183	917	2,229	1,234
(61.5)	(37.4)		(0.8)	(100.0)			
734	454	…	17	1,207	928	2,186	1,249
(60.8)	(37.6)		(1.4)	(100.0)			
820	501	…	13	1,337	1,033	2,262	1,373
(61.3)	(37.5)		(1.0)	(100.0)			
750	427	2	8	1,178	922	2,144	1,188
(63.7)	(36.2)	(0.2)	(0.7)	(100.0)			
735	438	3	8	1,185	923	2,374	1,308
(62.0)	(37.0)	(0.3)	(0.7)	(100.0)			
779	454			1,233	968	2,358	1,298
(63.2)	(36.8)			(100.0)			
797	469	3	9	1,278	997	2,385	1,318
(62.4)	(36.7)	(0.2)	(0.7)	(100.0)			
812	474	3	8	1,298	1,013	2,407	1,329
(62.6)	(36.5)	(0.2)	(0.6)	(100.0)			

海事局内航課

5. 本土…沖縄航路は含まない。
6. 自動車航送貨物定期航路事業（貨物フェリー）を除く。
7. 14年度以降のバスの航送台数・運送料はその他に含む。
8. 28年度以降は、集計区分が普通トラック、乗用車・その他になった。

国内フェリー

Domestic Ferry

中距離航路(medium haul ferry boat)

年度 Fiscal Year		航路数 Number of Waterways	自動車航送台数(千台) Number of Cars Carried by Ferry Boats (Unit: Thousand) バス Bus	乗用車 Passenger Car	普通トラック Ordinary Truck	その他 Others	総計 Total	8トントラック換算総計 Converted into 8 ton Trucks
H2	(1990)	22	10 (0.6)	630 (39.0)	958 (59.4)	16 (1.0)	1,614 (100.0)	1,236
H7	(1995)	22	6 (0.4)	540 (38.6)	837 (59.9)	15 (1.1)	1,398 (100.0)	1,074
H12	(2000)	9	3 (0.5)	196 (30.4)	444 (68.9)	1 (0.2)	644 (100.0)	526
H17	(2005)	6	…	156 (27.0)	419 (72.5)	3 (0.5)	578 (100.0)	485
H21	(2009)	4	…	114 (23.6)	369 (76.0)	2 (0.4)	485 (100.0)	417
H22	(2010)	4	…	93 (22.8)	313 (76.7)	2 (0.5)	408 (100.0)	194
H23	(2011)	5	…	101 (24.5)	309 (75.0)	0 (0.0)	412 (100.0)	352
H24	(2012)	3	…	149 (28.5)	357 (68.4)	14 (2.7)	522 (100.0)	431
H25	(2013)	2	…	150 (28.5)	360 (68.4)	14 (2.7)	526 (100.0)	434
H26	(2014)	5	1	157 (28.4)	382 (69.1)	13 (2.4)	553 (100.0)	459
H27	(2015)	5	1	162 (27.6)	385 (65.7)	12 (2.0)	586 (100.0)	463
H28	(2016)	4	1	159 (28.3)	390 (69.4)	12 (2.1)	562 (100.0)	467
H29	(2017)	4	1	156 (27.0)	408 (70.7)	12 (2.1)	577 (100.0)	483
H30	(2018)	4	1	162 (27.3)	419 (70.7)	11 (1.9)	593 (100.0)	496
資料		国土交通省						

(注)1. 中距離航路とは、片道航路距離が100km以上300km未満の航路をいう。
2. 航路数は、翌年4月1日現在の運航中の数である。
3. 8トントラック換算は、乗用車2.5台を1台としたものである。
4. ( )は構成比である。

輸　送　量　（その２）
Transport (No.2)

自動車輸送量（千台キロ） Thousand Car-km (Unit: Thousand)						旅客輸送人員（千人）	旅客輸送量（千人キロ）
バス Bus	乗用車 Passenger Car	普通トラック Ordinary Truck	その他 Others	総計 Total	8トントラック換算総計 Converted into 8 ton Trucks	Passengers Carried (Thousand)	Volume of Passenger Traffic (Thousand Person-km)
2,109 (0.7)	111,388 (37.6)	179,783 (60.6)	3,155 (1.1)	296,435 (100.0)	229,602	3,978	739,272
1,271 (0.5)	94,737 (36.6)	159,259 (61.6)	3,261 (1.3)	258,528 (100.0)	201,686	3,182	588,575
819 (0.6)	42,309 (30.4)	96,030 (69.0)	88 (0.1)	139,246 (100.0)	113,861	1,464	310,124
…	31,487 (25.8)	89,771 (73.6)	760 (0.6)	122,018 (100.0)	103,125	659	136,899
…	23,562 (23.1)	77,950 (76.4)	475 (0.5)	101,987 (100.0)	79,367	765	156,031
…	21,260 (22.6)	72,277 (76.9)	405 (0.4)	93,941 (100.0)	76,114	600	136,524
…	22,977 (24.1)	71,793 (75.5)	0 (0.0)	95,146 (100.0)	81,360	598	135,259
…	28,329 (26.6)	75,985 (71.5)	1,658 (1.6)	106,305 (100.0)	88,975	871	172,573
…	28,623 (26.8)	76,314 (71.3)	1,720 (1.6)	106,977 (100.0)	89,483	713	152,856
329 (0.3)	30,108 (27.0)	79,582 (71.3)	1,523 (1.4)	111,541 (100.0)	93,476	785	165,308
309 (0.3)	31,341 (27.7)	80,173 (70.8)	1,478 (1.3)	113,301 (100.0)	94,497	964	175,733
300 (0.3)	31,000 (27.2)	81,000 (71.1)	1,000 (0.9)	114,000 (100.0)	95,000	979	177,000
300 (0.3)	30,000 (25.9)	84,000 (72.4)	1,000 (0.9)	116,000 (100.0)	98,000	895	174,000
300 (0.3)	31,000 (26.1)	86,000 (72.3)	1,000 (0.8)	119,000 (100.0)	100,000	964	189,000

海事局内航課

5. 函館…青森、野辺地…函館、鹿児島…宮之浦、長崎…福江、鹿児島…種子島・屋久島、博多…壱岐…対馬、佐世保…上五島の各航路は含まない。
6. 14年度以降のバスの航送台数・運送料はその他に含む。

邦船社による
Volume of Oceangoing Cargo

暦年 Calender Year (注3)	合計 Sum Total	輸出 Exports				計 Total
		計 Total	一般貨物船 General Cargo Vessels		油送船 Oil Tanker	
			定期 Liner	不定期 Tramp		
S30 (1955)	28,283	3,913	2,348	1,508	57	20,799
S35 (1960)	61,120	6,429	4,284	1,914	231	50,665
S40 (1965)	134,512	10,213	6,368	3,446	400	118,144
S45 (1970)	364,688	22,364	9,887	12,311	166	310,010
S50 (1975)	526,982	34,074	10,116	23,136	822	415,567
S55 (1980)	540,552	40,884	12,257	27,572	1,054	425,138
S60 (1985)	546,156	42,842	10,528	30,339	1,975	400,697
H2 (1990)	597,821	32,970	9,839	19,657	3,474	469,612
H7 (1995)	703,606	38,761	10,759	21,958	6,045	529,929
H12 (2000)	739,377	34,960	11,009	19,085	4,146	538,875
H17 (2005)	777,869	45,404	15,387	22,642	7,371	529,239
H21 (2009)	823,851	44,963	10,936	25,073	8,954	457,996
H22 (2010)	819,075	44,758	11,320	26,576	6,862	465,898
H23 (2011)	966,697	51,863	12,891	30,414	8,558	535,977
H24 (2012)	1,001,130	50,414	11,089	33,931	5,394	530,855
H25 (2013)	1,026,983	52,001	10,154	34,130	7,717	540,872
H26 (2014)	1,035,239	58,431	12,789	37,361	8,282	535,244
H27 (2015)	1,056,144	60,802	16,583	38,339	5,881	544,702
H28 (2016)	1,018,441	65,911	12,971	43,515	9,425	513,114
H29 (2017)	997,068	68,756	11,983	49,691	7,082	510,768
H30 (2018)	1,032,337	78,717	13,714	57,763	7,240	536,171
H31・R1 (2019)	959,693	64,609	17,659	40,157	6,793	502,078
資料						国土交通省

(注) 1. 外国用船による輸送量を含む。

2. 三国間とは、本邦以外の諸港間の輸送をいう。

3. 昭和60(1985)年までは年度実績、平成4(1992)年以降は暦年実績。

外　航　貨　物　輸　送　量

Carried by Japanese Shipping Firms

単位：千トン（Unit : 1000 Gross Ton）

輸入 Imports			三国間 Cross Trade			
一般貨物船 General Cargo Vessels		油送船	計	一般貨物船 General Cargo Vessels		油送船
定期 Liner	不定期 Tramp	Oil Tanker	Total	定期 Liner	不定期 Tramp	Oil Tanker
3,315	11,082	6,402	3,571	1,731	669	1,171
7,909	24,283	18,472	4,026	2,065	1,265	696
9,057	50,508	58,581	6,153	1,199	1,195	3,759
10,919	155,370	143,721	32,314	2,136	11,674	18,504
7,505	210,144	197,918	77,341	1,618	25,135	50,588
7,391	224,277	193,469	74,530	3,015	42,756	28,760
8,475	229,874	162,348	102,617	5,187	62,943	34,487
11,530	261,991	196,091	95,329	12,697	60,739	21,782
13,214	302,494	214,220	134,916	19,903	82,293	32,720
11,362	337,189	190,324	165,542	26,286	83,472	52,785
16,256	339,119	173,863	203,225	55,876	93,913	53,435
17,803	292,415	147,778	320,892	91,342	168,206	61,344
19,565	298,379	147,954	308,419	115,716	148,553	44,150
21,068	333,820	181,089	378,857	105,353	206,489	67,015
23,878	331,218	175,759	419,861	122,695	239,462	57,703
22,135	356,644	162,093	434,111	122,021	263,259	48,831
28,579	351,107	155,558	441,563	135,109	268,515	37,939
28,782	360,070	155,850	450,639	125,769	291,354	33,516
28,645	342,018	142,451	439,416	123,198	277,285	38,934
27,771	313,546	169,451	417,544	119,899	263,961	33,685
18,873	331,432	185,866	417,449	91,694	292,240	33,514
15,602	308,790	177,686	393,006	94,497	266,270	32,239

海事局外航課

邦船社による
Number of International Passengers Carried

暦年 Calender Year (注2)	合計 Sum Total			出国 Out Ward		
	計 Total	定期 Liner	不定期 Tramp	計 Total	定期 Liner	不定期 Tramp
S45 (1970)	94,618	94,516	102	42,207	42,206	1
S50 (1975)	74,664	54,428	20,236	35,574	25,547	10,027
S55 (1980)	70,066	46,426	23,640	39,305	26,651	12,382
S60 (1985)	94,006	49,453	44,553	53,789	28,723	25,066
H2 (1990)	201,936	126,464	75,472	109,627	71,051	38,576
H7 (1995)	275,991	199,881	76,110	141,487	104,541	36,946
H12 (2000)	462,611	426,596	36,015	235,067	216,602	18,465
H17 (2005)	563,146	541,416	21,730	286,083	275,262	10,821
H20 (2008)	648,707	640,278	8,429	323,107	318,813	4,294
H21 (2009)	503,714	503,714	5,534	240,300	240,300	2,985
H22 (2010)	607,691	604,409	3,282	302,662	301,240	1,422
H23 (2011)	515,450	512,027	3,423	260,851	258,885	1,966
H24 (2012)	614,800	606,289	8,511	312,542	308,425	4,117
H25 (2013)	526,960	526,960	…	264,499	264,499	…
H26 (2014)	520,141	520,141	…	256,839	256,839	…
H27 (2015)	697,726	697,726	…	349,651	349,651	…
H28 (2016)	668,946	668,946	…	333,036	333,036	…
H29 (2017)	699,664	699,664	…	350,432	350,432	…
H30 (2018)	673,492	673,492	…	336,309	336,309	…
H31 (2019)	468,588	468,588	…	233,681	233,681	…
資料	国土交通省					

(注) 1. 平成7年以降は外国用船による輸送量を含まない。
2. 昭和60年(1985年)までは年度実績、平成2年(1990年)以降は暦年実績。

外　航　旅　客　輸　送　量
by Japanese Oceangoing Passenger Ships

単位：人（Unit：Persons）

入国 In Ward			三国間 Cross Trade		
計 Total	定期 Liner	不定期 Tramp	計 Total	定期 Liner	不定期 Tramp
51,020	50,919	101	1,391	1,391	…
39,085	28,881	10,204	5	…	5
31,033	19,775	11,258	…	…	…
38,988	20,730	18,258	1,229	…	1,229
92,309	55,413	36,896	…	…	…
134,504	95,340	39,164	…	…	…
227,544	209,994	17,550	…	…	…
277,063	266,154	10,909	…	…	…
325,600	321,465	4,135	…	…	…
263,414	263,414	2,549	…	…	…
305,029	303,169	1,860	…	…	…
254,599	253,142	1,457	…	…	833
302,258	297,864	4,394	…	…	…
262,461	262,461	…	…	…	…
263,302	263,302	…	…	…	…
348,075	348,075	…	…	…	…
335,910	335,910	…	…	…	…
349,232	349,232	…	…	…	…
337,183	337,183	…	…	…	…
234,907	234,907	…	…	…	…

海事局外航課

邦船社による外航
Volume of International Cargo Commodities

貨物船 (Cargo Vessel)

暦年 Calender Year (注3)	輸出 (Exports)							
	計 Total	鋼材 steel material	セメント Cement	肥料 Fertilizers	繊維製品 Textiles	電気製品 Electric Products	自動車 Passenger Cars	機械 Machinery
S45 (1970)	22,203	10,865	839	2,332	297	370	703	841
S55 (1980)	39,828	13,251	5,160	984	360	1,011	5,955	3,993
S60 (1985)	40,868	15,669	5,621	392	359	1,280	6,530	3,240
H2 (1990)	32,971	9,556	2,822	240	215	945	5,950	2,786
H7 (1995)	38,760	11,229	3,365	256	236	737	4,646	3,279
H12 (2000)	34,960	11,316	2,491	338	123	544	5,190	2,783
H17 (2005)	45,404	13,382	1,325	288	77	490	8,027	5,256
H22 (2010)	44,758	7,401	1,230	125	85	393	10,438	3,225
H24 (2012)	50,414	9,772	3,868	123	90	340	13,967	3,887
H25 (2013)	52,001	14,443	4,276	636	79	253	8,080	3,220
H26 (2014)	58,431	19,700	3,407	2,446	118	284	7,203	4,598
H27 (2015)	60,802	21,117	2,535	3,288	95	307	10,236	4,880
H28 (2016)	65,911	22,862	3,006	3,229	71	204	9,659	4,579
H29 (2017)	68,756	21,078	3,566	3,144	174	78	11,456	3,432
H30 (2018)	78,717	28,880	3,279	2,944	17	83	14,707	3,344
H31 (2019)	64,609	16,169	3,390	3,068	25	117	11,171	4,519

暦年 Calender Year (注3)	輸入 (Imports)							
	綿花 Cotton	リン鉱石 Phosphates	塩 Salt	鉄鉱石 Iron Ore	スクラップ Iron & Steel Scrap	銅鉱 Copper Ore	ニッケル鉱 Nickel Ore	ボーキサイト Bauxite
S45 (1970)	472	1,718	3,252	70,846	1,122	926	4,630	3,631
S55 (1980)	239	2,351	3,666	93,193	550	1,235	3,555	5,476
S60 (1985)	170	2,222	3,733	86,386	451	1,354	3,048	3,149
H2 (1990)	125	2,083	4,342	89,626	122	1,270	3,241	1,698
H7 (1995)	68	1,950	5,999	101,310	32	964	3,400	1,980
H12 (2000)	50	1,135	4,697	114,987	14	1,126	4,281	1,925
H17 (2005)	42	256	3,625	125,634	2	602	2,517	1,287
H22 (2010)	8	53	5,555	114,709	5	1,654	1,088	819
H24 (2012)	14	259	2,039	118,767	1,336	988	2,202	176
H25 (2013)	14	623	2,723	124,633	2,706	615	2,062	795
H26 (2014)	19	3,367	1,124	128,336	54	2,049	3,530	32
H27 (2015)	20	6,971	1,120	122,629	6	1,290	3,412	0
H28 (2016)	25	6,840	1,707	117,028	3	323	2,889	0
H29 (2017)	16	2,543	3,372	96,606	16	761	2,661	174
H30 (2018)	6	3,177	3,913	109,123	16	2,001	2,961	0
H31 (2019)	6	70	3,776	102,494	47	658	2,665	163
資料	国土交通省							

(注)1. 外国用船による輸送量を含まない。
2. 三国間輸送を含まない。
3. 昭和60年までは年度実績、平成2年以降は暦年実績。

主要品目別輸送量
Carried by Japanese Oceangoing Vessels

単位：千トン(Unit：1000 Gross Ton)

	輸入 (Imports)							
その他 Others	計 Total	小麦 Wheat	とうもろこし Maize	砂糖 Sugar	大豆 Soya Beans	木材 Wood	パルプ Pulp	チップ Chip
5,956	166,292	3,442	4,077	349	1,208	25,998	1,626	1,870
9,114	231,668	4,152	3,139	539	3,169	17,675	432	12,577
7,777	238,349	4,298	5,472	434	989	14,262	543	9,549
10,457	273,521	4,412	6,623	197	1,113	15,787	618	16,435
15,012	315,708	5,245	6,605	32	1,179	10,829	793	22,537
12,175	348,551	5,231	6,752	250	807	9,336	222	25,434
16,559	355,376	2,326	2,275	211	194	9,872	383	15,480
21,862	324,038	2,122	1,105	223	235	10,145	99	6,125
18,366	355,096	2,313	2,636	513	1,195	9,355	342	11,106
21,015	378,779	2,929	1,621	551	2,202	4,729	270	18,465
20,677	379,686	3,041	742	788	1,441	3,263	399	21,274
18,344	388,853	3,102	1,258	837	439	2,533	333	25,073
22,301	370,663	3,086	920	800	116	3,124	279	23,185
25,829	341,252	2,842	63	321	59	2,575	330	21,857
25,464	350,305	2,137	124	261	56	8,036	97	22,469
26,150	352,332	1,974	342	175	23	2,447	81	20,348

油送船（Oil Tanker）

		輸出 (Exports)	輸入 (Imports)				
石炭 Coal	その他 Others	計 Total	計 Total	原油 Crude Oil	重油 Heavy Oil	LPG・LNG	その他 Others
28,312	12,813	166	143,721	135,488	4,599	1,661	1,974
56,331	23,389	1,054	193,470	176,246	6,709	6,579	3,936
76,217	20,387	1,975	162,348	139,089	4,928	12,602	5,729
89,827	36,002	3,474	196,091	164,787	5,710	14,905	10,689
118,558	34,229	6,045	214,220	184,886	1,973	15,966	11,396
143,857	28,447	4,146	190,324	161,537	1,495	16,211	11,082
151,966	38,704	7,371	173,863	132,019	2,119	15,986	23,739
133,440	46,654	6,862	141,860	91,898	415	20,099	29,448
162,317	39,537	5,394	175,759	147,291	0	19,869	8,599
169,141	44,701	7,717	162,102	131,448	1,848	20,837	7,969
159,313	50,913	8,017	r 155,558	127,291	348	18,381	9,539
177,456	42,374	5,881	155,849	129,813	125	22,311	3,600
167,070	43,267	9,425	142,451	89,069	55	24,158	29,169
160,836	r 46,065	7,082	r 169,582	140,059	0	24,499	r 5,024
160,141	35,788	7,210	185,866	133,823	0	29,857	22,186
144,971	72,091	6,798	149,746	115,385	0	25,087	9,273

海事局外航課

4. 油送船の輸出は貨物船の輸出「その他」の内数である。
5. 輸出「鋼材」は、平成29(2017)年まで「鉄鋼」と表記。
6. 輸出「その他」は、「銅鉱」、「その他貨物」、「その他タンカー貨物」である。

貿易貨物船舶積取比率
Loading Shares of the Shipping Trade

単位：千トン（%）（Unit：1000 Ton（%））

暦年 Calender Year (注3)	輸出 (Exports) 我が国商船隊 Japanese Merchant Fleet 計 Total	輸出 (Exports) 我が国商船隊 Japanese Merchant Fleet 邦船 Japanese Vessels	輸出 (Exports) 我が国商船隊 Japanese Merchant Fleet 外国用船 Chartered Foreign Vessels	輸出 (Exports) 外国船 Foreign Registered Vessels	輸入 (Imports) 我が国商船隊 Japanese Merchant Fleet 計 Total	輸入 (Imports) 我が国商船隊 Japanese Merchant Fleet 邦船 Japanese Vessels	輸入 (Imports) 我が国商船隊 Japanese Merchant Fleet 外国用船 Chartered Foreign Vessels	輸入 (Imports) 外国船 Foreign Registered Vessels
S45 (1970)	22,367	15,682	6,685	19,547	310,013	216,212	93,801	173,551
	(53.4)	(37.4)	(15.9)	(46.6)	(64.1)	(44.7)	(19.4)	(35.9)
S50 (1975)	34,074	14,408	19,666	28,148	415,566	256,461	159,105	139,331
	(54.8)	(23.2)	(31.6)	(45.2)	(74.9)	(46.2)	(28.7)	(25.1)
S55 (1980)	40,884	15,400	25,484	35,156	425,138	225,118	200,020	177,128
	(53.8)	(20.3)	(33.5)	(46.2)	(70.6)	(37.4)	(33.2)	(29.4)
S60 (1985)	42,842	14,328	28,514	37,166	400,697	244,242	156,455	194,641
	(53.5)	(17.9)	(35.6)	(46.5)	(67.3)	(41.0)	(26.3)	(32.7)
H2 (1990)	32,970	4,848	28,122	37,449	469,612	199,944	269,668	229,695
	(46.8)	(6.9)	(39.9)	(53.2)	(67.2)	(28.6)	(38.6)	(32.8)
H7 (1995)	38,761	2,980	35,781	58,621	529,929	152,735	377,194	226,907
	(43.4)	(1.7)	(41.7)	(56.6)	(71.8)	(16.4)	(55.4)	(28.2)
H12 (2000)	34,960	1,514	33,445	66,767	538,875	98,148	440,727	249,112
	(34.4)	(1.5)	(32.9)	(65.6)	(68.4)	(12.5)	(55.9)	(31.6)
H17 (2005)	45,404	1,803	43,601	88,962	529,239	53,463	475,776	286,389
	(33.8)	(1.3)	(32.4)	(66.2)	(64.9)	(6.6)	(58.3)	(35.1)
H22 (2010)	44,758	1,188	43,570	111,650	465,898	41,961	423,937	293,143
	(28.6)	(0.8)	(27.9)	(71.4)	(61.4)	(5.5)	(55.9)	(38.6)
H25 (2013)	52,001	1,345	50,656	115,314	540,872	87,172	453,700	265,203
	(31.1)	(0.8)	(30.3)	(68.9)	(67.1)	(10.8)	(56.3)	(32.9)
H26 (2014)	58,431	1,440	56,991	104,784	535,245	91,293	443,952	260,128
	(35.8)	(0.9)	(34.9)	(64.2)	(67.3)	(11.5)	(55.8)	(32.7)
H27 (2015)	60,802	1,421	59,381	108,175	544,702	104,138	440,564	233,034
	(36.0)	(0.8)	(35.1)	(64.0)	(70.0)	(13.4)	(56.6)	(30.0)
H28 (2016)	65,911	1,732	64,179	101,750	513,114	112,192	400,922	254,445
	(39.3)	(1.0)	(38.3)	(60.7)	(66.9)	(14.6)	(52.2)	(33.1)
H29 (2017)	r 68,756	r 1,636	67,120	r 96,403	510,768	141,500	369,268	257,090
	(41.6)	(1.0)	(40.6)	(58.4)	(66.5)	(18.4)	(48.1)	(33.5)
H30 (2018)	78,717	2,091	76,625	82,920	536,171	149,487	386,684	222,035
	(48.7)	(1.3)	(47.4)	(51.3)	(70.7)	(19.7)	(51.0)	(29.2)
H31・R1 (2019)	64,609	2,474	62,135	94,919	502,079	140,562	361,517	236,272
	(40.5)	(1.5)	(38.9)	(59.5)	(68.0)	(19.0)	(49.0)	(32.0)
資料	国土交通省海事局外航課							

(注) 1. 邦船輸送量は国土交通省資料による。
2. 外国船輸送量は輸出入総量から邦船、外国用船の輸送量を差し引いたものである。
3. 昭和60年(1985年)までは年度実績、平成2年(1990年)以降は暦年実績。

国際戦略港湾・国際拠点港湾入港船舶数（平成29年）

Number of Vessels Arriving at Specially Designated Major Ports (CY 2017)

単位：隻、千総トン (Unit : 1000 Tons)

港名 Port and Harbor	合計 Sum Total		外航商船 Oceangoing Merchant		内航商船 Domestic Merchant		その他 Others	
	隻数 No	総トン Ton	隻数 No	総トン Ton	隻数 No	総トン Ton	隻数 No	総トン Ton
苫小牧 Tomakomai	14,639	87,089	1,023	18,084	7,350	33,017	6,266	35,988
室蘭 Muroran	5,415	21,617	614	13,190	3,855	8,187	946	240
仙台塩釜 Sendaishiogama	28,206	59,146	1,257	23,243	25,138	28,118	1,811	7,785
千葉 Chiba	49,361	140,684	3,956	92,753	41,523	47,276	3,882	655
☆東京 Tokyo	23,604	174,746	5,350	130,760	15,910	37,828	2,344	6,158
☆川崎 Kawasaki	22,753	98,919	2,710	73,775	19,406	22,115	637	3,029
☆横浜 Yokohama	35,941	291,816	9,754	247,196	22,220	36,158	3,967	8,462
新潟 Niigata	11,596	41,826	975	15,973	4,566	4,436	6,055	21,417
伏木富山 Fushikitoyama	3,413	9,286	779	7,165	913	2,070	1,721	51
清水 Shimizu	8,346	45,763	1,907	37,914	4,237	5,456	2,202	2,393
名古屋 Nagoya	32,948	229,891	7,829	191,267	23,470	35,203	1,649	3,421
四日市 Yokkaichi	17,683	61,689	1,783	47,945	14,565	13,531	1,335	213
堺泉北 Sakaisenboku	30,118	78,860	1,826	46,613	26,053	26,029	2,239	6,218
☆大阪 Osaka	23,279	110,751	4,911	70,128	15,909	15,505	2,459	25,118
☆神戸 Kobe	34,934	185,771	6,722	139,387	21,904	24,191	6,308	22,193
姫路 Himeji	28,725	28,482	660	18,237	24,512	6,707	3,553	3,538
和歌山下津 Wakayamashimotsu	12,035	40,329	906	25,534	8,055	7,823	3,074	6,972
水島 Mizushima	31,266	86,271	3,464	62,009	25,904	23,264	1,898	998
広島 Hiroshima	48,879	45,314	1,359	27,228	29,700	10,475	17,820	7,611
下関 Shimonoseki	35,703	12,796	791	5,343	28,513	2,615	6,399	4,838
徳山下松 Tokuyamakudamatsu	24,300	39,740	1,705	20,608	20,471	17,396	2,124	1,736
博多 Hakata	29,915	85,135	4,438	66,445	19,213	14,247	6,264	4,443
北九州 Kitakyushu	54,929	100,861	4,350	57,197	43,947	16,475	6,632	27,189
☆国際戦略港湾 計 Specally Major Ⅰ Ports	140,511	862,002	29,447	661,246	95,349	135,797	15,715	64,959
国際拠点港湾 計 Specally Major Ⅱ Ports	467,477	1,214,778	39,622	776,748	351,985	302,326	75,870	135,704
全国計 General Total	3,470,258	3,888,755	102,806	2,083,279	1,544,539	883,260	1,822,913	922,216
資料	国土交通省総合政策局情報政策課交通経済統計調査室　（港湾統計年報）							

(注)　外航商船、内航商船には自動車航送船を含む
平成24年度より、港湾区分が見直されて特定重要港湾が国際戦略港湾及び国際拠点港湾に改正された。
対象港湾は従前のとおり。
☆は、国際戦略拠点港湾、無印は国際拠点港湾を示す。

国際戦略港湾・国際拠点港湾入港船舶数（平成30年）

Number of Vessels Arriving at Specially Designated Major Ports (CY 2018)

単位：隻、千総トン (Unit：1000 Tons)

港名 Port and Harbor	合計 Sum Total		外航商船 Oceangoing Merchant		内航商船 Domestic Merchant		その他 Others	
	隻数 No	総トン Ton	隻数 No	総トン Ton	隻数 No	総トン Ton	隻数 No	総トン Ton
苫小牧 Tomakomai	14,433	87,986	1,019	18,172	7,008	33,659	6,406	36,155
室蘭 Muroran	5,331	22,856	631	13,881	3,622	7,412	1,078	1,563
仙台塩釜 Sendaishiogama	28,974	61,117	1,262	24,217	25,892	29,017	1,820	7,883
千葉 Chiba	49,018	143,206	3,778	94,804	41,366	47,707	3,874	695
☆東京 Tokyo	24,374	182,980	5,499	137,343	16,673	39,514	2,202	6,123
☆川崎 Kawasaki	21,422	95,818	2,654	71,876	18,465	23,552	303	390
☆横浜 Yokohama	34,324	296,656	9,597	254,076	20,996	34,187	3,731	8,393
新潟 Niigata	11,046	40,964	878	15,383	4,389	4,517	5,779	21,064
伏木富山 Fushikitoyama	3,123	9,775	760	7,535	865	2,176	1,498	64
清水 Shimizu	8,097	47,275	1,849	37,240	4,127	7,701	2,121	2,334
名古屋 Nagoya	23,404	237,614	8,007	197,812	23,522	36,327	-8,125	3,475
四日市 Yokkaichi	17,600	61,838	1,775	47,683	14,525	13,932	1,300	223
堺泉北 Sakaisenboku	30,333	80,868	1,726	48,056	26,278	26,326	2,329	6,486
☆大阪 Osaka	23,102	112,957	4,923	72,461	15,842	15,613	2,337	24,883
☆神戸 Kobe	32,957	189,183	6,745	144,021	19,834	23,228	6,378	21,934
姫路 Himeji	27,866	27,318	679	17,226	23,652	6,533	3,535	3,559
和歌山下津 Wakayamashimotsu	11,684	40,375	855	25,761	7,689	7,322	3,140	7,292
水島 Mizushima	32,767	90,341	3,464	64,368	27,868	25,114	1,435	859
広島 Hiroshima	52,755	45,948	1,373	27,633	33,821	10,857	17,561	7,458
下関 Shimonoseki	34,683	12,955	888	6,489	28,043	2,881	5,752	3,585
徳山下松 Tokuyamakudamatsu	24,283	39,860	1,657	20,915	20,775	17,212	1,851	1,733
博多 Hakata	29,109	83,754	4,125	64,639	18,955	14,721	6,029	4,394
北九州 Kitakyushu	54,659	99,665	4,149	56,060	43,890	16,451	6,620	27,154
☆国際戦略港湾 計 Specally Major Ⅰ Ports	136,179	877,594	29,418	679,778	91,810	136,094	14,951	61,722
国際拠点港湾 計 Specally Major Ⅱ Ports	469,165	1,233,718	38,875	787,871	356,287	309,866	74,003	135,981
全国計 General Total	3,432,208	3,912,337	101,841	2,116,382	1,546,765	898,659	1,783,602	897,296
資料	国土交通省総合政策局情報政策課交通経済統計調査室 （港湾統計年報）							

(注) 外航商船、内航商船には自動車航送船を含む

平成24年度より、港湾区分が見直されて特定重要港湾が国際戦略港湾及び国際拠点港湾に改正された。

対象港湾は従前のとおり。

☆は、国際戦略拠点港湾、無印は国際拠点港湾を示す。

国際戦略港湾・国際拠点港湾入港船舶数（平成31年・令和元年）

Number of Vessels Arriving at Specially Designated Major Ports (CY 2019)

単位：隻、千総トン (Unit : 1000 Tons)

港名 Port and Harbor	合計 Sum Total		外航商船 Oceangoing Merchant		内航商船 Domestic Merchant		その他 Others	
	隻数 No	総トン Ton	隻数 No	総トン Ton	隻数 No	総トン Ton	隻数 No	総トン Ton
苫小牧 Tomakomai	14,017	88,310	1,014	18,048	6,978	34,110	6,025	36,152
室蘭 Muroran	4,270	18,736	438	11,347	2,590	4,878	1,242	2,511
仙台塩釜 Sendaishiogama	29,036	58,082	1,157	21,626	26,144	28,392	1,735	8,064
千葉 Chiba	47,013	136,110	3,661	90,327	39,561	45,013	3,791	770
☆東京 Tokyo	23,382	179,912	5,238	134,028	16,419	40,078	1,725	5,806
☆川崎 Kawasaki	19,595	98,164	2,802	76,698	16,531	21,161	262	305
☆横浜 Yokohama	32,295	298,974	9,344	258,573	19,962	33,592	2,989	6,809
新潟 Niigata	10,911	42,223	869	15,237	4,466	4,646	5,576	22,340
伏木富山 Fushikitoyama	3,121	9,853	792	8,030	756	1,763	1,573	60
清水 Shimizu	8,628	50,271	1,959	38,362	4,489	8,961	2,180	2,948
名古屋 Nagoya	32,576	233,714	7,749	192,329	22,991	37,802	1,836	3,583
四日市 Yokkaichi	17,467	63,590	1,805	48,671	14,462	14,504	1,200	415
堺泉北 Sakaisenboku	30,678	78,036	1,644	45,183	26,763	26,572	2,271	6,281
☆大阪 Osaka	22,622	114,960	4,818	72,491	15,471	15,944	2,333	26,525
☆神戸 Kobe	31,305	188,008	6,626	141,685	18,774	23,440	5,905	22,883
姫路 Himeji	27,050	26,549	637	16,600	22,939	6,443	3,474	3,506
和歌山下津 Wakayamashimotsu	11,432	41,114	837	25,299	7,409	8,331	3,186	7,484
水島 Mizushima	30,200	88,481	3,275	62,446	25,375	24,824	1,550	1,211
広島 Hiroshima	48,081	47,963	1,419	31,178	29,765	9,363	16,897	7,422
下関 Shimonoseki	34,184	11,510	936	5,386	27,930	2,617	5,318	3,507
徳山下松 Tokuyamakudamatsu	24,160	39,967	1,642	20,695	20,670	17,510	1,848	1,762
博多 Hakata	28,330	79,805	3,931	58,723	18,648	16,648	5,751	4,434
北九州 Kitakyushu	53,766	96,936	3,841	52,274	43,243	16,981	6,682	27,681
☆国際戦略港湾 計 Specally Major I Ports	129,199	880,019	28,828	683,475	87,157	134,215	13,214	62,329
国際拠点港湾 計 Specally Major II Ports	454,920	1,211,250	37,606	761,759	345,177	309,361	72,137	140,130
全国計 General Total	3,355,754	3,884,919	98,206	2,080,864	1,508,725	894,065	1,748,823	909,990
資料	国土交通省総合政策局情報政策課交通経済統計調査室　(港湾統計年報)							

(注)　外航商船、内航商船には自動車航送船を含む

平成24年度より、港湾区分が見直されて特定重要港湾が国際戦略港湾及び国際拠点港湾に改正された。

対象港湾は従前のとおり。

☆は、国際戦略拠点港湾、無印は国際拠点港湾を示す。

全 国 港 湾
Volume of Cargo

暦年 Calender Year		港湾数 Harbors	合計 (Sum Total) 計 Total	外国貿易 International Trade	内国貿易 Domestic Trade	輸 計 Total
S25	(1950)	570	118,554	17,828	100,726	52,923
S30	(1955)	772	257,320	50,028	207,293	114,310
S35	(1960)	799	455,369	107,031	348,337	193,441
S40	(1965)	904	827,122	241,715	585,407	324,846
S45	(1970)	927	1,875,740	552,916	1,322,824	717,104
S50	(1975)	939	2,552,552	703,313	1,849,239	1,023,777
S55	(1980)	946	2,925,228	828,365	2,096,863	1,195,152
S60	(1985)	889	2,840,133	859,301	1,980,832	1,180,239
H2	(1990)	889	3,252,616	968,976	2,283,640	1,313,075
H7	(1995)	889	3,418,410	1,071,084	2,347,326	1,358,275
H12	(2000)	819	3,177,771	1,137,401	2,040,370	1,239,163
H17	(2005)	814	3,174,046	1,226,323	1,947,723	1,243,731
H19	(2007)	814	3,201,018	1,256,467	1,944,551	1,264,513
H20	(2008)	814	3,215,001	1,291,555	1,923,446	1,280,556
H21	(2009)	814	3,145,777	1,299,032	1,846,745	1,249,538
H22	(2010)	717	2,636,328	1,092,976	1,543,352	1,028,507
H23	(2011)	717	2,807,248	1,235,348	1,571,900	1,080,481
H24	(2012)	717	2,783,949	1,226,319	1,557,630	1,053,462
H25	(2013)	717	2,900,507	1,291,117	1,609,390	1,100,945
H26	(2014)	717	2,879,650	1,276,722	1,602,928	1,094,408
H27	(2015)	694	2,811,982	1,253,432	1,558,550	1,074,642
H28	(2016)	694	2,783,453	1,238,712	1,544,741	1,062,230
H29	(2017)	694	2,825,478	1,252,606	1,572,872	1,079,298
H30	(2018)	694	2,821,102	1,249,513	1,571,589	1,081,421
H31・R1	(2019)	694	2,746,895	1,216,302	1,530,593	1,057,867
資料		国土交通省総合政策局情報政策課				

(注)自動車航送船を含む。

取　扱　貨　物　量
Handled at Ports

単位：千トン(Unit：1000 Gross Tons)

移出		輸移入		
輸出 Exports	移出 Outward	計 Total	輸入 Imports	移入 Inward
4,169	48,754	65,631	13,659	51,972
9,294	105,016	143,010	40,733	102,277
14,819	178,622	261,927	92,212	169,715
29,949	294,897	502,276	211,766	290,510
59,901	657,203	1,158,636	493,015	665,621
95,625	928,152	1,528,775	607,688	921,087
152,551	1,042,601	1,730,076	675,814	1,054,261
187,570	992,669	1,659,894	671,731	988,163
171,143	1,141,932	1,939,541	797,833	1,141,708
187,806	1,170,469	2,060,135	883,278	1,176,858
203,244	1,035,919	1,938,608	934,157	1,004,451
260,664	983,067	1,930,315	965,659	964,656
284,812	979,701	1,936,505	971,655	964,850
303,832	976,724	1,934,445	987,723	946,722
309,788	939,750	1,896,239	989,244	906,995
245,219	783,288	1,607,821	847,757	760,064
285,847	794,634	1,726,767	949,501	777,266
270,997	782,464	1,730,487	955,322	775,165
289,690	811,255	1,799,562	1,001,427	798,135
287,292	807,115	1,785,242	989,430	795,813
293,602	781,039	1,737,340	959,829	777,511
286,768	775,463	1,721,223	951,945	769,278
289,649	789,650	1,746,179	962,957	783,222
292,755	788,666	1,739,681	956,758	782,923
290,297	767,570	1,689,028	926,005	763,023

交通経済統計調査室(港湾統計年報)

全国港湾主要

Volume of Cargo Handled by

	暦年 Calendar Year	合計 Sum Total	米穀類 Rice Grain	飲食物 Food & Drink	水産品 Marine	木材 Wood	石炭 Coal	鉄鉱石 Ironore	砂利・砂 石材等 Gvavel, Sand & Stones
合計 Sum Total	S55 (1980)	2,066,605	47,316	29,787	10,166	77,893	106,568	145,861	130,719
	H2 (1990)	2,247,717	45,240	30,881	9,886	73,689	147,134	143,166	157,719
	H12 (2000)	2,338,352	42,894	34,722	8,683	61,554	164,187	140,796	167,178
	H22 (2010)	2,209,453	38,763	35,673	7,046	42,509	209,879	137,610	81,923
	H27 (2015)	2,248,952	36,372	37,379	5,944	37,384	216,468	135,137	93,456
	H29 (2017)	2,250,740	35,633	38,439	6,119	40,382	216,293	132,017	91,048
	H30 (2018)	2,246,072	36,022	38,943	6,382	40,561	212,535	125,446	88,890
	H31・R1 (2019)	2,188,236	35,578	39,389	6,137	40,773	208,713	121,256	87,708
輸出 Exports	S55 (1980)	152,550	736	2,110	262	184	71	0	101
	H2 (1990)	171,037	68	1,815	448	113	32	10	494
	H12 (2000)	203,046	438	1,847	542	192	314	709	1,135
	H22 (2010)	285,613	283	1,721	1,075	681	38	59	3,161
	H27 (2015)	293,368	286	2,004	752	706	4	221	6,494
	H29 (2017)	289,190	155	2,364	789	1,009	112	52	6,925
	H30 (2018)	292,417	192	2,495	937	1,296	306	212	6,752
	H31・R1 (2019)	290,039	228	2,633	878	1,215	49	446	6,550
輸入 Imports	S55 (1980)	675,814	30,000	8,383	1,193	64,286	70,953	133,959	1,104
	H2 (1990)	797,729	32,579	11,251	3,161	64,307	110,245	126,263	3,376
	H12 (2000)	934,034	33,081	18,054	4,263	55,674	139,048	128,596	7,318
	H22 (2010)	949,247	29,529	19,506	3,463	35,806	178,176	131,695	2,045
	H27 (2015)	959,572	27,158	20,378	2,949	31,049	181,664	128,803	1,713
	H29 (2017)	960,764	27,301	20,720	3,073	32,903	183,827	126,069	1,458
	H30 (2018)	956,405	27,336	21,126	3,142	32,814	181,698	123,539	1,366
	H31・R1 (2019)	925,727	27,015	21,619	2,989	32,963	177,982	119,309	1,798
移出 Outward	S55 (1980)	613,675	8,322	15,005	1,421	5,802	18,136	8,315	45,016
	H2 (1990)	639,185	6,208	13,474	819	4,517	19,681	11,047	61,054
	H12 (2000)	615,949	4,972	10,065	963	2,471	12,841	6,471	76,098
	H22 (2010)	496,171	4,569	9,513	492	2,751	16,829	2,665	31,970
	H27 (2015)	499,727	4,606	9,539	503	2,699	18,170	2,823	33,535
	H29 (2017)	504,569	4,035	9,926	554	3,142	17,953	2,445	31,739
	H30 (2018)	501,690	4,321	9,590	599	3,191	16,392	560	30,612
	H31・R1 (2019)	489,143	4,270	9,528	533	3,166	16,804	481	29,765
移入 Inward	S55 (1980)	624,566	8,258	4,289	7,290	7,621	17,408	3,587	84,498
	H2 (1990)	639,766	6,385	4,341	5,458	4,752	17,176	5,846	92,795
	H12 (2000)	585,323	4,403	4,756	2,915	3,217	11,984	5,020	82,627
	H22 (2010)	478,422	4,382	4,933	2,015	3,270	14,836	3,191	44,747
	H27 (2015)	496,285	4,322	5,458	1,740	2,930	16,630	3,290	51,714
	H29 (2017)	496,217	4,142	5,429	1,703	3,328	14,401	3,451	50,926
	H30 (2018)	495,560	4,173	5,732	1,704	3,260	14,139	1,135	50,160
	H31・R1 (2019)	483,327	4,065	5,608	1,737	3,429	13,878	1,019	49,595
	資料	国土交通省総合政策局情報政策課							

(注) 1. 自動車航送船及び鉄道連絡船による取扱量を除く。
2. 「米穀類」は麦、米、とうもろこし、豆類、その他雑穀の合計である。
3. 「飲食物」は野菜・果物、砂糖、製造食品、飲料、水、たばこ、その他食料工業品の合計である。

品目別取扱量

Commodity at All Ports in Japan

単位：千トン(Unit：1000 Gross Ton)

原油 Crude Oil	石灰石 Lime Stone	鉄・くず鉄 非鉄金属 Iron, Non-ferrous metals	金属製品 Metal Goods	セメント Cement	石油製品 Oil Products	化学薬品 Chemicals	化学肥料 Fertilizers	その他 Others
351,139	80,799	188,147	5,750	98,104	201,904	43,837	8,434	540,181
280,298	88,800	191,322	4,546	114,318	314,864	65,363	7,618	572,873
295,407	95,630	170,452	5,512	108,619	350,942	71,878	6,785	613,113
252,406	72,947	177,607	9,799	68,900	410,816	73,357	5,483	584,734
233,044	77,056	164,233	12,738	75,273	376,025	72,305	4,503	671,635
225,896	76,632	167,409	12,142	75,264	372,739	74,227	4,719	681,781
213,776	79,414	168,083	13,001	75,863	370,737	74,510	4,588	697,321
203,127	77,799	161,228	13,279	73,508	401,990	71,687	4,328	641,738
1	1,392	30,439	2,728	5,774	774	3,837	2,096	102,045
78	1,845	17,744	1,860	4,872	4,124	6,557	789	130,188
6	2,551	32,206	1,563	5,094	4,961	11,452	1,050	138,986
757	3,089	49,258	2,733	6,446	18,881	17,497	880	179,054
1,168	3,725	51,049	3,291	6,692	17,143	20,081	599	179,153
777	3,364	46,564	2,941	7,407	16,446	19,650	552	180,083
597	3,949	44,401	3,175	7,216	16,489	19,427	481	184,492
265	4,163	43,724	3,368	6,515	21,941	18,768	504	178,791
246,606	16	8,155	338	54	38,054	2,656	1,480	69,577
205,114	257	18,122	929	2,499	115,496	6,961	1,980	95,189
224,268	356	14,776	2,001	1,427	160,859	7,846	2,098	134,369
194,452	409	12,657	5,086	471	178,110	10,020	1,909	145,913
169,343	882	12,697	6,355	413	204,832	10,943	1,518	158,875
167,098	1,223	14,103	6,310	324	203,269	11,904	1,762	159,420
157,374	782	14,408	6,961	189	205,648	13,127	1,893	165,002
154,614	714	14,255	7,157	104	191,451	11,714	1,595	160,448
55,365	38,133	74,535	1,232	47,491	82,686	18,684	2,277	191,255
36,813	44,913	78,546	803	54,567	99,509	24,980	2,342	179,912
35,488	47,081	62,744	860	52,931	93,877	25,861	1,803	181,423
30,733	32,849	58,663	921	31,279	112,573	24,179	1,380	134,806
33,717	34,802	50,360	1,667	34,750	76,459	21,016	1,302	173,779
32,154	34,335	53,517	1,461	34,218	75,888	21,651	1,390	180,161
29,688	36,390	54,833	1,314	35,148	74,209	21,265	1,262	182,316
26,366	36,079	51,852	1,295	34,375	97,637	20,621	1,295	155,077
50,167	41,258	75,018	1,452	44,785	80,390	18,660	2,581	177,304
38,293	41,785	76,910	954	52,380	95,735	26,865	2,507	167,584
35,645	45,642	60,726	1,088	49,167	91,245	26,719	1,834	158,335
26,464	36,600	57,029	1,060	30,704	101,252	21,662	1,314	124,961
28,816	37,647	50,127	1,425	33,418	77,591	20,265	1,084	159,828
25,867	37,710	53,225	1,430	33,315	77,136	21,022	1,015	162,117
26,117	38,293	54,441	1,551	33,310	74,391	20,691	952	165,511
21,882	36,843	51,396	1,458	32,514	90,961	20,586	934	147,422

交通経済統計調査室　(港湾統計年報)

4.「木材」は原木、製材、木材チップ、その他林産品の合計である。
5.「鉄・くず鉄・非鉄金属」は鉄鋼、鋼材、非鉄金属、金属くずの合計である。
6.「石油製品」は石油製品にLNG、LPG、その他石油製品を加えた合計である。

国際戦略港湾・国際拠点港湾取扱貨物量（平成29年）

Volume of Cargo Handled at Specially Designated Major Ports (CY 2017)

単位：千トン (Unit : 1000 Gross Ton)

港名 Port and Harbor	合計 Sum Total	外国貿易 International Trade			内国貿易 Domestic Trade		
		計 Total	輸出 Exports	輸入 Imports	計 Total	移出 Outward	移入 Inward
苫小牧 Tomakomai	109,367	18,933	1,211	17,722	90,433	44,981	45,452
室蘭 Muroran	23,678	11,972	1,620	10,352	11,706	6,627	5,079
仙台塩釜 Sendaishiogama	46,665	14,963	2,186	12,777	31,702	14,441	17,261
千葉 Chiba	153,291	92,530	8,266	84,264	60,761	33,137	27,624
☆東京 Tokyo	90,781	50,117	13,509	36,608	40,664	15,792	24,872
☆川崎 Kawasaki	84,975	55,912	8,639	47,273	29,063	16,012	13,051
☆横浜 Yokohama	113,500	74,103	31,582	42,521	39,397	15,447	23,950
新潟 Niigata	31,166	15,034	1,089	13,945	16,133	7,056	9,077
伏木富山 Fushikitoyama	6,694	4,634	1,099	3,535	2,059	144	1,915
清水 Shimizu	16,150	10,740	4,251	6,489	5,410	1,423	3,987
名古屋 Nagoya	195,968	127,883	52,658	75,225	68,085	35,985	32,100
四日市 Yokkaichi	59,011	39,171	3,806	35,365	19,840	13,764	6,076
堺泉北 Sakaisenboku	83,561	27,740	4,493	23,247	55,820	23,486	32,334
☆大阪 Osaka	84,664	34,845	9,587	25,258	49,818	21,831	27,987
☆神戸 Kobe	99,861	52,717	24,069	28,648	47,143	19,622	27,521
姫路 Himeji	34,580	21,183	816	20,367	13,397	5,468	7,929
和歌山下津 Wakayamashimotsu	36,387	21,711	4,710	17,001	14,676	8,580	6,096
水島 Mizushima	84,601	55,169	9,413	45,756	29,432	19,071	10,361
広島 Hiroshima	14,434	6,555	4,655	1,900	7,878	3,299	4,579
下関 Shimonoseki	4,644	2,785	1,360	1,425	1,858	650	1,208
徳山下松 Tokuyamakudamatsu	49,732	19,066	3,335	15,731	30,666	15,798	14,868
博多 Hakata	35,716	18,795	7,658	11,137	16,921	4,703	12,218
北九州 Kitakyushu	101,500	32,436	7,385	25,051	69,064	32,599	36,465
☆国際戦略港湾 計 Specally Major I Ports	473,780	267,694	87,386	180,308	206,086	88,705	117,381
国際拠点港湾 計 Specally Major II Ports	1,075,696	541,302	120,012	421,290	534,393	265,640	268,753
全国計 General Total	**2,822,601**	**1,250,779**	**289,596**	**961,183**	**1,571,822**	**789,381**	**782,441**
資料	国土交通省総合政策局情報政策課交通経済統計調査室(港湾統計年報)						

(注) 自動車航送船を含む。

平成24年度より、港湾区分が見直されて特定重要港湾が国際戦略港湾及び国際拠点港湾に改正された。

対象港湾は従前のとおり。

☆は、国際戦略拠点港湾、無印は国際拠点港湾を示す。

国際戦略港湾・国際拠点港湾取扱貨物量（平成30年）

Volume of Cargo Handled at Specially Designated Major Ports(CY 2018)

単位：千トン (Unit : 1000 Gross Ton)

港名 Port and Harbor	合計 Sum Total	外国貿易 International Trade			内国貿易 Domestic Trade		
		計 Total	輸出 Exports	輸入 Imports	計 Total	移出 Outward	移入 Inward
苫小牧 Tomakomai	107,444	17,549	1,282	16,267	89,893	44,544	45,349
室蘭 Muroran	22,673	11,777	1,565	10,212	10,897	6,059	4,838
仙台塩釜 Sendaishiogama	48,255	16,177	1,960	14,217	32,077	14,935	17,142
千葉 Chiba	153,198	92,401	9,645	82,756	60,797	33,683	27,114
☆東京 Tokyo	91,543	49,826	13,289	36,537	41,717	15,751	25,966
☆川崎 Kawasaki	81,088	50,727	7,492	43,235	30,361	14,757	15,604
☆横浜 Yokohama	113,958	78,478	32,851	45,627	35,479	14,685	20,794
新潟 Niigata	32,297	15,195	1,131	14,064	17,102	7,234	9,868
伏木富山 Fushikitoyama	6,702	4,685	1,200	3,485	2,017	125	1,892
清水 Shimizu	18,945	12,786	4,548	8,238	6,158	1,596	4,562
名古屋 Nagoya	196,593	129,649	53,711	75,938	66,934	35,134	31,800
四日市 Yokkaichi	60,562	40,204	4,222	35,982	20,358	14,778	5,580
堺泉北 Sakaisenboku	72,116	26,758	3,787	22,971	45,358	18,237	27,121
☆大阪 Osaka	84,332	36,218	9,626	26,592	48,115	21,393	26,722
☆神戸 Kobe	95,487	52,161	23,708	28,453	43,325	17,960	25,365
姫路 Himeji	33,342	20,049	873	19,176	13,293	5,388	7,905
和歌山下津 Wakayamashimotsu	35,355	20,795	4,490	16,305	14,560	8,324	6,236
水島 Mizushima	86,739	55,674	9,997	45,677	31,064	20,238	10,826
広島 Hiroshima	15,085	6,469	4,380	2,089	8,616	3,760	4,856
下関 Shimonoseki	5,489	3,335	1,764	1,571	2,154	863	1,291
徳山下松 Tokuyamakudamatsu	51,334	20,080	3,637	16,443	31,254	16,023	15,231
博多 Hakata	36,862	19,401	8,333	11,068	17,462	5,291	12,171
北九州 Kitakyushu	101,762	32,543	7,271	25,272	69,220	32,641	36,579
☆国際戦略港湾 計 Specially Major I Ports	466,408	267,411	86,966	180,445	198,997	84,546	114,451
国際拠点港湾 計 Specially Major II Ports	1,084,752	545,527	123,796	421,731	540,325	269,961	270,364
全国計 General Total	**2,821,102**	**1,249,513**	**292,755**	**956,758**	**1,571,589**	**788,666**	**782,923**
資料	国土交通省総合政策局情報政策課交通経済統計調査室(港湾統計年報)						

(注) 自動車航送船を含む。

平成24年度より、港湾区分が見直されて特定重要港湾が国際戦略港湾及び国際拠点港湾に改正された。

対象港湾は従前のとおり。

☆は、国際戦略拠点港湾、無印は国際拠点港湾を示す。

国際戦略港湾・国際拠点港湾取扱貨物量（平成31年・令和元年）

Volume of Cargo Handled at Specially Designated Major Ports (CY 2019)

単位：千トン (Unit：1000 Gross Ton)

港名 Port and Harbor	合計 Sum Total	外国貿易 International Trade			内国貿易 Domestic Trade		
		計 Total	輸出 Exports	輸入 Imports	計 Total	移出 Outward	移入 Inward
苫小牧 Tomakomai	107,294	17,480	1,181	16,299	89,814	44,471	45,343
室蘭 Muroran	16,263	8,806	1,091	7,715	7,458	4,103	3,355
仙台塩釜 Sendaishiogama	43,628	15,005	1,732	13,273	28,624	13,022	15,602
千葉 Chiba	140,011	83,784	9,313	74,471	56,228	28,659	27,569
☆東京 Tokyo	87,806	48,494	12,735	35,759	39,312	15,054	24,258
☆川崎 Kawasaki	79,386	53,574	8,401	45,173	25,812	13,152	12,660
☆横浜 Yokohama	110,623	79,943	29,648	50,295	30,680	14,484	16,196
新潟 Niigata	19,245	14,696	1,000	13,696	4,548	792	3,756
伏木富山 Fushikitoyama	6,735	5,136	1,231	3,905	1,600	237	1,363
清水 Shimizu	16,862	9,987	3,688	6,299	6,876	2,038	4,838
名古屋 Nagoya	194,436	126,377	52,851	73,526	68,059	35,745	32,314
四日市 Yokkaichi	60,866	40,225	4,633	35,592	20,641	15,069	5,572
堺泉北 Sakaisenboku	80,564	24,422	3,879	20,543	56,142	23,353	32,789
☆大阪 Osaka	85,189	35,670	9,014	26,656	49,520	21,908	27,612
☆神戸 Kobe	94,009	51,513	22,927	28,586	42,494	17,879	24,615
姫路 Himeji	31,456	18,887	766	18,121	12,570	5,218	7,352
和歌山下津 Wakayamashimotsu	35,407	20,573	4,979	15,594	14,834	7,725	7,109
水島 Mizushima	80,573	50,010	9,516	40,494	30,563	18,559	12,004
広島 Hiroshima	14,131	6,007	4,492	1,515	8,125	3,407	4,718
下関 Shimonoseki	4,470	2,610	1,088	1,522	1,861	814	1,047
徳山下松 Tokuyamakudamatsu	50,652	19,433	3,385	16,048	31,219	16,189	15,030
博多 Hakata	37,140	20,276	8,855	11,421	16,864	5,147	11,717
北九州 Kitakyushu	98,600	30,655	7,280	23,375	67,946	32,178	35,768
☆国際戦略港湾 計 Specally Major Ⅰ Ports	457,013	269,194	82,725	186,469	187,819	82,478	105,341
国際拠点港湾 計 Specally Major Ⅱ Ports	1,038,334	514,365	120,958	393,407	523,970	256,724	267,246
全国計 General Total	**2,746,895**	**1,216,302**	**290,297**	**926,005**	**1,530,593**	**767,570**	**763,023**
資料	国土交通省総合政策局情報政策課交通経済統計調査室（港湾統計年報）						

(注) 自動車航送船を含む。

平成24年度より、港湾区分が見直されて特定重要港湾が国際戦略港湾及び国際拠点港湾に改正された。

対象港湾は従前のとおり。

☆は、国際戦略拠点港湾、無印は国際拠点港湾を示す。

港湾運送事業者による船舶積卸し量

Volume of Cargo Unloaded by Port Transportation Business

単位：千トン（Unit：1000 Gross Ton）

	年 Year		指定港湾数 No. of Designated Ports	総量 Total	揚荷 Landing Cargo	積荷 Pile Cargo	移出入 Outward & Inward	輸出入 Export & Import	接岸 Wharf	沖取 Offshore
暦年 Calendar Year	S40	(1965)	92	290,503	194,981	95,522	148,695	141,808	244,533	37,970
	S45	(1970)	91	560,150	393,795	166,355	226,466	333,684	500,692	59,458
	S50	(1975)	93	622,962	413,980	208,982	223,791	399,171	589,795	33,167
年度 Fiscal Year	S55	(1980)	97	865,882	545,835	320,047	303,447	562,435	844,800	21,082
	S60	(1985)	97	933,207	576,734	356,473	316,157	617,050	919,950	13,257
	H2	(1990)	96	1,046,547	665,688	380,859	367,257	679,290	1,039,937	6,610
	H7	(1995)	96	1,121,674	721,055	409,619	368,026	753,648	1,118,191	3,484
	H12	(2000)	94	1,195,088	742,684	452,403	355,253	839,834	1,192,860	2,228
	H17	(2005)	93	1,353,254	801,494	551,759	376,381	976,872	1,351,743	1,510
	H22	(2010)	93	1,234,034	816,120	573,323	354,355	1,035,087	1,387,787	1,157
	H25	(2013)	93	1,443,345	845,366	597,979	370,288	1,073,057	1,442,225	1,121
	H26	(2014)	93	1,437,651	839,047	598,604	369,831	1,067,820	1,436,652	999
	H27	(2015)	93	1,399,008	814,443	583,642	356,840	1,042,169	1,398,291	717
	H28	(2016)	93	1,411,280	820,629	588,893	366,466	1,044,814	1,410,580	701
	H29	(2017)	93	1,454,861	844,466	610,396	378,391	1,076,470	1,454,040	821
	H30	(2018)	93	1,465,673	850,932	614,741	383,034	1,082,640	1,465,164	509
	H31・R1	(2019)	93	1,426,710	828,445	598,264	369,520	1,057,189	1,426,414	296
資料	国土交通省港湾局港湾経済課									

(注) 1. 船舶積卸し量とは、港湾運送事業法の適用港湾においてする船舶への貨物の積込み及び船舶からの貨物の取卸し量をいう。

2. 昭和50年までは暦年実績、昭和55年以降は年度実績。

営業倉庫貨物取扱量

Volume of Cargo Handled by Warehouse Business

Unit : Thousand Ton, ㎥

年度 Fiscal Year	普通倉庫 Ordinary Warehouses		冷蔵倉庫 Refrigeration Warehouses		水面倉庫 Pond for Timber Storage	
	入庫量 Warehousing Volume	平均月末在庫量 Inventory	入庫量 Warehousing Volume	平均月末在庫量 Inventory	入庫量 Warehousing Volume	平均月末在庫量 Inventory
	千トン	千トン	千トン	千トン	千㎡	千㎡
S35 (1960)	33,339	5,976	2,102	270	2,580	378
S40 (1965)	53,638	8,335	3,479	511	3,830	496
S45 (1970)	93,790	15,444	5,015	777	7,801	1,084
S50 (1975)	113,073	19,948	7,123	1,264	7,439	1,556
S55 (1980)	151,231	25,380	8,683	1,686	7,834	1,903
S60 (1985)	183,993	35,503	11,083	2,026	5,342	1,202
H2 (1990)	236,328	48,475	15,015	2,723	4,599	1,271
H7 (1995)	247,158	63,420	18,207	3,097	2,565	818
H12 (2000)	244,813	68,261	20,675	3,288	1,641	353
H15 (2003)	238,349	59,618	19,650	3,102	998	261
H16 (2004)	243,764	36,202	24,279	3,789	920	212
H17 (2005)	282,020	39,349	20,662	3,227	691	166
H18 (2006)	236,048	36,027	17,787	2,827	612	141
H19 (2007)	228,375	32,205	19,006	2,973	690	198
H20 (2008)	221,493	35,966	18,632	3,034	483	150
H21 (2009)	204,356	34,240	18,327	3,002	292	96
H22 (2010)	226,594	33,766	18,999	2,889	377	80
H23 (2011)	206,118	28,523	19,897	3,142	208	50
H24 (2012)	231,628	34,693	20,101	3,251	164	54
H25 (2013)	227,798	35,145	21,234	3,294	141	27
H26 (2014)	228,156	36,579	20,088	3,218	101	25
H27 (2015)	252,580	39,547	23,379	3,619	170	37
H28 (2016)	243,935	42,664	23,084	3,424	132	39
H29 (2017)	256,723	40,110	23,089	3,452	194	30
資料	国土交通白書(資料編)					

注　普通倉庫の数値は、1～3類倉庫、野積倉庫、貯蔵槽倉庫及び危険品倉庫の合計である。

船舶及び航空機

Passenger Departure and

区分	暦年 Calendar Year	計 Total			船
		計 Total	日本人 Japanese	外国人 Foreigner	計 Total
出国者数 (Departure)	S35 (1960)	309,665	119,420	190,245	119,552
	S45 (1970)	1,706,962	936,205	770,757	186,561
	S55 (1980)	5,186,888	3,909,333	1,277,555	73,884
	H2 (1990)	14,339,931	10,997,431	3,342,500	226,121
	H12 (2000)	22,965,316	17,818,590	5,146,726	403,828
	H17 (2005)	24,759,130	17,403,565	7,355,565	644,123
	H22 (2010)	26,078,876	16,637,224	9,441,652	895,313
	H23 (2011)	24,185,227	16,994,200	7,191,027	657,032
	H24 (2012)	27,586,104	18,490,657	9,095,447	814,645
	H25 (2013)	28,630,294	17,472,748	11,157,546	779,306
	H26 (2014)	30,881,937	16,903,388	13,978,549	786,156
	H27 (2015)	35,687,409	16,213,789	19,473,620	696,766
	H28 (2016)	40,133,573	17,116,420	23,017,153	751,546
	H29 (2017)	45,065,044	17,889,292	27,175,752	1,012,710
	H30 (2018)	48,807,196	18,954,031	29,853,165	956,522
	H31・R1 (2019)	51,041,173	20,080,669	30,960,504	750,778
入国者数 (Arrivals)	S35 (1960)	252,202	105,321	146,881	66,641
	S45 (1970)	1,702,633	927,572	775,061	200,082
	S55 (1980)	5,195,435	3,899,569	1,295,866	62,834
	H2 (1990)	14,456,692	10,952,222	3,504,470	190,166
	H12 (2000)	22,928,041	17,655,946	5,272,095	386,261
	H17 (2005)	24,776,252	17,326,149	7,450,103	639,028
	H22 (2010)	26,055,580	16,611,884	9,443,696	883,486
	H23 (2011)	24,056,510	16,921,103	7,135,407	641,816
	H24 (2012)	27,580,331	18,408,185	9,172,146	810,597
	H25 (2013)	r 28,677,218	17,421,997	11,255,221	r 781,839
	H26 (2014)	31,065,982	16,915,797	14,150,185	794,587
	H27 (2015)	24,056,512	16,258,889	19,688,247	701,382
	H28 (2016)	40,307,164	17,088,252	23,218,912	752,179
	H29 (2017)	45,305,235	17,876,453	27,428,782	862,949
	H30 (2018)	49,011,056	18,908,954	30,102,102	958,814
	H31・R1 (2019)	51,217,234	20,030,055	31,187,179	729,422
資料					法務省

(注) 1. 正規出入国者の数である。

2. 日米間の地位協定による軍人等の協定該当者は計に含まない。

別　出　入　国　者　数

Arrivals by Ship and Air

単位：人(Unit :Persons)

船 Ship		航空機 Aircraft		
日本人 Japanese	外国人 Foreigner	計 Total	日本人 Japanese	外国人 Foreigner
56,112	63,440	190,113	63,308	126,805
157,928	28,633	1,520,401	778,277	742,124
37,565	36,319	5,113,004	3,871,768	1,241,236
106,038	120,083	14,113,810	10,891,393	3,222,417
197,653	206,175	22,561,488	17,620,937	4,940,551
216,158	427,965	24,115,007	17,187,407	6,927,600
187,219	708,094	25,183,563	16,450,005	8,733,558
196,650	460,382	23,528,195	16,797,550	6,730,645
210,491	604,154	26,771,459	18,280,166	8,491,293
164,617	614,689	27,850,988	17,308,131	10,542,857
157,577	628,579	30,095,781	16,745,811	13,349,970
132,397	564,369	34,990,643	16,081,392	18,909,251
154,283	597,263	39,382,027	16,962,137	22,419,890
278,257	734,453	44,052,334	17,611,035	26,441,299
183,581	772,941	47,850,674	18,770,450	29,080,224
216,336	534,442	50,290,395	19,864,333	30,426,062
48,664	17,977	185,561	56,657	128,904
174,909	25,173	1,502,551	752,663	749,888
34,047	28,787	5,132,601	3,865,522	1,267,079
84,552	105,614	14,266,526	10,867,670	3,398,856
186,013	200,248	22,541,780	17,469,933	5,071,847
211,363	427,665	24,137,224	17,114,786	7,022,438
180,594	702,892	25,172,094	16,431,290	8,740,804
188,442	453,374	23,414,694	16,732,661	6,682,033
205,734	604,863	26,769,734	18,202,451	8,567,283
163,436	618,403	27,895,379	17,258,561	10,636,818
155,255	639,332	30,271,395	16,760,542	13,510,853
130,511	570,871	35,245,754	16,128,378	19,117,376
150,819	601,360	39,554,985	16,937,433	22,617,552
122,078	740,871	44,442,286	17,754,375	26,687,911
179,933	778,881	48,052,242	18,729,021	29,323,221
186,505	542,917	50,487,812	19,843,550	30,644,262

(出入国管理統計年報)

目 的 別 入
Number of Foreign

暦 年 Calendar Year	合 計 Sum Total	滞在客 計 Total	観光客 小 計 Sub Total	観光客 Tourist	短期滞在者 Sojourner
S35 (1960)	212,314	159,416	97,776	73,520	…
S40 (1965)	366,649	299,346	204,252	157,464	…
S45 (1970)	854,419	770,573	565,346	484,638	…
S50 (1975)	811,672	707,790	447,073	373,126	…
S55 (1980)	1,316,632	1,165,010	728,371	597,722	…
S60 (1985)	2,327,047	2,102,296	1,328,782	…	1,324,546
H2 (1990)	3,235,860	3,117,592	1,879,497	…	1,878,495
H7 (1995)	3,345,274	3,241,650	1,731,439	…	1,730,682
H12 (2000)	4,757,146	4,614,193	2,693,357	…	2,692,522
H17 (2005)	6,727,926	6,653,039	4,368,573	4,368,570	…
H20 (2008)	8,350,835	8,350,835	6,048,681	6,048,681	…
H21 (2009)	6,789,658	6,789,658	4,759,833	4,759,833	…
H22 (2010)	8,611,175	8,611,175	6,361,974	6,361,974	…
H23 (2011)	6,218,752	6,218,752	4,057,235	4,057,235	…
H24 (2012)	8,358,105	8,358,105	6,041,645	6,041,645	…
H25 (2013)	10,363,904	10,363,904	7,962,517	7,962,517	…
H26 (2014)	13,413,467	13,413,467	10,880,604	10,880,604	…
H27 (2015)	19,737,409	19,737,409	16,969,126	16,969,126	…
H28 (2016)	24,039,700	24,039,700	21,049,676	21,049,676	…
H29 (2017)	28,691,073	28,691,073	25,441,593	25,441,593	…
H30 (2018)	31,191,856	31,191,856	27,766,112	27,766,112	…
H31・R1 (2019)	31,882,049	31,882,049	28,257,141	28,257,141	…
資 料					法務省及び

(注) 永久滞在者、軍要員及び乗員を含まない。

09'から、「一時上陸客」は、観光客に含む

国　外　客　数

Entries by Purpose

単位：人(Unit :Persons)

Sojourner				一時上陸客
Tourist		商用客 Business	その他 Other	Shore Excursionist
通過観光客 Transit Passenger	通過客 Transit Passenger			
12,398	11,858	14,929	46,711	52,898
17,746	29,042	29,184	65,910	67,303
28,814	51,894	75,286	129,941	83,846
10,138	63,809	83,923	176,794	103,882
3,715	126,934	115,843	320,796	151,622
4,236	…	555,685	217,829	224,751
1,002	…	870,738	367,357	118,268
757	…	1,047,536	462,675	103,624
5	…	1,292,889	627,947	142,953
…	…	1,477,162	807,304	74,887
…	…	1,455,284	846,870	…
…	…	1,192,622	837,203	…
…	…	1,394,586	854,615	…
…	…	1,243,484	918,033	…
…	…	1,442,946	873,514	…
…	…	1,464,850	936,537	…
…	…	1,537,114	995,749	…
…	…	1,641,300	1,126,983	…
…	…	1,701,902	1,288,122	…
…	…	1,782,677	1,466,803	…
…	…	1,795,213	1,630,531	…
…	…	1,757,403	1,867,505	…

日本政府観光局(JNTO)

国 籍 別 入

Number of Foreign

暦 年 Calendar Year	計 Total	アメリカ U.S.A	カナダ Canada	イギリス U.K.	フランス France	ドイツ Germany	ロシア C.I.S
S30 (1955)	55,592	28,194	1,269	4,610	1,229	957	43
S40 (1965)	299,274	155,533	8,831	16,988	6,135	7,706	1,659
S45 (1970)	770,573	320,654	43,442	38,720	21,172	23,774	4,641
S50 (1975)	707,790	241,065	24,103	46,637	15,977	25,340	5,441
S55 (1980)	1,192	279	41	90	26	40	6
S60 (1985)	2,102	484	61	183	40	49	9
H2 (1990)	3,118	554	64	209	51	66	24
H7 (1995)	3,242	540	75	199	54	68	24
H12 (2000)	4,616	726	119	384	79	88	29
H17 (2005)	6,653	822	150	222	111	118	60
H20 (2008)	8,350	768	168	207	148	126	66
H21 (2009)	6,790	700	153	181	141	111	47
H22 (2010)	8,611	727	153	184	151	124	51
H23 (2011)	6,219	566	101	140	95	81	34
H24 (2012)	8,368	717	135	174	130	109	50
H25 (2013)	10,364	799	153	192	155	122	61
H26 (2014)	13,413	892	183	220	179	140	64
H27 (2015)	19,737	1,033	231	258	214	163	54
H28 (2016)	24,040	1,243	273	292	253	183	55
H29 (2017)	28,691	1,375	306	310	269	196	77
H30 (2018)	31,192	1,526	331	334	305	215	95
H31・R1 (2019)	31,882	1,724	375	424	336	237	120
資 料							法務省及び

(注) 1. 昭和30年の数字には通過観光客の数を含まない。
2. 中国は、中華人民共和国、台湾及び香港の合計値である。
3. イギリスには英国籍の香港人を含む。

国　外　客　数

Entries by Nationality

単位：人(昭和55年より千人) (Unit :Persons(～1975), 1000 Persons(1980～))

オーストラリア Australia	インド India	タイ Thailand	フィリピン Philippines	中国 China	韓国 Korea	その他 Other
541	1,300	1,168	2,497	6,083	867	6,879
15,194	3,719	3,408	9,078	18,790	9,572	42,661
31,815	15,427	10,185	21,559	56,711	41,818	140,665
27,850	7,276	11,801	12,578	96,689	52,189	140,844
52	14	18	28	264	88	246
55	24	43	63	491	174	426
53	19	66	88	722	719	483
61	22	48	69	783	858	440
147	36	59	105	1,249	1,031	562
206	53	119	135	2,197	1,732	728
242	67	192	82	1 000	2 382	2,902
212	59	178	71	1,006	1,587	2,345
226	67	215	77	1,413	2,440	2,783
163	59	145	63	1,043	1,658	2,071
206	69	261	85	1,430	2,044	2,958
245	75	454	108	1,314	2,456	4,230
303	88	658	184	2,409	2,755	5,338
376	103	797	268	4,994	4,002	7,244
445	123	902	348	6,374	5,090	8,459
495	134	987	424	14,151	7,140	2,827
552	154	1,132	504	15,345	7,539	3,160
622	176	1,319	613	16,776	5,585	3,576

日本政府観光局(JNTO)

国民一人当たり平均宿泊旅行回数及び宿泊数

Times of Overnight Trips per Capitation by the Japanese Public and Number of Overnight Stay

単位：回

年 度 Fiscal Year	一人当たり 回数 Times of trips	一人当たり 宿泊数 No of Overnight Stayed
平成 18 (2006)	1.71	2.74
19 (2007)	1.52	2.48
20 (2008)	1.52	2.37
21 (2009)	1.46	2.38
22 (2010)	1.32	2.09
23 (2011)	1.30	2.08
24 (2012)	1.35	2.14
25 (2013)	1.39	2.26
26 (2014)	1.26	2.06
27 (2015)	1.35	2.27
28 (2016)	1.39	2.25
29 (2017)	1.41	2.30
30 (2018)	1.30	2.14
令和 元 (2019)	1.36	2.31
資 料	令和2年版 観光庁観光白書	

注1．観光庁「旅行・観光消費動向調査」による。

注2．平成20年度までは、20歳から79歳までが調査対象。

商品別観光消費

Tourism consumption,

項目		宿泊旅行 Tourrists travelling only within Japan a	日帰り旅行 Same-day visitors travelling only within Japan b
合 計	Total	16,235	4,594
旅行前後支出額	Expenditure for the trip	2,174	753
旅行前支出	Expenditure before the trip	2,073	712
旅行後支出	Expenditure after the trip	102	42
旅行中支出計	Expenditure during trips	13,619	3,841
旅行会社収入	Travel agent fee	251	33
交通費	Passenger transport services	5,356	1,978
宿泊費	Accommodation services	3,506	0
飲食費	Food and beverage serving services	1,888	565
土産代・買物代	Sourvenirs and other goods	1,863	851
入場料・娯楽費・その他	Cultural services,Recreation and other services	755	414
別荘の帰属家賃	Imputed rent of second home	437	0
資料		観光庁	

注1. 平成21年より、調査単位を年度から暦年に変更している。
注2. 入場料・施設使用料には、その他を含む。

商品別観光消費

Tourism consumption,

項目		宿泊旅行 Tourrists travelling only within Japan a	日帰り旅行 Same-day visitors travelling only within Japan b
合 計	Total	16,469	4,920
旅行前後支出額	Expenditure for the trip	2,232	830
旅行前支出	Expenditure before the trip	2,148	794
旅行後支出	Expenditure after the trip	83	36
旅行中支出計	Expenditure during trips	13,791	4,090
旅行会社収入	Travel agent fee	227	35
交通費	Passenger transport services	5,431	2,065
宿泊費	Accommodation services	3,624	0
飲食費	Food and beverage serving services	1,971	602
土産代・買物代	Sourvenirs and other goods	1,806	915
入場料・娯楽費・その他	Cultural services,Recreation and other services	732	475
別荘の帰属家賃	Imputed rent of second home	446	0
資料		観光庁	

注1. 平成21年より、調査単位を年度から暦年に変更している。
注2. 入場料・施設使用料には、その他を含む。

（平成27年）

by products　（CY 2015）

単位：10億円（Unit :Billions of yen）

海外旅行（国内分） Visitors travelling abroad	国内観光消費 Domestic tourism consumption	訪日観光消費 Inbound tourism consumption	内部観光消費（訪日＋国内） Internal tourism consumption	海外観光消費 Outbound tourism consumption	国民観光消費（国内＋海外） National tourism cosumption
c	d=a+b+c	e	f=d+e	g	h=d+g
1,347	22,177	3,305	25,481	2,810	24,987
299	3,227	0	3,227	6	3,233
289	3,073	0	3,073	6	3,079
11	154	0	154	0	154
1,048	18,508	3,305	21,813	2,804	21,312
149	434	20	454	23	457
803	8,137	601	8,738	1,031	9,168
19	3,525	780	4,306	868	4,393
20	2,473	558	3,031	369	2,842
52	2,766	1,264	4,030	347	3,113
4	1,173	81	1,254	167	1,339
0	437	0	437	0	437

（旅行・観光産業の経済効果に関する調査研究　2015年版）

（平成28年）

by products　（CY 2016）

単位：10億円（Unit :Billions of yen）

海外旅行（国内分） Visitors travelling abroad	国内観光消費 Domestic tourism consumption	訪日観光消費 Inbound tourism consumption	内部観光消費（訪日＋国内） Internal tourism consumption	海外観光消費 Outbound tourism consumption	国民観光消費（国内＋海外） National tourism cosumption
c	d=a+b+c	e	f=d+e	g	h=d+g
1,354	22,744	3,628	26,372	2,805	25,549
322	3,383	0	3,383	12	3,395
309	3,251	0	3,251	12	3,263
13	132	0	132	0	132
1,033	18,914	3,628	22,542	2,793	21,707
158	420	18	438	23	443
775	8,271	672	8,943	920	9,191
18	3,642	903	4,545	972	4,614
22	2,595	675	3,269	419	3,014
54	2,775	1,270	4,046	287	3,063
5	1,212	90	1,302	170	1,382
0	446	0	446	0	446

（旅行・観光産業の経済効果に関する調査研究　2016年版）

商品別観光消費

Tourism consumption,

項目		宿泊旅行 Tourrists travelling only within Japan a	日帰り旅行 Same-day visitors travelling only within Japan b
合 計	Total	16,508	5,031
旅行前後支出額	Expenditure for the trip	2,144	818
旅行前支出	Expenditure before the trip	2,068	787
旅行後支出	Expenditure after the trip	76	32
旅行中支出計	Expenditure during trips	13,913	4,212
旅行会社収入	Travel agent fee	225	33
交通費	Passenger transport services	5,320	2,128
宿泊費	Accommodation services	3,697	0
飲食費	Food and beverage serving services	2,008	620
土産代・買物代	Sourvenirs and other goods	1,880	924
入場料・娯楽費・その他	Cultural services,Recreation and other services	783	507
別荘の帰属家賃	Imputed rent of second home	451	0
資料			観光庁

注1. 平成21年より、調査単位を年度から暦年に変更している。
注2. 入場料・施設使用料には、その他を含む。

商品別観光消費

Tourism consumption,

項目		宿泊旅行 Tourrists travelling only within Japan a	日帰り旅行 Same-day visitors travelling only within Japan b
合 計	Total	16,239	4,678
旅行前後支出額	Expenditure for the trip	1,942	700
旅行前支出	Expenditure before the trip	1,801	653
旅行後支出	Expenditure after the trip	141	47
旅行中支出計	Expenditure during trips	14,297	3,978
旅行会社収入	Travel agent fee	177	24
交通費	Passenger transport services	4,916	1,903
宿泊費	Accommodation services	3,734	0
飲食費	Food and beverage serving services	1,968	583
土産代・買物代	Sourvenirs and other goods	2,073	950
入場料・娯楽費・その他	Cultural services,Recreation and other services	982	518
別荘の帰属家賃	Imputed rent of second home	446	0
資料			観光庁

注1. 平成21年より、調査単位を年度から暦年に変更している。
注2. 入場料・施設使用料には、その他を含む。

（平成29年）

by products　（CY 2017）

単位：10億円（Unit :Billions of yen）

海外旅行（国内分） Visitors travelling abroad	国内観光消費 Domestic tourism consumption	訪日観光消費 Inbound tourism consumption	内部観光消費（訪日＋国内） Internal tourism consumption	海外観光消費 Outbound tourism consumption	国民観光消費（国内＋海外） National tourism cosumption
c	d=a+b+c	e	f=d+e	g	h=d+g
1,432	22,971	4,146	27,117	2,897	25,868
342	3,304	0	3,304	7	3,311
323	3,178	0	3,178	7	3,184
19	126	0	126	0	126
1,090	19,215	4,146	23,362	2,891	22,106
159	417	22	439	27	444
852	8,301	748	9,049	1,041	9,342
18	3,714	1,077	4,791	883	4,597
20	2,648	766	3,415	400	3,048
39	2,843	1,418	4,264	397	3,240
2	1,292	115	1,406	144	1,435
0	451	0	451	0	451

（旅行・観光産業の経済効果に関する調査研究　2017年版）

（平成30年）

by products　（CY 2018）

単位：10億円（Unit :Billions of yen）

海外旅行（国内分） Visitors travelling abroad	国内観光消費 Domestic tourism consumption	訪日観光消費 Inbound tourism consumption	内部観光消費（訪日＋国内） Internal tourism consumption	海外観光消費 Outbound tourism consumption	国民観光消費（国内＋海外） National tourism cosumption
c	d=a+b+c	e	f=d+e	g	h=d+g
1,514	22,431	5,000	27,431	3,113	25,544
325	2,967	0	2,967	8	2,975
311	2,765	0	2,765	8	2,773
14	202	0	202	0	202
1,189	19,464	5,000	24,464	3,105	22,569
148	349	23	372	56	405
961	7,780	842	8,622	1,020	8,800
14	3,748	1,391	5,139	954	4,702
23	2,574	1,025	3,599	413	2,987
39	3,062	1,557	4,619	496	3,558
3	1,503	162	1,665	165	1,668
					0
0	446	0	446	0	446

（旅行・観光産業の経済効果に関する調査研究　2018年版）

輸送

日本国内における旅行消費額の
Economic Effect of Travel

	旅行消費額 Travel consumption	生産波及効果 Production diffusion effect		
	(最終需要) (Final demand)	直接効果 Direct effect	波及効果 Diffusion effect (直接＋1次効果) (direct＋1st effect)	波及効果 Diffusion effect (直接＋1次効果 +2次効果) (direct＋1st ＋ 2nd effect)
				10億円
平成27年　日本国内における旅行・観光消費の経済効果 Contributiion to Japan's economy CY2015	25,480	r 24,168	r 41,838	r 51,911
産業全体に占める割合シェア※ Share of all Japanese industry		2.4 %	4.2 %	5.2 %
乗数(波及効果／直接効果) Multiplier(Diffusion effect / Direct effect)			1.7	2.1
前年の推計値 Estimate value CY 2014	22,501	21,477	37,074	46,159
対前年増加率(平成27年／平成26年) Year on year growth rate (CY 2015/2014)	13.2 %	12.5 %	r 12.8 %	r 12.5 %
※産業全体に相当する数値 All Japanese industry		国民経済計算における 産出額 Total domestic production	r 1,007.2 兆円 trillion yen	

	税収効果＜試算＞ Tax generation effect		
	直接効果 Direct effect	波及効果 Diffusion (直接＋1次効果) (direct＋1st effect)	波及効果 Diffusion (直接＋1次効果 +2次効果) (direct＋1st ＋ 2nd effect)
	10億円(Thousand million yen)		
平成27年　日本国内における旅行・観光消費の経済効果 Contributiion to Japan's economy CY2015	r 2,079	r 3,559	r 4,572
税収全体に占める割合シェア※ Share of tax revenues	r 2.1 %	r 3.7 %	r 4.7 %
前年の推計値 Estimate value CY 2014	1,817	3,101	4,007
対前年増加率(平成27年／平成26年) Year on year growth rate (CY 2015/2014)	14.4 %	14.8 %	14.1 %
※税収全体の数値(国税＋地方税) All tax revenues in Japan	平成27年度　(2015FY)	97.5 兆円	

注1. 観光庁「旅行・観光産業の経済効果に関する調査研究」2016年版から。各項目は2016年版の数値を記載。
　2. 平成21年より、調査単位を年度から暦年に変更している。
　3. 税収は、国税収入(決算額)と地方税収入(見込額)を足し合わせたもの。

経済効果 （平成27歴年）
Consumption on Japan　(CY 2015)

付加価値効果 Added value generation effect			雇用効果 Employment generation effect		
直接効果 Direct effect	波及効果 Diffusion effect (直接＋1次効果) (direct＋1st effect)	波及効果 Diffusion effect (直接＋1次効果+2次効果) (direct＋1st ＋ 2nd effect)	直接効果 Direct effect	波及効果 Diffusion effect (直接＋1次効果) (direct＋1st effect)	波及効果 Diffusion effect (直接＋1次効果+2次効果) (direct＋1st ＋ 2nd effect)
(Thousand million yen)			千人 (Thousand Persons)		
r 12,102	r 20,331	r 25,730	r 2,303	r 3,599	r 4,395
2.3 %	3.8 %	r 4.8 %	3.5 %	5.4 %	r 6.6 %
	1.7	2.1		1.6	1.9
10,732	17,991	22,860	2,025	3,162	3,880
r 12.8 %	r 13.0 %	r 12.6 %	r 13.7 %	r 13.8 %	r 13.3 %
国民経済計算における GDP(名目) (at current prices)	r 532.0 兆円 trillion yen		国民経済計算における就業者数	r 6,622.0 万人(Ten tousand persons) Corresponding to number of employed persons in the national economy compulation	

日本国内における旅行消費額の
Economic Effect of Travel

	旅行消費額 Travel consumption	生産波及効果 Production diffusion effect		
	(最終需要) (Final demand)	直接効果 Direct effect	波及効果 Diffusion effect (直接＋1次効果) (direct＋1st effect)	波及効果 Diffusion effect (直接＋1次効果＋2次効果) (direct＋1st ＋ 2nd effect)
				10億円
平成28年 日本国内における旅行・観光消費の経済効果 Contributiion to Japan's economy CY2016	r 26,366	r 25,111	r 43,414	r 53,370
産業全体に占める割合シェア※ Share of all Japanese industry		2.5 %	r 4.4 %	r 5.4 %
乗数(波及効果／直接効果) Multiplier(Diffusion effect / Direct effect)			1.7	2.1
前年の推計値 Estimate value CY 2015	25,480	r 24,168	r 41,838	r 51,911
対前年増加率(平成28年／平成27年) Year on year growth rate (CY 2016/2015)	3.5 %	r 3.9 %	r 3.8 %	r 2.8 %
※産業全体に相当する数値 All Japanese industry		国民経済計算における産出額 Total domestic production	r 994.9 兆円 trillion yen	

	税収効果＜試算＞ Tax generation effect		
	直接効果 Direct effect	波及効果 Diffusion (直接＋1次効果) (direct＋1st effect)	波及効果 Diffusion (直接＋1次効果＋2次効果) (direct＋1st ＋ 2nd effect)
	10億円(Thousand million yen)		
平成28年 日本国内における旅行・観光消費の経済効果 Contributiion to Japan's economy CY2016	r 2,204	r 3,829	r 4,868
税収全体に占める割合シェア※ Share of tax revenues	r 2.3 %	r 3.9 %	r 5.0 %
前年の推計値 Estimate value CY 2015	r 2,079	r 3,559	r 4,572
対前年増加率(平成28年／平成27年) Year on year growth rate (CY 2016/2015)	6.0 %	7.6 %	6.5 %
※税収全体の数値(国税＋地方税) All tax revenues in Japan	平成28年度 (2016FY)	97.7 兆円	

注1. 観光庁「旅行・観光産業の経済効果に関する調査研究」2018年版、前年度の値は2016年版の数値を記載。
2. 平成21年より、調査単位を年度から暦年に変更している。
3. 税収は、国税収入(決算額)と地方税収入(見込額)を足し合わせたもの。

経済効果（平成28暦年）
Consumption on Japan (CY 2016)

付加価値効果 Added value generation effect			雇用効果 Employment generation effect		
直接効果 Direct effect	波及効果 Diffusion effect (直接＋1次効果) (direct＋1st effect)	波及効果 Diffusion effect (直接＋1次効果 +2次効果) (direct＋1st ＋ 2nd effect)	直接効果 Direct effect	波及効果 Diffusion effect (直接＋1次効果) (direct＋1st effect)	波及効果 Diffusion effect (直接＋1次効果 +2次効果) (direct＋1st ＋ 2nd effect)
(Thousand million yen)			千人 (Thousand Persons)		
r 12,761	r 21,827	r 27,438	r 2,231	r 3,469	r 4,209
2.4 %	r 4.1 %	r 5.1 %	r 3.3 %	r 5.2 %	r 6.3 %
	1.7	2.1		1.6	1.9
r 12,102	r 20,331	r 25,730	r 2,303	r 3,599	r 4,395
r 5.4 %	r 7.4 %	r 6.6 %	r △ 3.1 %	r △ 3.6 %	r △ 4.2 %
国民経済計算における GDP(名目) r 535.5 兆円 (at current prices) trillion yen			国民経済計算における就業者数 6,685.2 万人(Ten tousand persons) Corresponding to number of employed persons in the national economy compulation		

日本国内における旅行消費額の
Economic Effect of Travel

	旅行消費額 Travel consumption	生産波及効果 Production diffusion effect		
	(最終需要) (Final demand)	直接効果 Direct effect	波及効果 Diffusion effect (直接＋1次効果) (direct＋1st effect)	波及効果 Diffusion effect (直接＋1次効果 +2次効果) (direct＋1st ＋ 2nd effect)
				10億円
平成29年 日本国内における旅行・観光消費の経済効果 Contributiion to Japan's economy CY2017	r 27,105	r 25,790	r 44,689	r 54,869
産業全体に占める割合シェア※ Share of all Japanese industry		2.5 %	4.4 %	r 5.3 %
乗数(波及効果／直接効果) Multiplier(Diffusion effect / Direct effect)			1.7	2.1
前年の推計値 Estimate value CY 2016	r 26,366	r 25,111	r 43,414	r 53,370
対前年増加率(平成29年／平成28年) Year on year growth rate (CY 2017/2016)	2.8 %	r 2.7 %	r 2.9 %	r 2.8 %
※産業全体に相当する数値 All Japanese industry	国民経済計算における 産出額 Total domestic production	r 1,025.8 兆円 trillion yen		

	税収効果＜試算＞ Tax generation effect		
	直接効果 Direct effect	波及効果 Diffusion (直接＋1次効果) (direct＋1st effect)	波及効果 Diffusion (直接＋1次効果 +2次効果) (direct＋1st ＋ 2nd effect)
	10億円(Thousand million yen)		
平成29年 日本国内における旅行・観光消費の経済効果 Contributiion to Japan's economy CY2017	r 2,290	r 3,998	r 5,082
税収全体に占める割合シェア※ Share of tax revenues	r 2.3 %	r 3.9 %	r 5.0 %
前年の推計値 Estimate value CY 2016	r 2,204	r 3,829	r 4,868
対前年増加率(平成29年／平成28年) Year on year growth rate (CY 2017/2016)	3.9 %	4.4 %	4.4 %
※税収全体の数値(国税＋地方税) All tax revenues in Japan	平成29年度 (2017FY)	101.5兆円	

注1. 観光庁「旅行・観光産業の経済効果に関する調査研究」2018年版から。各項目は2018年版の数値を記載。
2. 平成21年より、調査単位を年度から暦年に変更している。
3. 税収は、国税収入(決算額)と地方税収入(見込額)を足し合わせたもの。

経済効果 （平成29暦年）
Consumption on Japan （CY 2017）

付加価値効果 Added value generation effect			雇用効果 Employment generation effect		
直接効果 Direct effect	波及効果 Diffusion effect （直接＋1次効果） (direct＋1st effect)	波及効果 Diffusion effect （直接＋1次効果 +2次効果） (direct＋1st ＋ 2nd effect)	直接効果 Direct effect	波及効果 Diffusion effect （直接＋1次効果） (direct＋1st effect)	波及効果 Diffusion effect （直接＋1次効果 +2次効果） (direct＋1st ＋ 2nd effect)
(Thousand million yen)			千人 (Thousand Persons)		
r 13,006	r 22,370	r 28,107	r 2,289	r 3,569	r 4,326
2.4 %	r 4.1 %	r 5.1 %	r 3.4 %	r 5.3 %	r 6.4 %
	1.7	r 2.2		1.6	1.9
r 12,761	r 21,827	r 27,438	r 2,231	r 3,469	r 4,209
r 1.9 %	r 2.5 %	r 2.4 %	r 2.6 %	r 2.9 %	r 2.8 %
国民経済計算における GDP（名目） r 545.9 兆円 (at current prices) trillion yen			国民経済計算における就業者数 6,750.1 万人(Ten tousand persons) Corresponding to number of employed persons in the national economy compulation		

日本国内における旅行消費額の
Economic Effect of Travel

	旅行消費額 Travel consumption	生産波及効果 Production diffusion effect		
	（最終需要） (Final demand)	直接効果 Direct effect	波及効果 Diffusion effect （直接＋1次効果） (direct＋1st effect)	波及効果 Diffusion effect （直接＋1次効果＋2次効果） (direct＋1st ＋ 2nd effect)
				10億円
平成30年 日本国内における旅行・観光消費の経済効果 Contributiion to Japan's economy CY2018	27,431	26,074	45,423	55,391
産業全体に占める割合シェア※ Share of all Japanese industry		2.5 %	4.4 %	5.3 %
乗数（波及効果／直接効果） Multiplier(Diffusion effect / Direct effect)			1.7	2.1
前年の推計値 Estimate value CY 2017	27,105	25,790	44,689	54,869
対前年増加率（平成30年／平成29年） Year on year growth rate (CY 2018/2017)	1.2 %	1.1 %	1.6 %	1.0 %
※産業全体に相当する数値 All Japanese industry		国民経済計算における 産出額 Total domestic production	1,042.7	兆円 trillion yen

	税収効果＜試算＞ Tax generation effect		
	直接効果 Direct effect	波及効果 Diffusion effect （直接＋1次効果） (direct＋1st effect)	波及効果 Diffusion effect （直接＋1次効果＋2次効果） (direct＋1st ＋ 2nd effect)
	10億円(Thousand million yen)		
平成30年 日本国内における旅行・観光消費の経済効果 Contributiion to Japan's economy CY2018	2,362	4,148	5,242
税収全体に占める割合シェア※ Share of tax revenues	2.3 %	4.0 %	5.1 %
前年の推計値 Estimate value CY 2017	2,290	3,998	5,082
対前年増加率（平成30年／平成29年） Year on year growth rate (CY 2018/2017)	3.1 %	3.8 %	3.1 %
※税収全体の数値（国税＋地方税） All tax revenues in Japan	平成30年度 (2018FY)	103.7兆円	

注1. 観光庁「旅行・観光産業の経済効果に関する調査研究」2018年版。
2. 平成21年より、調査単位を年度から暦年に変更している。
3. 税収は、国税収入（決算額）と地方税収入（見込額）を足し合わせたもの。

経済効果 （平成30歴年）
Consumption on Japan （CY 2018）

付加価値効果 Added value generation effect			雇用効果 Employment generation effect		
直接効果 Direct effect	波及効果 Diffusion effect (直接＋1次効果) (direct＋1st effect)	波及効果 Diffusion effect (直接＋1次効果+2次効果) (direct＋1st ＋ 2nd effect)	直接効果 Direct effect	波及効果 Diffusion effect (直接＋1次効果) (direct＋1st effect)	波及効果 Diffusion effect (直接＋1次効果+2次効果) (direct＋1st ＋ 2nd effect)
(Thousand million yen)			千人 (Thousand Persons)		
13,111	22,624	28,241	2,392	3,672	4,412
2.4 %	4.1 %	5.2 %	3.5 %	5.4 %	6.4 %
	1.7	2.2		1.5	1.8
13,006	22,370	28,107	2,289	3,569	4,326
0.8 %	1.1 %	0.5 %	4.5 %	2.9 %	2.0 %
国民経済計算における GDP(名目) 547.1 兆円 (at current prices) trillion yen			国民経済計算における就業者数 6,862.6 万人(Ten tousand persons) Corresponding to number of employed persons in the national economy compulation		

鉄 道 車 両

Number of Rolling

年度（Fiscal Year）

区分 Section			S35(1960)	S45(1970)	S55(1980)	H2(1990)	H12(2000)
合計	Sum Total	電気機関車	70	77	24	19	7
		ディーゼル機関車	149	310	59	2	4
		その他の機関車	…	2	2	…	…
		電車	897	1,272	1,514	2,051	1,456
		ディーゼル車	582	214	245	248	34
		客車	238	425	391	73	11
		その他の旅客車	104	29	12	20	2
		貨物車	8,946	4,797	1,515	786	197
		特殊車両	…	60	6	9	25
JR向け	JR	電気機関車	47	77	18	16	7
		ディーゼル機関車	32	198	8	…	3
		その他の機関車	…	…	…	…	…
		電車	400	499	783	1,098	830
		ディーゼル車	443	99	217	91	21
		客車	49	253	307	…	…
		その他の旅客車	…	…	…	…	…
		貨物車	7,082	3,147	1,096	651	145
		特殊車両	…	56	…	…	25
民鉄等向け	Private Railways	電気機関車	6	…	4	1	…
		ディーゼル機関車	85	88	4	…	1
		その他の機関車	…	1	…	…	…
		電車	497	733	613	942	393
		ディーゼル車	18	4	4	11	13
		客車	6	…	…	7	…
		その他の旅客車	104	29	12	20	2
		貨物車	1,330	1,350	336	135	52
		特殊車両	…	3	…	…	…
公的企業向け	Public Corporations	電気機関車	…	…	…	…	…
		ディーゼル機関車	…	…	…	…	…
		その他の機関車	…	…	…	…	…
		電車	…	…	…	…	…
		ディーゼル車	…	…	…	…	…
		客車	…	…	…	…	…
		その他の旅客車	…	…	…	…	…
		貨物車	…	…	…	…	…
		特殊車両	…	…	…	…	…
輸出	Exports	電気機関車	17	…	2	2	…
		ディーゼル機関車	32	24	47	2	…
		その他の機関車	…	1	2	…	…
		電車	…	40	118	11	233
		ディーゼル車	121	111	24	146	…
		客車	183	172	84	66	11
		その他の旅客車	…	…	…	…	…
		貨物車	534	300	83	…	…
		特殊車両	…	1	…	9	…
資料			国土交通省総合政策局情報政策課				

（注）1. 平成26年度において調査対象範囲の見直しを行い、平成27年3月分以前と平成27年4月分以降は調査対象事業所数が異なるため、公表値の連続性は担保されない。

2. 平成27年4月分より、『JR』、『民需』の需要先について、『JR』、『民鉄等』と名称変更している。

3. 昭和35年度の特殊車両は、貨物車に含まれている。

生　産　実　績
Stock Produced

単位：両 (Unit：Vehicles)

H17(2005)	H22(2010)	H26(2014)	H27(2015)	H28(2016)	H29(2017)	H30(2018)	R1(2019)
42	29	10	14	3	2	4	4
4	3	5	10	12	7	5	14
…	…	…	…	…	…	…	…
1,747	1,781	1,376	1,451	1,262	1,566	1,860	1,664
13	51	46	42	22	47	37	94
65	…	6	4	4	…	…	6
…	…	…	…	…	…	…	4
130	77	197	223	459	417	6	26
11	15	5	8	7	8	19	11
24	29	8	14	3	2	4	2
4	2	…	4	5	4	5	11
…	…	…	…	…	…	…	…
735	1,184	868	664	516	627	874	574
…	44	4	36	15	45	23	92
…	…	…	…	…	…	…	…
…	…	…	…	…	…	…	…
100	76	178	209	443	412	…	…
7	15	5	4	6	3	4	4
…	…	2	…	…	…	…	2
…	1	1	6	6	3	…	2
…	…	…	…	…	…	…	…
670	435	440	601	673	680	643	947
13	7	13	6	7	2	14	2
3	…	6	4	4	…	…	6
…	…	…	…	…	…	…	…
30	1	19	14	16	5	6	26
4	…	…	4	1	3	2	7
…	…	…	14	3	…	…	…
…	…	…	4	5	3	5	2
…	…	…	…	…	…	…	…
…	…	…	397	379	282	303	485
…	…	…	42	5	10	27	22
…	…	…	…	…	…	…	…
…	…	…	…	…	…	…	…
…	…	…	209	443	412	…	…
…	…	…	2	…	3	1	1
18	…	…	…	…	…	…	…
…	…	…	…	1	…	…	1
…	…	…	…	…	…	…	…
342	162	87	186	73	259	343	143
…	…	…	…	…	…	…	…
62	…	…	…	…	…	…	…
…	…	…	…	…	…	…	4
…	…	…	…	…	…	…	…
…	…	…	…	…	2	13	

交通経済統計調査室（鉄道車両等生産動態統計年報）

4. 公的企業とは特殊法人及び独立行政法人等であって、政府による監督・所有関係（政府による出資比率50%以上であること等）が存在するものである。

5. 「公的企業向け」の数値は、国内向けの「JR向け」「民鉄等向け」の内数である。

鋼 船 建 造

Number of Steel

用途別 Use Division

年度 Fiscal Year	合計 Sum Total		貨物船 Cargo Vessel		貨客船 Cargo-Passenger Boat		客船 Passenger Ship	
	隻数 Ships	総トン Ton	隻数 Ships	総トン Ton	隻数 Ships	総トン Ton	隻数 Ships	総トン Ton
S35 (1960)	1,148	1,759,885	379	944,079	13	28,285	24	5,135
S45 (1970)	2,200	9,917,345	585	2,065,645	17	56,117	48	5,613
S55 (1980)	1,529	6,886,970	247	1,287,528	4	514	24	3,178
H2 (1990)	1,012	6,696,033	182	470,932	3	209	44	98,530
H7 (1995)	832	8,739,889	168	398,797	…	…	19	1,908
H12 (2000)	573	11,610,579	33	58,770	…	…	10	665
H15 (2003)	481	12,392,061	28	136,748	1	199	10	1,549
H16 (2004)	526	14,833,096	32	36,960	2	1,578	11	34,625
H17 (2005)	594	16,507,637	40	84,444	1	145	6	1,096
H18 (2006)	585	17,330,126	42	140,666	1	61	6	606
H19 (2007)	634	17,725,019	61	384,006	2	3,374	5	945
H20 (2008)	629	17,652,635	53	336,559	1	5,910	4	3,797
H21 (2009)	667	19,345,089	43	550,316	…	…	3	137
H22 (2010)	612	18,969,006	49	738,336	…	…	8	242
H23 (2011)	622	19,047,679	58	728,278	…	…	3	1,230
H24 (2012)	620	16,512,159	48	773,728	1	160	5	733
H25 (2013)	579	13,812,219	73	630,925	1	460	7	5,924
H26 (2014)	587	13,249,075	74	490,096	1	5,681	3	198
H27 (2015)	573	13,308,309	69	685,732	1	19	3	222
H28 (2016)	561	12,506,989	68	394,485	…	…	15	38,466
H29 (2017)	498	12,485,700	60	910,857	…	…	11	3,451
H30 (2018)	529	14,277,574	70	1,508,952	2	368	10	521
R1 (2019)	538	15,981,033	60	774,952	…	…	9	670
資料	国土交通省総合政策局情報政策課							

（竣　工）　実　績　（その１）

Vessels　Produced（No.1）

単位：総トン（Unit：Ton）

油送船 Oil Tanker		漁　船 Fishing Boat		その他（自動車航送船含）Other		輸出船 Ship Exports	
隻数 Ships	総トン Ton	隻数 Ships	総トン Ton	隻数 Ships	総トン Ton	隻数 Ships	総トン Ton
239	693,195	363	72,521	130	16,670	…	…
240	1,614,878	592	95,462	503	94,769	215	5,984,861
219	1,655,524	451	66,103	301	49,866	283	3,824,257
105	812,171	227	39,804	225	180,778	226	5,093,609
88	65,939	79	12,747	195	103,877	283	8,156,621
34	313,040	70	7,353	113	33,608	313	11,197,143
21	195,538	50	6,277	50	31,065	321	12,020,685
25	463,720	37	5,681	53	59,174	366	14,231,358
35	96,980	29	2,578	68	68,828	415	16,253,566
29	24,462	27	2,798	68	52,995	412	17,108,538
39	60,702	29	4,229	54	19,767	444	17,251,996
35	167,409	27	3,085	70	27,488	439	17,108,387
42	807,876	32	5,230	73	16,092	474	17,962,438
27	27,243	26	1,860	44	8,064	458	18,193,261
31	338,106	20	5,169	60	19,567	450	17,955,329
39	274,925	61	8,790	65	76,824	401	15,376,999
50	278,320	54	12,776	70	25,490	324	12,858,324
35	345,349	40	7,615	86	40,414	348	12,359,722
22	67,575	31	3,558	87	87,510	381	12,463,712
23	218,531	31	5,063	88	65,924	336	11,783,530
31	170,140	39	6,808	74	63,217	283	11,331,227
41	499,562	29	4,286	105	104,708	272	12,159,177
27	325,247	36	7,230	66	43,478	330	14,800,061

交通経済統計調査室（造船造機統計月報、平成21年4月より造船統計月報）

鋼 船 建 造

Number of Steel

トン数別 Tonnage Division

年度 Fiscal Year	合計 Sum Total		100総トン未満		100総トン以上		1000総トン以上	
	隻数 Ships	総トン Ton	隻数 Ships	総トン Ton	隻数 Ships	総トン Ton	隻数 Ships	総トン Ton
S35 (1960)	1,148	1,759,885	434	24,616	539	178,269	46	65,263
S45 (1970)	2,200	9,917,345	808	31,360	950	284,724	46	74,748
S55 (1980)	1,529	6,886,970	539	19,560	621	225,296	28	43,086
H2 (1990)	1,012	6,696,033	294	7,929	456	165,480	6	9,730
H7 (1995)	832	8,739,889	202	4,773	315	120,762	11	18,097
H12 (2000)	573	11,610,579	130	3,262	114	42,209	4	6,712
H15 (2003)	481	12,392,061	57	1,772	89	32,322	4	6,044
H16 (2004)	526	14,833,096	46	1,114	98	36,844	4	6,009
H17 (2005)	594	16,507,637	63	1,261	103	40,252	2	3,004
H18 (2006)	585	17,330,126	65	1,613	92	40,249	3	4,991
H19 (2007)	634	17,725,019	57	1,526	107	49,230	4	6,769
H20 (2008)	629	17,652,635	49	964	107	46,364	7	10,077
H21 (2009)	667	19,342,089	54	1,067	117	47,633	6	8,132
H22 (2010)	612	18,931,597	47	888	91	37,996	3	4,225
H23 (2011)	622	19,047,679	35	943	118	50,906	3	4,059
H24 (2012)	620	16,511,709	57	1,537	124	47,293	10	16,533
H25 (2013)	588	14,422,948	72	1,392	142	58,667	7	10,717
H26 (2014)	584	13,293,748	68	1,631	133	58,808	15	24,935
H27 (2015)	570	12,519,182	84	1,809	104	46,225	8	11,404
H28 (2016)	564	12,988,027	73	1,983	120	51,002	11	17,271
H29 (2017)	503	12,566,123	71	1,856	110	44,416	6	8,481
H30 (2018)	529	14,277,574	83	2,238	129	51,397	7	10,520
R1 (2019)	538	15,981,033	60	1,297	111	46,309	7	11,036
資 料	国土交通省総合政策局情報政策課							

（竣　工）　実　績　（その２）

Vessels Produced (No.2)

単位：総トン (Unit : Ton)

2,000総トン以上		4,000総トン以上		6,000総トン以上		8,000総トン以上		10,000総トン以上 (うち50,000総トン以上)	
隻数 Ships	総トン Ton	隻数 Ships	総トン Ton	隻数 Ships	総トン Ton	隻数 Ships	総トン Ton	隻数 Ships	総トン Ton
27	79,121	13	59,464	13	89,329	29	263,647	47	1,000,176
117	358,762	41	203,786	11	74,424	23	207,498	204	8,682,043
86	276,989	31	151,478	8	54,823	17	155,626	199	5,960,112
73	212,807	27	124,811	12	87,140	7	63,178	137	6,024,958
46	145,233	40	205,654	9	66,031	2	18,775	207	8,160,564
19	60,790	31	150,110	10	71,304	9	86,328	256	11,189,864
20	63,708	26	127,404	10	70,031	12	111,952	263	11,978,828
16	47,739	18	91,305	11	77,405	15	138,003	318	14,434,677
27	84,368	20	104,097	8	55,944	20	182,471	352	16,036,240
19	59,945	23	113,552	10	71,894	21	194,898	352	16,842,984
24	78,863	16	73,734	16	114,785	26	247,454	384	17,152,658
23	70,892	23	116,208	19	138,632	29	264,223	372	17,005,475
33	106,534	12	60,958	19	139,108	26	241,243	400	18,737,414
18	57,550	18	90,548	16	114,063	23	213,744	396	18,412,583
10	34,094	20	100,341	15	108,920	18	173,194	403 (122)	18,575,222 (10,473,199)
26	82,454	8	39,597	12	88,091	20	193,161	363 (102)	16,043,043 (8,541,201)
21	68,583	12	60,296	8	57,543	17	159,857	309 (87)	14,005,893 (7,330,098)
30	100,238	28	137,880	11	78,033	11	104,455	288 (59)	12,787,768 (5,554,731)
17	58,353	17	81,845	11	81,678	20	87,296	309 (48)	12,150,572 (44,413,334)
8	24,036	14	69,616	11	77,938	18	170,249	309 (48)	12,575,932 (4,680,004)
16	57,827	15	82,218	14	98,532	14	134,130	257 (53)	12,138,663 (6,025,374)
15	47,799	14	68,765	14	95,702	11	100,946	257 (76)	13,901,207 (8,836,990)
7	21,366	20	96,357	13	90,116	17	156,307	303 (75)	15,558,245 (8,407,885)

交通経済統計調査室（造船造機統計月報、平成21年4月より造船統計月報）

船舶用機器

Number of Ship

年度 Fiscal Year		蒸気タービン Steam Turbine		焼玉機関 Semi-Diesel-Engine		火花点火機関 Spark-Ignition-Engine	
		数量(No)	出力(PS)	数量(No)	出力(PS)	数量(No)	出力(PS)
S45	(1970)	395	1,696,835	10	100	…	…
S55	(1980)	428	466,358	…	…	1,638	21,510
H2	(1990)	259	333,321	…	…	28,197	1,304,997
H12	(2000)	247	683,300	…	…	70,845	8,040,778
H17	(2005)	545	2,057,509	…	…	71,958	13,813,120
H22	(2010)	512	1,462,325	…	…	37,360	6,134,275
H24	(2012)	215	651,393	…	…	46,040	7,227,312
H25	(2013)	187	682,988	…	…	53,668	8,701,722
H26	(2014)	195	710,896	…	…	79,081	12,115,523
H27	(2015)	436	1,293,404	…	…	95,472	15,709,340
H28	(2016)	591	1,720,721	…	…	40,009	6,885,686
H29	(2017)	436	1,239,504	…	…	52,735	8,566,407
H30	(2018)	387	1,130,794	…	…	59,185	9,241,642
R1	(2019)	270	751,663	…	…	56,445	9,522,909

年度 Fiscal Year		船外機 Out Board Engine		ボイラ Boiler		補助機器(除発電機・電動機) Auxiliary machine (exclude dynamo・eiectric motor)	
		数量(No)	出力(PS)	数量(No)	重量(トン)tons	数量(No)	重量(トン)tons
S45	(1970)	72,656	511,136	918	20,175	147,378	…
S55	(1980)	370,953	6,628,913	842	12,398	256,185	…
H2	(1990)	370,789	11,742,492	506	9,415	295,772	…
H12	(2000)	457,800	20,573,270	538	8,250	303,156	41,636
H17	(2005)	646,921	35,260,055	717	15,129	374,820	155,124
H22	(2010)	548,494	24,291,365	698	10,799	181,393	953,687
H24	(2012)	574,267	26,456,305	647	6,653	170,662	138,790
H25	(2013)	585,239	28,846,495	586	24,239	177,387	225,553
H26	(2014)	528,500	30,277,719	636	6,434	184,741	117,255
H27	(2015)	509,321	32,501,714	668	6,542	172,895	406,535
H28	(2016)	507,450	32,161,689	2,485	877,568	154,889	625,990
H29	(2017)	531,407	37,242,346	604	712,075	141,278	330,597
H30	(2018)	555,579	41,842,896	567	4,295	122,539	119,791
R1	(2019)	520,844	42,597,690	576	5,163	125,595	226,231

資料 国土交通省総合政策局情報政策課

(注) 平成11年1月より甲板機械は、係船・荷役機械となり、補助機械の電気機器は発電機・電動機・配電盤・起動器に分割したため前年度の数値と一致しない。 造機統計は平成21年度より公表項目の分類を見直した。

製 造 実 績
Components Constructed

ディーゼル機関 (Diesel Engine)					
Up to 1000PS未満		Up to 10000PS未満		10000PS以上 or above	
数量(No)	出力(PS)	数量(No)	出力(PS)	数量(No)	出力(PS)
47,293	2,198,116	1,031	2,414,295	106	1,754,200
49,661	3,463,956	1,318	2,981,826	256	4,111,490
29,296	3,979,217	1,067	2,134,069	165	3,171,260
30,661	4,355,438	852	1,882,501	215	3,922,945
22,347	3,500,324	1,328	2,792,864	352	7,200,445
20,672	3,736,423	2,070	4,289,981	417	8,036,905
14,019	3,460,210	1,782	3,883,137	317	5,872,717
15,355	3,351,772	1,941	4,082,928	291	6,076,524
12,225	3,144,849	2,213	4,557,159	295	5,076,968
10,832	2,887,963	1,710	3,491,867	335	5,816,025
12,542	3,212,466	1,964	4,240,660	326	6,042,545
13,130	3,214,268	1,795	3,915,606	255	5,836,249
9,345	2,941,642	1,979	3,814,572	271	5,914,864
9,199	2,952,060	2,189	3,879,183	323	5,860,336

補助機器(発電機・電動機) Auxiliary machine (dynamo・electric motor)		甲板機械 Deck machine		軸系及びプロペラ Propeller system	
数量(No)	出力(PS)	数量(No)	重量(トン)tons	数量(No)	重量(トン)tons
…	…	10,878	48,254	86,745	12,170
…	…	9,502	81,591	69,563	14,178
…	…	7,317	56,792	278,624	9,374
52,737	2,303,984	7,646	102,847	271,825	10,179
59,333	3,774,614	9,609	124,596	429,672	53,233
63,105	3,654,123	9,797	172,528	37,160	54,971
53,798	3,142,133	24,076	147,750	256,535	2,869,756
51,959	2,923,174	26,196	406,529	183,664	3,439,412
59,197	3,692,574	34,034	130,095	117,310	178,556
54,639	3,554,895	36,756	141,850	145,853	227,971
50,512	3,516,314	18,626	162,734	102,861	145,455
54,198	3,253,476	6,273	109,454	176,713	283,896
49,219	3,083,085	9,720	111,041	152,167	234,771
49,126	3,505,282	13,779	120,858	95,611	133,479

交通経済統計調査室(造船造機統計月報、平成21年4月より造機統計四半期報)

生
産

自 動 車

Number of Motor

年度 Fiscal Year	合計 Sum Total	乗用車 (Automobile) 計 Total	普通車 Ordinary	小型四輪車 Small	軽四輪車 Light motor
S35 (1960)	560,815	196,605	…	146,818	49,787
S45 (1970)	5,454,524	3,354,327	52,126	2,527,916	774,285
S55 (1980)	11,175,628	7,100,659	391,295	6,505,678	203,686
H2 (1990)	13,591,709	9,988,517	1,829,701	7,254,942	903,874
H7 (1995)	10,085,650	7,562,698	2,513,827	4,100,035	948,836
H12 (2000)	10,044,293	8,297,117	3,353,591	3,660,495	1,283,031
H14 (2002)	10,323,105	8,662,767	3,696,090	3,682,413	1,284,264
H15 (2003)	10,356,377	8,534,645	3,860,469	3,336,862	1,337,314
H16 (2004)	10,617,038	8,817,949	4,069,074	3,379,489	1,369,386
H17 (2005)	10,893,529	9,154,147	4,341,874	3,395,315	1,416,958
H18 (2006)	11,501,208	9,787,234	5,113,775	3,109,817	1,563,642
H19 (2007)	11,790,059	10,104,399	6,088,209	2,633,706	1,382,484
H20 (2008)	10,005,637	8,554,399	4,698,610	2,443,843	1,411,946
H21 (2009)	8,864,905	7,708,731	4,140,564	2,304,576	1,263,591
H22 (2010)	8,993,839	7,741,063	4,585,888	1,956,228	1,198,947
H23 (2011)	9,266,957	7,911,073	4,519,486	2,107,442	1,284,145
H24 (2012)	9,550,883	8,188,904	4,508,926	2,068,080	1,611,898
H25 (2013)	9,912,403	8,443,378	4,718,155	1,917,691	1,807,532
H26 (2014)	9,590,733	8,087,895	4,613,278	1,662,282	1,812,335
H27 (2015)	9,187,599	7,773,128	4,803,694	1,538,911	1,430,523
H28 (2016)	9,357,382	8,036,668	5,030,758	1,699,956	1,305,954
H29 (2017)	9,683,262	8,339,404	5,236,008	1,650,895	1,452,501
H30 (2018)	9,750,021	8,369,480	5,264,273	1,613,718	1,491,489
R1 (2019)	9,489,304	8,171,124	5,190,698	1,524,908	1,455,518
資 料					日本自動車工業会

(注) 二輪及びノックダウンセットは含まれていない。

生 産 台 数
Vehicles Produced

単位：台 (Unit : Cars)

トラック (Track)				バス Bus
計 Total	普通車 Ordinary	小型四輪車 Small	軽四輪車 Light motor	
355,009	90,751	201,849	62,409	9,201
2,055,813	259,639	1,248,094	548,080	44,384
3,973,543	897,061	2,100,317	976,165	101,426
3,562,385	1,262,697	1,255,999	1,043,689	40,807
2,472,459	783,442	905,008	784,009	50,493
1,692,596	620,356	491,488	580,752	54,580
1,591,767	698,128	386,970	506,669	68,571
1,761,874	780,962	464,219	516,693	59,858
1,736,269	771,692	440,398	524,179	62,820
1,660,865	694,276	433,659	532,930	78,517
1,621,093	707,680	408,840	504,573	92,881
1,559,205	741,413	358,507	459,285	126,455
1,329,877	615,420	288,345	426,112	121,361
1,062,595	422,013	226,115	414,467	93,579
1,146,804	500,831	228,808	417,165	105,972
1,244,733	562,518	253,656	428,559	111,151
1,237,262	573,227	278,546	385,489	124,717
1,333,945	583,923	312,319	437,703	135,080
1,364,318	612,362	331,222	420,734	138,520
1,279,403	567,075	325,892	386,436	135,068
1,192,689	496,900	314,652	381,137	128,025
1,224,728	517,189	292,916	414,623	119,130
1,265,838	519,410	307,325	439,103	114,703
1,196,578	493,910	281,725	420,943	121,602

(自動車統計月報)

鉄　道　施　設

Railway Infrastructure

年度末 At the End of Fiscal Year	J R				
	旅客営業キロ Wagonkm (km)	複線以上区間 Section double lines (km)	電化区間営業キロ Electrified Section (km)	停車場数 Stations (箇所)	踏切道数 Level Crossings (箇所)
S25 (1950)	19,786	…	1,659	4,272	43,184
S35 (1960)	20,482	2,607	2,699	4,934	42,439
S45 (1970)	20,890	4,919	6,021	5,224	32,996
S55 (1980)	21,322	5,641	8,414	5,296	29,865
H2 (1990)	20,252	5,953	9,601	5,032	r 24,057
H12 (2000)	20,051	5,964	9,886	5,022	r 22,319
H17 (2005)	19,999	5,846	9,861	4,913	21,527
H22 (2010)	20,124	5,766	9,744	4,906	r 21,079
H25 (2013)	20,127	5,767	9,774	4,643	20,938
H26 (2014)	20,022	5,584	9,710	4,584	20,582
H27 (2015)	20,132	5,606	9,516	4,582	20,478
H28 (2016)	20,117	5,593	9,518	4,564	20,407
H29 (2017)	20,117	5,577	9,518	4,802	20,349
H30 (2018)	19,956	5,579	9,518	4,763	20,182
資　料	国土交通省鉄道局（鉄道統計年報）、				

(注) 1. 営業キロとは、旅客又は貨物の営業を行う駅間の距離をいう。
2. 民鉄の複数以上区間のキロ数は、営業キロではなく、本線路延長である。
3. 停車場には、停留場を含む。

の　推　移

Development

民　鉄　(Private)				
旅客営業キロ Wagonkm (km)	複線以上区間 Section double lines (km)	電化区間営業キロ Electrified Section (km)	停車場数 Stations (箇所)	踏切道数 Level Crossings (箇所)
7,615	2,512	5,796	3,748	24,200
7,420	2,717	6,034	6,913	27,608
6,214	2,637	5,383	5,082	r 20,234
5,594	2,711	4,907	4,223	r 15,888
7,156	2,988	5,189	4,815	r 15,598
7,387	3,388	5,502	5,092	r 14,395
7,637	3,674	5,811	5,155	13,703
7,527	3,849	5,480	5,095	r 12,979
7,369	3,848	5,439	5,136	12,717
7,472	4,041	5,689	5,171	12,946
7,367	4,055	5,739	5,200	12,954
7,707	4,051	5,738	5,198	r 12,925
7,784	4,051	5,661	5,194	12,901
7,833	4,134	5,675	5,226	12,916

運輸総合研究所(数字で見る鉄道)

鉄 道 車 両
Current Inventory

年度末 At the End of Fiscal Year	合 計 Sum Total		機 関 車 (Locomotives)					
			計 Total		電 気 Electric Locomotives		ディーゼル Diesel Locomotives	
	計 Total	うちJR Part of JR	計 Total	うちJR Part of JR	計 Total	うちJR Part of JR	計 Total	うちJR Part of JR
S25 (1950)	…	125,371	6,221	5,458	578	356	26	…
S35 (1960)	…	140,774	5,607	4,974	1,071	782	385	218
S45 (1970)	201,702	180,537	5,218	4,677	2,118	1,810	1,464	1,266
S55 (1980)	173,080	132,442	4,387	3,970	2,058	1,856	2,310	2,109
H2 (1990)	r 83,635	r 59,855	2,234	1,921	1,185	1,035	1,034	878
H12 (2000)	r 72,557	r 45,296	1,722	1,458	943	819	759	629
H17 (2005)	r 69,295	r 41,685	1,517	1,285	856	747	640	528
H22 (2010)	r 66,488	r 38,141	r 1,224	r 1,018	r 675	r 578	r 527	r 429
H25 (2013)	65,201	36,896	1,097	904	608	514	466	378
H26 (2014)	r 64,790	r 36,400	1,017	820	610	514	384	294
H27 (2015)	64,212	35,984	1,034	828	573	480	438	336
H28 (2016)	r 64,416	36,193	986	802	559	475	406	315
H29 (2017)	r 64,557	r 36,305	964	778	556	469	387	297
H30 (2018)	64,379	36,094	936	755	537	455	378	288

年 度 Fiscal Year	旅客車		貨 物 車					
	その他 Others		計 Total		有がい貨車 Covered Freight Car		無がい貨車 Open Freight Car	
	計 Total	うちJR Part of JR	計 Total	うちJR Part of JR	計 Total	うちJR Part of JR	計 Total	うちJR Part of JR
S25 (1950)	…	…	…	105,939	…	47,176	…	57,077
S35 (1960)	162	…	…	118,003	…	62,498	…	42,061
S45 (1970)	96	…	154,390	149,591	92,583	91,082	47,024	44,726
S55 (1980)	74	…	101,815	99,693	63,014	62,552	29,042	28,017
H2 (1990)	94	94	r 32,708	r 31,775	8,076	8,030	r 2,657	r 2,148
H12 (2000)	57	47	r 19,027	r 18,352	1,492	1,459	r 1,206	r 847
H17 (2005)	49	37	15,909	15,359	705	679	867	613
H22 (2010)	32	22	12,159	11,625	424	406	763	485
H25 (2013)	241	23	10,938	10,470	24	12	669	443
H26 (2014)	241	23	10,587	10,116	23	11	622	396
H27 (2015)	19	9	10,350	9,881	14	2	641	415
H28 (2016)	7	1	10,698	10,234	14	2	642	417
H29 (2017)	29	1	10,826	10,366	13	1	641	416
H30 (2018)	8	1	10,564	10,115	13	1	627	414
資 料							国土交通省鉄道局	

(注) 1. 貨車のみ、私有車は含まない。
2. 昭和62年度から集計区分が変更になったので前年度までとつながらない車種がある。
(1) 昭和61年度まで旅客車のその他に含まれていた鋼索客車と無軌条電車は、昭和62年度よりそれぞれ客車、電車に編入した。

保　有　数
of Rolling Stocks

単位：両 (Unit : Vehicles)

蒸気・その他 Steam・Others		旅客車 (Car for Passennger Transportation)							
		計 Total		電車 Electric Passenger Car		ディーゼル車 Diesel Car		客車 Passenger Car	
計 Total	うちJR Part of JR	計 Total	うちJR Part of JR	計 Total	うちJR Part of JR	計 Total	うちJR Part of JR	計 Total	うちJR Part of JR
5,617	5,102	…	13,974	10,383	2,580	343	123	13,893	11,271
4,151	3,974	31,039	17,797	16,447	4,376	2,366	2,059	12,064	11,362
1,636	1,601	42,094	26,334	27,591	12,377	5,599	5,346	8,808	8,611
18	5	46,878	28,809	35,215	17,595	5,244	5,038	6,345	6,176
15	8	48,438	25,936	41,998	20,213	3,616	3,148	2,730	2,481
20	10	51,597	25,313	47,084	21,686	3,220	2,629	1,236	951
21	10	r 51,693	24,902	r 47,827	21,921	2,928	2,349	889	595
22	11	r 52,946	r 25,378	r 49,563	r 22,776	r 2,814	r 2,306	r 537	r 274
21	12	53,020	25,425	49,536	22,947	2,718	2,209	531	246
21	12	53,050	25,373	49,558	22,891	2,726	2,219	525	240
21	12	52,693	25,192	49,548	22,866	2,688	2,165	438	152
21	12	r 52,550	25,068	r 49,454	22,790	2,694	2,174	395	103
21	12	52,625	25,074	r 49,504	22,795	2,702	2,182	390	96
21	12	52,735	25,137	49,651	22,882	2,684	2,161	392	93

(Freight Car)								特殊車 (Special Kind Car)	
タンク車 Tank Car		ホッパ車 Hopper Car		貨物電車 Freight Electric Car		その他 Others		計 Total	
計 Total	うちJR Part of JR	計 Total	うちJR Part of JR	計 Total	うちJR Part of JR	計 Total	うちJR Part of JR	計 Total	うちJR Part of JR
…	409	…	…	…	77	…	1,200	…	…
…	300	…	10,917	…	74	…	2,153	…	…
201	161	11,174	10,458	216	106	3,192	3,058	…	…
32	20	5,403	4,989	218	101	4,106	4,014	…	…
r 10,413	r 10,392	r 3,374	r 3,104	70	12	r 8,118	r 8,089	255	223
r 6,541	r 6,540	r 1,530	r 1,298	50	8	r 8,208	r 8,200	211	173
4,722	4,721	1,250	1,026	87	48	8,278	8,272	176	139
2,098	2,097	875	676	78	44	r 7,921	r 7,917	159	120
1,655	1,654	746	549	72	44	r 7,772	r 7,768	146	97
1,612	1,611	682	483	73	44	r 7,575	r 7,571	136	91
1,592	1,591	676	477	71	44	r 7,356	r 7,352	135	83
1,930	1,929	748	550	68	44	r 7,296	7,292	142	89
1,896	1,895	737	541	66	44	7,473	7,469	142	87
1,896	1,895	721	525	65	44	7,242	7,236	144	87

(鉄道統計年報)

(2) 昭和61年度まで旅客車の電車・客車に含まれていた電源車・合造車は、旅客車のその他に編入した。

3. 貨物車のその他は、コンテナ車、荷物車、その他(ラッセル車・事業用車両等)である。

自動車保
Number of Motor

区分				Section	S46(1971)	S56(1981)	H3(1991)
合計				Sum Total	18,919,020	38,992,023	60,498,850
登録車両 Registration-car	計			Total	12,779,069	31,249,932	42,730,451
	貨物車 Truck	普通車 Ordinary	計	Total	813,845	1,502,408	2,206,081
			自家用	Private use	555,218	1,051,653	1,474,161
			営業用	Business use	258,627	450,755	731,920
		小型車 Small 四輪	計	Total	4,511,700	7,109,706	6,537,630
			自家用	Private use	4,428,843	7,023,713	6,444,029
			営業用	Business use	82,857	85,993	93,601
		小型車 Small 三輪	計	Total	111,080	13,551	2,065
			自家用	Private use	101,655	12,922	1,929
			営業用	Business use	9,425	629	136
		被けん引車 Trailer	計	Total	23,768	57,313	88,765
			自家用	Private use	9,141	8,564	6,491
			営業用	Business use	14,627	48,749	82,274
	バス Bus	普通車 Ordinary	計	Total	103,762	106,655	115,103
			自家用	Private use	20,524	21,736	28,137
			営業用	Business use	83,238	84,919	86,966
		小型車 Small	計	Total	86,304	122,774	130,741
			自家用	Private use	84,614	119,225	122,877
			営業用	Business use	1,690	3,549	7,864
	乗用車 Passenger Car	普通車 Ordinary	計	Total	76,759	479,843	1,933,533
			自家用	Private use	73,877	478,204	1,926,169
			営業用	Business use	2,882	1,639	7,364
		小型車 Small	計	Total	6,700,190	21,063,657	30,502,964
			自家用	Private use	6,485,298	20,814,702	30,250,739
			営業用	Business use	214,892	248,955	252,225
	特種（殊）用途車 Special purpose vehicle	普通車 Ordinary	計	Total	157,498	385,192	630,742
			自家用	Private use	121,643	309,933	494,476
			営業用	Business use	35,855	75,259	136,266
		小型車 Small	計	Total	72,525	119,438	160,020
			自家用	Private use	66,908	115,411	152,982
			営業用	Business use	5,617	4,027	7,038
		大型特殊車		Large-special	121,638	289,395	422,807
その他 Others	計			Total	6,139,951	7,742,091	17,768,399
	小型二輪車			Small	171,533	444,975	999,854
	軽自動車 Light motor	計		Total	5,968,418	7,297,116	16,768,545
		四輪	計		5,298,271	6,721,513	15,025,762
			乗用		2,327,644	2,102,619	2,715,334
			貨物＋特殊		2,970,627	4,618,894	12,310,428
		二輪			558,807	574,271	1,741,548
		三輪			111,304	1,332	1,235
資料				国土交通省自動車局			

(注)1. 車種の定義は、道路運送車両法施行規則参照。

有 車 両 数

Vehicles Owned

（各年3月末現在）　（単位：両（Unit : Vehicles））

H13(2001)	H23(2011)	H28(2016)	H30(2018)	H31(2019)	R2(2020)
75,524,973	78,660,773	80,900,730	r 81,563,101	81,789,318	81,849,782
52,461,216	49,610,327	47,144,660	47,381,679	47,332,790	47,205,414
2,581,592	2,271,951	2,317,131	2,358,011	2,386,166	2,412,396
1,680,488	1,415,352	1,444,268	1,459,231	1,473,399	1,486,117
901,104	856,599	872,863	898,780	912,767	926,279
5,389,436	3,788,837	3,537,663	3,507,600	3,500,369	3,493,051
5,310,039	3,713,291	3,465,179	3,435,298	3,427,512	3,419,922
79,397	75,546	72,484	72,302	72,857	73,129
1,216	1,049	1,019	1,012	1,013	1,010
1,117	949	922	915	916	912
99	100	97	97	97	98
134,042	153,010	163,018	170,909	175,792	181,759
9,306	9,287	11,430	12,798	13,922	15,612
124,736	143,723	151,588	158,111	161,870	166,147
110,285	107,850	110,839	112,796	112,501	111,651
27,458	22,704	21,704	21,331	21,111	20,788
82,827	107,850	89,135	91,465	91,390	90,863
125,265	118,989	119,764	120,746	120,491	119,400
109,544	95,907	95,157	96,030	96,135	95,462
15,721	23,082	24,607	24,716	24,356	23,938
14,163,357	16,838,550	18,000,955	18,887,429	19,268,854	19,614,910
14,132,311	16,790,700	17,944,156	18,828,814	19,209,478	19,555,497
31,046	47,850	56,799	58,615	59,376	59,413
28,201,712	23,296,582	21,353,690	20,646,353	20,176,826	19,665,498
29,976,415	23,094,498	21,176,179	20,477,617	20,012,028	19,504,253
225,297	202,084	177,511	168,736	164,798	161,245
1,214,603	1,024,990	1,054,328	1,081,623	1,091,786	1,101,116
992,452	760,067	771,104	787,782	794,552	801,601
222,151	264,923	283,224	293,841	297,234	299,515
216,559	150,686	147,089	149,347	150,190	152,689
204,147	137,025	133,034	135,131	135,819	138,247
12,412	13,661	14,055	14,216	14,371	14,442
323,149	322,652	339,164	345,853	348,802	351,934
23,063,757	30,437,937	33,756,070	r 34,181,422	34,456,528	34,644,368
1,308,417	1,535,181	1,628,461	1,657,613	1,680,416	1,704,542
21,755,340	28,902,756	32,127,609	r 32,523,809	32,776,112	32,939,826
20,041,396	26,925,889	30,155,913	30,555,626	30,805,992	30,966,247
10,084,285	18,004,339	21,477,247	22,051,124	22,324,893	22,528,178
9,957,111	8,921,550	8,678,666	8,504,502	8,481,099	8,438,069
1,712,597	1,975,623	1,970,471	r 1,966,973	1,968,905	1,972,367
1,347	1,244	1,225	1,210	1,215	1,212
（自動車保有車両数）					

都道府県別自動

Number of Motor Vehicles

(平成29(2017)年3月31日現在)

運輸局別 運輸支局別			合計 Sum Total	貨物車 Truck 計 Total	普通 Ordinary	小型 Small	被牽引車 Trailer	軽 Light	バス Bus
合計		r	81,260,206	14,451,394	2,339,825	3,524,157	166,554	8,420,858	232,793
北海道	計	r	3,747,151	654,232	188,073	181,488	26,859	257,812	14,143
	札幌	r	1,697,136	244,628	71,348	81,502	5,864	85,914	6,676
	函館	r	318,526	55,059	12,661	13,561	405	28,432	1,167
	旭川	r	499,215	94,990	25,067	27,306	1,321	41,296	2,037
	室蘭	r	380,401	77,702	19,138	17,374	13,076	28,114	1,567
	釧路	r	274,499	56,222	17,387	12,932	3,457	22,446	853
	帯広	r	320,852	69,099	24,436	15,931	1,781	26,951	932
	北見	r	256,522	56,532	18,036	12,882	955	24,659	911
東北	計	r	7,141,467	1,454,885	229,144	320,211	7,898	897,632	23,186
	青森	r	1,005,726	216,430	33,206	47,939	969	134,316	3,827
	岩手	r	1,027,548	229,800	36,820	46,413	850	145,717	3,646
	宮城	r	1,698,137	303,808	59,246	79,584	3,224	161,754	5,055
	秋田	r	816,253	176,652	20,813	30,302	619	124,918	2,367
	山形	r	934,909	190,359	24,303	38,119	512	127,425	2,562
	福島	r	1,658,894	337,836	54,756	77,854	1,724	203,502	5,729
関東	計	r	22,987,065	3,694,148	676,028	1,063,480	45,131	1,909,509	67,699
	茨城	r	2,591,072	486,241	86,970	121,464	7,592	270,215	7,108
	栃木	r	1,719,859	289,652	53,562	71,767	2,444	161,879	4,609
	群馬	r	1,792,075	322,195	55,266	71,424	3,078	192,427	3,987
	埼玉	r	4,088,320	616,805	129,350	176,498	3,980	306,977	10,178
	千葉	r	3,614,203	597,650	108,002	170,756	7,143	311,749	11,662
	東京	r	4,419,010	675,093	124,869	252,289	8,605	289,330	16,154
	神奈川	r	4,007,565	551,687	100,083	172,172	11,604	267,828	11,799
	山梨	r	754,961	154,825	17,926	27,110	685	109,104	2,202
北陸信越	計	r	5,546,933	1,065,271	144,258	229,555	5,183	686,275	16,612
	新潟	r	1,843,762	348,161	50,101	81,303	2,536	214,221	6,203
	富山	r	900,736	149,765	25,664	37,475	1,022	85,604	2,098
	石川	r	904,715	146,426	23,036	39,327	618	83,445	2,796
	長野	r	1,897,720	420,919	45,457	71,450	1,007	303,005	5,515
中部	計	r	11,939,163	1,958,453	328,456	552,858	23,253	1,053,886	26,929
	福井	r	663,615	123,174	17,106	25,960	1,063	79,045	1,913
	岐阜	r	1,681,079	299,326	49,498	76,968	1,359	171,501	4,606
	静岡	r	2,874,192	488,965	79,483	131,651	3,966	273,865	6,557
	愛知	r	5,210,062	768,818	142,844	261,192	14,099	350,683	10,418
	三重	r	1,510,215	278,170	39,525	57,087	2,766	178,792	3,435
資料			国土交通省自動車局						

(注) 1. 車種の定義は、道路運送車両法施行規則参照。
2. 特種(殊)用途車は軽自動車を含む。

車　保　有　車　両　数　（その１）

Registered by Prefecture（No.1）

単位：両（Unit：Vehicles）

乗用車 Passenger car				特種(殊)用途車 Special Purpose Vehicle	二輪車 Two-wheeled motor		
計 Total	普通 Ordinary	小型 Small	軽 Light		計 Total	小型 Small	軽 Light
61,253,300	18,445,471	21,046,494	21,761,335	r 1,720,030	3,602,689	1,641,580	1,961,109
2,795,337	846,125	1,068,740	880,472	r 143,821	139,618	55,730	83,888
1,314,891	426,250	515,881	372,760	r 60,101	70,840	27,216	43,624
243,259	61,428	88,384	93,447	r 9,985	9,056	3,949	5,107
362,390	106,581	136,122	119,687	r 20,292	19,506	8,150	11,356
275,452	77,776	107,085	90,591	r 12,404	13,276	4,801	8,475
196,974	57,004	73,316	66,654	r 12,536	7,914	3,464	4,450
224,991	64,704	84,930	75,357	r 16,120	9,710	4,126	5,584
177,380	52,382	63,022	61,976	r 12,383	9,316	4,024	5,292
5,259,147	1,364,937	1,843,627	2,050,583	r 175,352	228,897	114,609	114,288
726,989	168,814	241,233	316,942	r 31,649	26,831	12,052	14,779
737,024	180,350	248,655	308,019	r 26,036	31,042	14,796	16,246
1,287,569	364,532	471,745	451,292	r 35,535	66,170	33,624	32,546
593,064	139,848	208,926	244,290	r 22,819	21,351	10,344	11,007
693,267	163,042	247,882	282,343	r 23,426	25,295	13,110	12,185
1,221,234	348,351	425,186	447,697	r 35,887	58,208	30,683	27,525
17,400,751	6,274,654	6,399,879	4,726,218	r 468,090	1,356,377	603,311	753,066
1,960,581	604,481	718,387	637,713	r 48,134	89,008	49,735	39,273
1,325,341	407,283	487,949	430,109	r 30,480	69,777	37,622	32,155
1,368,599	403,946	476,563	488,090	r 31,983	65,311	34,942	30,369
3,183,819	1,047,471	1,169,101	967,247	r 80,701	196,817	95,833	100,984
2,787,152	938,928	1,038,299	809,925	r 77,805	139,934	77,883	62,051
3,159,455	1,511,237	1,147,631	500,587	r 100,862	467,446	169,306	298,140
3,063,979	1,206,861	1,183,943	673,175	r 82,247	297,853	123,930	173,923
551,825	154,447	178,006	219,372	r 15,878	30,231	14,060	16,171
4,177,094	1,057,824	1,424,787	1,694,483	r 120,268	167,688	86,484	81,204
1,386,821	319,554	468,380	598,887	r 45,627	56,950	29,087	27,863
707,204	177,850	253,810	275,544	r 19,757	21,912	12,281	9,631
715,794	193,948	257,700	264,146	r 18,423	21,276	11,913	9,363
1,367,275	366,472	444,897	555,906	r 36,461	67,550	33,203	34,347
9,288,831	2,901,317	3,155,818	3,231,696	r 212,588	452,362	224,091	228,271
508,067	136,368	169,084	202,615	r 15,231	15,230	7,911	7,319
1,293,452	376,119	433,016	484,317	r 32,593	51,102	26,127	24,975
2,203,445	618,450	729,487	855,508	r 46,881	128,344	58,303	70,041
4,135,054	1,454,509	1,445,438	1,235,107	r 89,286	206,486	106,192	100,294
1,148,813	315,871	378,793	454,149	r 28,597	51,200	25,558	25,642

（自動車保有車両数）

都道府県別自動

Number of Motor Vehicles

(平成29(2017)年3月31日現在)

運輸局別	運輸支局別		合計 Sum Total	貨物車 Truck 計 Total	普通 Ordinary	小型 Small	被牽引車 Trailer	軽 Light	バス Bus
近畿	計	r	10,714,044	1,850,034	285,124	446,196	23,445	1,095,269	29,937
	滋賀	r	1,024,790	175,434	26,419	33,455	754	114,806	2,699
	京都	r	1,336,004	234,480	33,348	55,301	810	145,021	4,783
	大阪	r	3,747,995	653,961	116,936	192,596	11,073	333,356	10,562
	奈良	r	833,697	134,510	19,563	27,293	573	87,081	2,187
	和歌山	r	751,594	164,235	16,112	26,859	899	120,365	1,710
	兵庫	r	3,019,964	487,414	72,746	110,692	9,336	294,640	7,996
中国	計	r	5,517,751	1,038,617	140,097	192,003	6,654	699,863	13,965
	鳥取	r	464,332	100,550	10,812	13,389	336	76,013	1,254
	島根	r	552,463	119,953	12,827	16,823	280	90,023	1,760
	岡山	r	1,533,366	296,807	42,684	54,014	1,987	198,122	3,141
	広島	r	1,893,983	322,587	49,210	69,020	2,230	202,127	5,226
	山口	r	1,073,607	198,720	24,564	38,757	1,821	133,578	2,584
四国	計	r	2,981,826	639,564	74,105	111,675	5,504	448,280	6,995
	徳島	r	619,826	132,896	15,054	24,482	747	92,613	1,597
	香川	r	783,709	154,110	20,752	30,233	892	102,233	1,733
	愛媛	r	1,016,680	220,389	25,542	37,990	3,424	153,433	2,301
	高知	r	561,611	132,169	12,757	18,970	441	100,001	1,364
九州	計	r	9,576,413	1,893,933	247,516	389,106	20,250	1,237,061	29,674
	福岡	r	3,364,515	569,341	90,627	146,889	10,410	321,415	10,590
	佐賀	r	675,328	138,158	18,118	27,628	1,198	91,214	2,092
	長崎	r	949,369	186,975	18,495	29,224	509	138,747	4,354
	熊本	r	1,378,650	283,005	35,037	62,609	1,681	183,678	3,807
	大分	r	918,766	184,293	22,464	34,655	1,744	125,430	2,471
	宮崎	r	942,807	213,328	26,721	35,213	1,649	149,745	2,141
	鹿児島	r	1,346,978	318,833	36,054	52,888	3,059	226,832	4,219
沖縄	沖縄	r	1,108,393	202,257	27,024	37,585	2,377	135,271	3,653
資料								国土交通省自動車局	

(注)1. 車種の定義は、道路運送車両法施行規則参照。
2. 特種(殊)用途車は軽自動車を含む。

車 保 有 車 両 数 （その２）

Registered by Prefecture（No.2)

単位：両（Unit：Vehicles）

乗用車 Passenger car				特種(殊)用途車 Special Purpose Vehicle	二輪車 Two-wheeled motor		
計 Total	普通 Ordinary	小型 Small	軽 Light		計 Total	小型 Small	軽 Light
8,061,244	2,589,368	2,713,963	2,757,913	r 219,035	553,794	232,879	320,915
792,394	222,746	238,204	331,444	r 17,922	36,341	18,033	18,308
1,003,776	316,448	333,759	353,569	r 27,717	65,248	31,869	33,379
2,768,886	965,502	1,005,177	798,207	r 81,708	232,878	92,126	140,752
651,544	185,049	213,122	253,373	r 14,392	31,064	14,476	16,588
538,188	121,138	154,006	263,044	r 15,860	31,601	10,989	20,612
2,306,456	778,485	769,695	758,276	r 61,436	156,662	65,386	91,276
4,172,057	1,043,601	1,306,011	1,822,445	r 110,624	182,488	88,244	94,244
343,024	74,344	106,844	161,836	r 9,542	9,962	5,226	4,736
406,612	81,910	130,514	194,188	r 12,013	12,125	5,651	6,474
1,151,606	287,967	353,080	510,559	r 30,939	50,873	26,205	24,668
1,450,434	399,502	453,946	596,986	r 38,462	77,274	35,835	41,439
820,381	199,878	261,627	358,876	r 19,668	32,254	15,327	16,927
2,173,140	506,707	651,883	1,014,550	r 60,837	101,290	46,793	54,497
454,498	111,142	141,831	201,525	r 11,606	19,229	8,954	10,275
585,548	143,637	177,490	264,421	r 15,686	26,632	12,495	14,137
738,243	168,462	217,295	352,486	r 21,424	34,323	15,544	18,779
394,851	83,466	115,267	196,118	r 12,121	21,106	9,800	11,306
7,098,998	1,730,006	2,228,724	3,140,268	r 189,657	364,151	171,228	192,923
2,574,999	734,346	846,199	994,454	r 61,173	148,412	70,288	78,124
500,228	113,120	146,108	241,000	r 13,254	21,596	12,464	9,132
694,198	139,824	199,420	354,954	r 18,951	44,891	16,225	28,666
1,025,759	243,341	317,649	464,769	r 27,496	38,583	22,465	16,118
688,805	162,499	217,154	309,152	r 16,868	26,329	13,164	13,165
671,047	148,120	202,389	320,538	r 19,147	37,144	15,995	21,149
943,962	188,756	299,805	455,401	r 32,768	47,196	20,627	26,569
826,701	130,932	253,062	442,707	r 19,758	56,024	18,211	37,813

（自動車保有車両数）

都道府県別自動

Number of Motor Vehicles

(平成30(2018)年3月31日現在)

運輸局別 運輸支局別		合計 Sum Total	貨物車 Truck 計 Total	普通 Ordinary	小型 Small	被牽引車 Trailer	軽 Light	バス Bus
合計		r 81,000,337	r 14,382,846	r 2,358,011	r 3,508,612	r 170,909	r 8,345,314	r 233,542
北海道	計	3,764,121	654,890	188,816	182,203	27,632	256,239	14,132
	札幌	1,707,987	245,121	71,437	81,988	6,056	85,640	6,769
	函館	319,051	54,723	12,585	13,410	403	28,325	1,158
	旭川	500,097	95,036	25,230	27,338	1,358	41,110	2,004
	室蘭	382,332	78,073	19,209	17,549	13,459	27,856	1,556
	釧路	274,664	56,137	17,551	12,958	3,543	22,085	830
	帯広	322,811	69,262	24,682	16,095	1,845	26,640	924
	北見	257,179	56,538	18,122	12,865	968	24,583	891
東北	計	7,146,911	1,439,545	229,022	315,799	8,091	886,633	22,769
	青森	1,007,109	215,279	33,374	47,423	1,006	133,476	3,838
	岩手	1,029,867	228,235	36,871	46,102	891	144,371	3,595
	宮城	1,701,601	300,454	58,971	78,547	3,259	159,677	5,039
	秋田	815,284	174,511	20,683	29,913	632	123,283	2,333
	山形	935,441	188,491	24,292	37,757	521	125,921	2,578
	福島	1,657,609	332,575	54,831	76,057	1,782	199,905	5,386
関東	計	23,069,078	3,686,024	681,458	1,059,323	46,086	1,899,157	68,101
	茨城	2,602,273	483,597	87,619	120,413	7,742	267,823	7,063
	栃木	1,726,933	287,788	53,984	71,077	2,512	160,215	4,638
	群馬	1,797,923	319,640	55,719	71,079	3,142	189,700	3,981
	埼玉	4,112,370	619,327	131,400	177,250	4,219	306,458	10,285
	千葉	3,636,160	598,445	109,676	170,677	7,370	310,722	11,753
	東京	4,419,478	671,639	124,639	250,303	8,615	288,082	16,272
	神奈川	4,016,395	551,786	100,420	171,686	11,761	267,919	11,913
	山梨	757,546	153,802	18,001	26,838	725	108,238	2,196
北陸信越	計	5,561,240	1,056,843	144,694	227,173	5,275	679,701	16,536
	新潟	1,845,258	343,821	50,059	79,970	2,558	211,234	6,154
	富山	902,637	148,559	25,794	37,055	1,035	84,675	2,117
	石川	909,776	145,736	23,156	39,277	617	82,686	2,785
	長野	1,903,569	418,727	45,685	70,871	1,065	301,106	5,480
中部	計	12,003,162	1,948,360	331,256	550,022	23,837	1,043,245	26,931
	福井	666,955	122,514	17,331	25,774	1,095	78,314	1,904
	岐阜	1,682,941	296,561	49,465	75,858	1,399	169,839	4,567
	静岡	2,885,520	484,727	79,644	130,192	4,075	270,816	6,494
	愛知	5,251,743	768,550	144,955	261,232	14,459	347,904	10,499
	三重	1,516,003	276,008	39,861	56,966	2,809	176,372	3,467
資料							国土交通省自動車局	

(注)1. 車種の定義は、道路運送車両法施行規則参照。
2. 特種(殊)用途車は軽自動車を含む。

車保有車両数（その１）

Registered by Prefecture（No.1）

単位：両（Unit：Vehicles）

乗用車 Passenger car				特種(殊)用途車 Special Purpose Vehicle	二輪車 Two-wheeled motor		
計 Total	普通 Ordinary	小型 Small	軽 Light		計 Total	小型 Small	軽 Light
r 61,584,906	r 18,887,429	r 20,646,353	r 22,051,124	r 1,737,221	r 3,061,822	r 1,794,969	r 1,266,853
2,806,902	871,082	1,044,798	891,022	146,409	141,788	56,650	85,138
1,322,965	439,534	505,071	378,360	60,991	72,141	27,599	44,542
243,882	62,768	86,349	94,765	10,096	9,192	4,046	5,146
362,772	109,543	132,635	120,594	20,650	19,635	8,190	11,445
276,708	80,139	104,767	91,802	12,542	13,453	4,915	8,538
196,750	58,434	71,319	66,997	12,860	8,087	3,581	4,506
226,157	66,844	83,163	76,150	16,616	9,852	4,219	5,633
177,668	53,820	61,494	62,354	12,654	9,428	4,100	5,328
5,276,782	1,400,891	1,809,233	2,066,658	176,409	231,406	116,198	115,208
729,768	173,411	237,322	319,035	31,719	26,505	12,336	14,169
740,510	185,728	244,609	310,173	26,226	31,301	14,935	16,366
1,293,521	373,838	463,750	455,933	35,833	66,754	34,194	32,560
593,895	143,066	204,704	246,125	23,088	21,457	10,392	11,065
695,273	168,238	243,087	283,948	23,502	25,597	13,328	12,269
1,223,815	356,610	415,761	451,444	36,041	59,792	31,013	28,779
17,479,139	6,382,174	6,280,932	4,816,033	474,254	1,361,560	608,723	752,837
1,972,682	617,154	706,675	648,853	48,598	90,333	50,674	39,659
1,333,945	416,420	479,893	437,632	30,459	70,103	38,057	32,046
1,376,259	413,613	466,694	495,952	32,164	65,879	35,267	30,612
3,201,806	1,066,409	1,147,377	988,020	82,313	198,639	97,236	101,403
2,806,324	958,785	1,018,817	828,722	79,034	140,604	78,649	61,955
3,163,001	1,528,622	1,125,488	508,891	101,998	466,568	169,673	296,895
3,070,083	1,223,010	1,161,080	685,993	83,777	298,836	124,872	173,964
555,039	158,161	174,908	221,970	15,911	30,598	14,295	16,303
4,198,511	1,088,219	1,395,206	1,715,086	120,902	168,448	87,174	81,274
1,392,317	328,703	458,428	605,186	45,745	57,221	29,301	27,920
710,139	183,475	247,975	278,689	19,800	22,022	12,365	9,657
721,276	200,607	253,356	267,313	18,563	21,416	12,063	9,353
1,374,779	375,434	435,447	563,898	36,794	67,789	33,445	34,344
9,355,604	2,977,046	3,099,591	3,278,967	213,767	458,500	226,104	232,396
511,707	140,558	166,454	204,695	15,445	15,385	7,979	7,406
1,297,822	385,332	423,520	488,970	32,541	51,450	26,325	25,125
2,216,641	631,917	715,741	868,983	46,856	130,802	58,849	71,953
4,173,345	1,495,206	1,422,628	1,255,511	90,277	209,072	106,977	102,095
1,156,089	324,033	371,248	460,808	28,648	51,791	25,974	25,817

（自動車保有車両数）

施設

都道府県別自動

Number of Motor Vehicles

(平成30(2018)年3月31日現在)

運輸局別	運輸支局別	合計 Sum Total	貨物車 Truck 計 Total	普通 Ordinary	小型 Small	被牽引車 Trailer	軽 Light	バス Bus
近畿	計	10,744,012	1,844,009	288,760	444,931	24,195	1,086,123	30,243
	滋賀	1,031,693	174,849	26,713	33,424	810	113,902	2,734
	京都	1,335,788	233,966	33,789	55,005	832	144,340	4,807
	大阪	3,760,422	652,878	118,544	192,615	11,518	330,201	10,766
	奈良	834,108	133,586	19,786	26,925	590	86,285	2,206
	和歌山	752,059	162,180	16,149	26,433	929	118,669	1,701
	兵庫	3,029,942	486,550	73,779	110,529	9,516	292,726	8,029
中国	計	5,532,502	1,030,589	140,709	191,207	6,757	691,916	13,953
	鳥取	466,086	99,943	10,914	13,288	323	75,418	1,244
	島根	553,846	118,919	12,784	16,675	280	89,180	1,745
	岡山	1,538,421	294,409	43,037	53,816	2,063	195,493	3,157
	広島	1,899,939	320,635	49,337	68,807	2,237	200,254	5,234
	山口	1,074,210	196,683	24,637	38,621	1,854	131,571	2,573
四国	計	2,988,577	633,462	74,316	110,640	5,663	442,843	7,023
	徳島	620,610	131,347	14,996	24,159	847	91,345	1,604
	香川	786,092	152,929	20,939	29,996	930	101,064	1,749
	愛媛	1,019,179	218,317	25,576	37,558	3,433	151,750	2,313
	高知	562,696	130,869	12,805	18,927	453	98,684	1,357
九州	計	9,625,875	1,885,595	251,166	389,049	20,825	1,224,555	30,069
	福岡	3,386,677	568,404	91,891	147,116	10,770	318,627	10,775
	佐賀	678,450	136,877	18,316	27,390	1,233	89,938	2,092
	長崎	951,850	185,580	18,687	29,031	531	137,331	4,453
	熊本	1,387,797	283,660	35,993	63,081	1,730	182,856	3,842
	大分	921,385	183,304	22,740	34,622	1,748	124,194	2,468
	宮崎	946,733	211,485	27,059	35,108	1,710	147,608	2,144
	鹿児島	1,352,983	316,285	36,480	52,701	3,103	224,001	4,295
沖縄	沖縄	1,127,623	203,529	27,814	38,265	2,548	134,902	3,785
資料		国土交通省自動車局						

(注) 1. 車種の定義は、道路運送車両法施行規則参照。

2. 特種(殊)用途車は軽自動車を含む。

車 保 有 車 両 数 （その２）

Registered by Prefecture (No.2)

単位：両 (Unit : Vehicles)

乗用車 Passenger car 計 Total	普通 Ordinary	小型 Small	軽 Light	特種(殊)用途車 Special Purpose Vehicle	二輪車 Two-wheeled motor 計 Total	小型 Small	軽 Light
8,097,631	2,645,573	2,655,423	2,796,635	221,135	550,994	233,915	317,079
799,304	228,864	233,530	336,910	18,010	36,796	18,202	18,594
1,007,134	322,675	326,471	357,988	27,958	61,923	32,010	29,913
2,781,116	985,852	984,511	810,753	82,788	232,874	92,569	140,305
652,469	188,266	207,907	256,296	14,474	31,373	14,682	16,691
540,544	124,421	150,192	265,931	15,826	31,808	11,121	20,687
2,317,064	795,495	752,812	768,757	62,079	156,220	65,331	90,889
4,193,144	1,072,086	1,282,033	1,839,025	111,023	183,793	89,031	94,762
345,194	77,191	104,537	163,466	9,596	10,109	5,324	4,785
408,945	84,850	128,082	196,013	11,961	12,276	5,749	6,527
1,158,445	297,255	345,626	515,564	31,147	51,263	26,397	24,866
1,457,487	408,099	446,192	603,196	38,685	77,898	36,238	41,660
823,073	204,691	257,596	360,786	19,634	32,247	15,323	16,924
2,184,394	520,980	638,718	1,024,696	61,269	102,429	47,696	54,733
456,562	114,107	139,037	203,418	11,647	19,450	9,069	10,381
588,540	147,677	173,786	267,077	15,844	27,030	12,817	14,213
742,259	173,184	212,856	356,219	21,633	34,657	15,831	18,826
397,033	86,012	113,039	197,982	12,145	21,292	9,979	11,313
7,150,371	1,788,354	2,188,205	3,173,812	191,691	368,149	173,500	194,649
2,594,780	756,606	832,178	1,005,996	62,055	150,663	71,137	79,526
504,265	117,288	143,123	243,854	13,378	21,838	12,635	9,203
697,665	144,378	195,052	358,235	19,011	45,141	16,270	28,871
1,033,739	253,650	311,207	468,882	27,916	38,640	23,090	15,550
692,194	167,506	212,521	312,167	17,007	26,412	13,175	13,237
675,786	153,337	198,911	323,538	19,319	37,999	16,300	21,699
951,942	195,589	295,213	461,140	33,005	47,456	20,893	26,563
842,428	141,024	252,214	449,190	20,362	57,519	18,622	38,897

(自動車保有車両数)

都道府県別自動

Number of Motor Vehicles

(平成31(2019)年3月31日現在)

運輸局別 運輸支局別		合計 Sum Total	貨物車 Truck 計 Total	普通 Ordinary	小型 Small	被牽引車 Trailer	軽 Light	バス Bus
合計		r 81,786,379	r 14,367,832	r 2,386,166	r 3,501,382	r 175,793	r 8,304,491	r 232,992
北海道	計	r 3,773,838	655,348	190,659	182,365	28,134	254,190	13,981
	札幌	r 1,716,918	245,969	72,186	82,416	6,166	85,201	6,742
	函館	r 318,310	54,673	12,690	13,391	410	28,182	1,124
	旭川	r 499,980	94,937	25,618	27,139	1,389	40,791	1,983
	室蘭	r 383,065	78,376	19,343	17,662	13,688	27,683	1,521
	釧路	r 274,565	55,836	17,636	12,896	3,603	21,701	809
	帯広	r 323,924	69,243	25,037	16,129	1,884	26,193	926
	北見	r 257,076	56,314	18,149	12,732	994	24,439	876
東北	計	r 7,148,249	1,429,773	228,735	312,564	8,370	880,104	22,381
	青森	r 1,006,412	214,438	33,601	46,906	1,048	132,883	3,794
	岩手	r 1,031,375	227,029	36,745	45,838	915	143,531	3,558
	宮城	r 1,705,247	298,392	58,377	77,992	3,325	158,698	4,963
	秋田	r 812,275	173,185	20,672	29,731	637	122,145	2,274
	山形	r 935,188	186,980	24,285	37,309	540	124,846	2,559
	福島	r 1,657,752	329,749	55,055	74,788	1,905	198,001	5,233
関東	計	r 23,123,525	3,691,051	690,048	1,056,862	47,536	1,896,605	68,469
	茨城	r 2,612,308	482,683	88,628	119,584	8,134	266,337	7,046
	栃木	r 1,732,560	287,355	54,586	70,578	2,683	159,508	4,589
	群馬	r 1,800,957	318,107	56,274	70,535	3,242	188,056	3,945
	埼玉	r 4,131,473	622,845	133,960	177,685	4,487	306,713	10,336
	千葉	r 3,652,862	600,450	111,455	170,727	7,611	310,657	11,965
	東京	r 4,414,836	671,483	125,158	248,746	8,823	288,756	16,442
	神奈川	r 4,018,715	554,767	101,788	172,369	11,786	268,824	11,943
	山梨	r 759,814	153,361	18,199	26,638	770	107,754	2,203
北陸信越	計	r 5,569,658	1,052,273	145,585	225,708	5,348	675,632	16,281
	新潟	r 1,845,136	341,578	50,276	79,095	2,568	209,639	6,044
	富山	r 902,313	147,479	25,874	36,841	1,062	83,702	2,088
	石川	r 914,529	145,749	23,481	39,278	642	82,348	2,740
	長野	r 1,907,680	417,467	45,954	70,494	1,076	299,943	5,409
中部	計	r 12,055,317	1,949,317	336,291	549,680	24,661	1,038,685	26,879
	福井	r 669,710	122,928	17,717	25,801	1,169	78,241	1,886
	岐阜	r 1,687,629	295,360	49,735	75,449	1,440	168,736	4,534
	静岡	r 2,893,796	483,360	80,562	129,135	4,261	269,402	6,435
	愛知	r 5,282,887	772,036	147,925	262,091	14,910	347,110	10,586
	三重	r 1,521,295	275,633	40,352	57,204	2,881	175,196	3,438
資料		国土交通省自動車局						

(注) 1. 車種の定義は、道路運送車両法施行規則参照。
2. 特種(殊)用途車は軽自動車を含む。

車 保 有 車 両 数 （その１）

Registered by Prefecture （No.1）

単位：両 （Unit：Vehicles）

乗用車 Passenger car				特種(殊)用途車 Special Purpose Vehicle	二輪車 Two-wheeled motor		
計 Total	普通 Ordinary	小型 Small	軽 Light		計 Total	小型 Small	軽 Light
r 61,784,732	r 19,268,854	r 20,176,826	r 22,339,052	r 1,751,502	r 3,649,321	r 1,680,416	r 1,968,905
2,812,081	891,589	1,018,452	902,040	r 148,255	144,173	57,686	86,487
1,328,557	450,827	493,408	384,322	r 61,846	73,804	28,233	45,571
243,120	64,085	83,559	95,476	r 10,168	9,225	4,063	5,162
362,288	111,838	128,966	121,484	r 20,888	19,884	8,336	11,548
276,869	81,778	102,246	92,845	r 12,633	13,666	5,013	8,653
196,721	59,533	69,305	67,883	r 13,002	8,197	3,644	4,553
226,933	68,786	81,030	77,117	r 16,918	9,904	4,240	5,664
177,593	54,742	59,938	62,913	r 12,800	9,493	4,157	5,336
5,285,202	1,432,641	1,771,289	2,081,272	r 176,720	234,173	118,026	116,147
730,538	176,992	232,737	320,809	r 31,853	25,789	12,472	13,317
742,619	190,445	239,758	312,416	r 26,403	31,766	15,261	16,505
1,298,799	382,549	455,089	461,161	r 35,719	67,374	34,791	32,583
592,157	145,696	199,316	247,145	r 23,089	21,570	10,473	11,097
696,091	173,070	237,950	285,071	r 23,683	25,875	13,608	12,267
1,224,998	363,889	406,439	454,670	r 35,973	61,799	31,421	30,378
17,514,372	6,472,305	6,136,434	4,905,633	r 479,032	1,370,601	615,782	754,819
1,981,843	629,558	693,256	659,029	r 48,874	91,862	51,886	39,976
1,338,867	424,452	469,403	445,012	r 30,604	71,145	38,600	32,545
1,379,972	421,501	455,085	503,386	r 32,405	66,528	35,799	30,729
3,214,035	1,082,497	1,120,907	1,010,631	r 83,512	200,745	98,739	102,006
2,818,419	976,801	995,783	845,835	r 79,723	142,305	80,069	62,236
3,158,219	1,541,368	1,098,358	518,493	r 102,872	465,820	169,915	295,905
3,065,708	1,234,471	1,132,579	698,658	r 85,094	301,203	126,173	175,030
557,309	161,657	171,063	224,589	r 15,948	30,993	14,601	16,392
4,210,160	1,115,621	1,361,217	1,733,322	r 121,347	169,597	88,054	81,543
1,394,021	336,883	446,804	610,334	r 45,880	57,613	29,589	28,024
710,768	188,096	241,428	281,244	r 19,867	22,111	12,445	9,666
725,616	207,004	248,032	270,580	r 18,732	21,692	12,272	9,420
1,379,755	383,638	424,953	571,164	r 36,868	68,181	33,748	34,433
9,399,663	3,039,788	3,032,652	3,327,223	r 215,068	464,390	229,453	234,937
513,378	144,340	162,270	206,768	r 15,799	15,719	8,112	7,607
1,302,925	393,151	413,821	495,953	r 32,534	52,276	26,900	25,376
2,225,105	643,964	699,150	881,991	r 47,083	131,813	59,675	72,138
4,196,906	1,525,784	1,395,143	1,275,979	r 90,965	212,394	108,459	103,935
1,161,349	332,549	362,268	466,532	r 28,687	52,188	26,307	25,881

（自動車保有車両数）

都道府県別自動

Number of Motor Vehicles

(平成31(2019)年3月31日現在)

運輸局別	運輸支局別		合計 Sum Total	貨物車 Truck 計 Total	普通 Ordinary	小型 Small	被牽引車 Trailer	軽 Light	バス Bus
近畿	計	r	10,777,058	1,847,735	293,753	446,355	24,986	1,082,641	30,454
	滋賀	r	1,039,003	175,128	27,226	33,576	877	113,449	2,731
	京都	r	1,338,127	234,454	34,279	55,216	892	144,067	4,820
	大阪	r	3,776,172	656,081	120,960	193,503	11,954	329,664	11,006
	奈良	r	835,051	133,400	20,034	26,856	652	85,858	2,182
	和歌山	r	754,762	161,289	16,279	26,266	958	117,786	1,692
	兵庫	r	3,033,943	487,383	74,975	110,938	9,653	291,817	8,023
中国	計	r	5,546,296	1,028,793	142,936	191,526	6,932	687,399	13,833
	鳥取	r	466,804	99,358	10,991	13,312	334	74,721	1,221
	島根	r	555,162	118,471	12,935	16,621	279	88,636	1,734
	岡山	r	1,544,095	294,481	43,843	54,077	2,149	194,412	3,135
	広島	r	1,906,171	320,890	50,283	68,912	2,299	199,396	5,195
	山口	r	1,074,064	195,593	24,884	38,604	1,871	130,234	2,548
四国	計	r	2,994,532	630,357	75,127	110,091	5,708	439,431	6,983
	徳島	r	621,161	130,399	15,130	23,884	846	90,539	1,592
	香川	r	788,986	152,303	21,187	29,956	965	100,195	1,762
	愛媛	r	1,021,505	217,693	25,881	37,453	3,446	150,913	2,278
	高知	r	562,880	129,962	12,929	18,798	451	97,784	1,351
九州	計	r	9,652,587	1,878,650	254,562	387,636	21,355	1,215,097	29,931
	福岡	r	3,397,763	568,613	93,714	147,236	11,041	316,622	10,738
	佐賀	r	680,129	135,787	18,419	27,115	1,261	88,992	2,084
	長崎	r	954,496	184,733	18,880	28,818	559	136,476	4,394
	熊本	r	1,392,838	282,752	36,291	62,663	1,792	182,006	3,792
	大分	r	924,004	182,553	22,900	34,459	1,760	123,434	2,446
	宮崎	r	948,274	210,052	27,469	34,888	1,729	145,966	2,137
	鹿児島	r	1,355,083	314,160	36,889	52,457	3,213	221,601	4,340
沖縄	沖縄	r	1,145,319	204,535	28,470	38,595	2,763	134,707	3,800
資料									国土交通省自動車局

(注)1. 車種の定義は、道路運送車両法施行規則参照。
2. 特種(殊)用途車は軽自動車を含む。

車　保　有　車　両　数　（その２）

Registered by Prefecture（No.2）

単位：両（Unit：Vehicles）

乗用車 Passenger car				特種(殊)用途車 Special Purpose Vehicle	二輪車 Two-wheeled motor		
計 Total	普通 Ordinary	小型 Small	軽 Light		計 Total	小型 Small	軽 Light
8,120,020	2,696,830	2,585,675	2,837,515	r 223,651	555,198	236,705	318,493
805,510	234,063	228,716	342,731	r 18,169	37,465	18,655	18,810
1,008,063	328,083	317,513	362,467	r 28,294	62,496	32,826	29,670
2,791,128	1,007,198	959,561	824,369	r 84,086	233,871	93,098	140,773
653,139	191,168	202,186	259,785	r 14,550	31,780	14,869	16,911
543,298	128,054	145,780	269,464	r 15,969	32,514	11,354	21,160
2,318,882	808,264	731,919	778,699	r 62,583	157,072	65,903	91,169
4,206,906	1,095,942	1,254,649	1,856,315	r 111,631	185,133	90,050	95,083
346,366	79,596	102,265	164,505	r 9,643	10,216	5,399	4,817
410,505	87,395	125,512	197,598	r 12,003	12,449	5,848	6,601
1,163,380	305,048	336,351	521,981	r 31,400	51,699	26,710	24,989
1,462,922	414,926	437,587	610,409	r 38,869	78,295	36,550	41,745
823,733	208,977	252,934	361,822	r 19,716	32,474	15,543	16,931
2,191,996	532,929	623,192	1,035,875	r 61,388	103,808	48,864	54,944
457,806	116,719	135,842	205,245	r 11,735	19,629	9,231	10,398
591,429	151,203	169,448	270,778	r 15,859	27,633	13,287	14,346
744,799	176,960	207,591	360,248	r 21,668	35,067	16,170	18,897
397,962	88,047	110,311	199,604	r 12,126	21,479	10,176	11,303
7,185,838	1,840,776	2,140,888	3,204,174	r 193,518	364,650	176,642	188,008
2,611,374	777,835	815,887	1,017,652	r 62,930	144,108	72,272	71,836
506,722	121,290	139,398	246,034	r 13,411	22,125	12,942	9,183
700,344	148,670	190,318	361,356	r 19,221	45,804	16,446	29,358
1,039,069	261,794	304,025	473,250	r 28,203	39,022	23,717	15,305
694,925	172,106	207,305	315,514	r 17,137	26,943	13,483	13,460
677,893	158,150	194,409	325,334	r 19,459	38,733	16,539	22,194
955,511	200,931	289,546	465,034	r 33,157	47,915	21,243	26,672
858,494	150,433	252,378	455,683	r 20,892	57,598	19,154	38,444

（自動車保有車両数）

都道府県別自動

Number of Motor Vehicles

(令和2(2020)年3月31日現在)

運輸局別	運輸支局別	合計 Sum Total	貨物車 Truck 計 Total	普通 Ordinary	小型 Small	被牽引車 Trailer	軽 Light	バス Bus
合計		81,849,782	14,367,134	2,412,396	3,494,061	181,759	8,278,918	231,051
北海道	計	3,774,223	659,063	192,294	183,119	29,037	254,613	13,755
	札幌	1,722,564	248,461	72,922	83,200	6,421	85,918	6,616
	函館	316,243	54,470	12,676	13,288	446	28,060	1,097
	旭川	498,815	94,979	25,786	27,022	1,439	40,732	1,950
	室蘭	382,554	79,092	19,733	17,809	14,014	27,536	1,514
	釧路	273,494	56,016	17,731	12,936	3,758	21,591	791
	帯広	324,191	69,698	25,228	16,180	1,929	26,361	917
	北見	256,362	56,347	18,218	12,684	1,030	24,415	870
東北	計	7,129,844	1,419,748	228,420	309,784	8,479	873,065	22,015
	青森	1,003,188	213,016	33,544	46,403	1,066	132,003	3,768
	岩手	1,029,153	225,484	36,652	45,377	931	142,524	3,506
	宮城	1,703,753	296,342	58,051	77,598	3,362	157,331	4,873
	秋田	807,848	171,304	20,612	29,357	615	120,720	2,248
	山形	931,835	185,557	24,234	36,958	550	123,815	2,522
	福島	1,654,067	328,045	55,327	74,091	1,955	196,672	5,098
関東	計	23,149,992	3,702,324	698,783	1,053,891	49,631	1,900,019	68,511
	茨城	2,620,645	482,364	89,440	118,765	8,620	265,539	6,992
	栃木	1,735,720	287,057	54,945	70,004	2,982	159,126	4,557
	群馬	1,802,624	317,240	56,991	70,152	3,417	186,680	3,889
	埼玉	4,141,741	627,152	136,489	177,803	4,754	308,106	10,323
	千葉	3,665,600	605,083	113,897	171,315	8,023	311,848	12,001
	東京	4,409,797	672,282	125,444	246,961	9,116	290,761	16,628
	神奈川	4,013,001	558,250	103,182	172,429	11,918	270,721	11,961
	山梨	760,864	152,896	18,395	26,462	801	107,238	2,160
北陸信越	計	5,564,584	1,046,580	145,793	223,741	5,396	671,650	16,034
	新潟	1,841,573	338,609	50,271	78,011	2,608	207,719	5,941
	富山	901,191	146,697	25,878	36,613	1,081	83,125	2,021
	石川	916,225	145,347	23,545	39,073	630	82,099	2,724
	長野	1,905,595	415,927	46,099	70,044	1,077	298,707	5,348
中部	計	12,074,686	1,949,918	340,653	548,877	25,462	1,034,926	26,598
	福井	670,372	122,829	17,917	25,733	1,196	77,983	1,871
	岐阜	1,686,858	294,884	49,992	75,040	1,506	168,346	4,442
	静岡	2,896,198	482,489	81,081	128,332	4,371	268,705	6,340
	愛知	5,298,564	774,736	150,748	262,579	15,454	345,955	10,553
	三重	1,522,694	274,980	40,915	57,193	2,935	173,937	3,392
資料		国土交通省自動車局						

(注)1. 車種の定義は、道路運送車両法施行規則参照。
2. 特種(殊)用途車は軽自動車を含む。

車　保　有　車　両　数　（その１）
Registered by Prefecture（No.1）

単位：両（Unit：Vehicles）

乗用車 Passenger car				特種(殊)用途車 Special Purpose Vehicle	二輪車 Two-wheeled motor		
計 Total	普通 Ordinary	小型 Small	軽 Light		計 Total	小型 Small	軽 Light
61,808,586	19,614,910	19,665,498	22,528,178	1,766,102	3,676,909	1,704,542	1,972,349
2,804,822	909,788	989,319	905,715	150,454	146,129	59,014	87,115
1,329,729	461,483	480,736	387,510	62,639	75,119	29,013	46,106
241,042	64,817	80,876	95,349	10,339	9,295	4,134	5,161
360,499	113,846	125,003	121,650	21,175	20,212	8,442	11,770
275,335	83,278	99,262	92,795	12,773	13,840	5,132	8,708
195,324	60,450	66,847	68,027	13,267	8,096	3,769	4,327
226,261	70,368	78,488	77,405	17,280	10,035	4,360	5,675
176,632	55,546	58,107	62,979	12,981	9,532	4,164	5,368
5,275,957	1,459,713	1,728,792	2,087,452	176,968	235,156	119,097	116,059
728,824	180,535	227,409	320,880	31,928	25,652	12,734	12,918
741,571	194,375	234,054	313,142	26,545	32,047	15,507	16,540
1,299,258	390,020	444,988	464,250	35,643	67,637	35,115	32,522
589,568	148,215	194,078	247,275	23,161	21,567	10,544	11,023
693,826	176,963	231,965	284,898	23,680	26,250	13,880	12,370
1,222,910	369,605	396,298	457,007	36,011	62,003	31,317	30,686
17,511,325	6,551,944	5,982,621	4,976,760	483,688	1,384,144	624,006	760,138
1,988,688	639,395	680,386	668,907	49,244	93,357	53,037	40,320
1,341,256	431,035	458,690	451,531	30,760	72,090	39,046	33,044
1,382,128	429,230	443,920	508,978	32,580	66,787	36,281	30,506
3,217,304	1,096,509	1,092,983	1,027,812	84,606	202,356	99,917	102,439
2,824,042	991,922	972,226	859,894	80,552	143,922	81,575	62,347
3,145,072	1,553,365	1,065,879	525,828	103,840	471,975	171,660	300,315
3,054,361	1,245,290	1,101,347	707,724	86,141	302,288	127,545	174,743
558,474	165,198	167,190	226,086	15,965	31,369	14,945	16,424
4,209,868	1,137,755	1,324,768	1,747,345	122,110	169,992	88,615	81,377
1,392,788	343,698	433,997	615,093	45,991	58,244	29,772	28,472
710,418	191,822	235,043	283,553	20,035	22,020	12,398	9,622
727,153	211,571	242,641	272,941	18,892	22,109	12,408	9,701
1,379,509	390,664	413,087	575,758	37,192	67,619	34,037	33,582
9,414,070	3,094,694	2,956,496	3,362,880	216,397	467,703	231,790	235,913
513,835	147,618	158,358	207,859	16,009	15,828	8,196	7,632
1,302,175	400,350	402,594	499,231	32,726	52,631	27,209	25,422
2,228,131	654,763	680,496	892,872	47,210	132,028	60,405	71,623
4,206,978	1,552,547	1,362,693	1,291,738	91,677	214,620	109,210	105,410
1,162,951	339,416	352,355	471,180	28,775	52,596	26,770	25,826

（自動車保有車両数）

都道府県別自動

Number of Motor Vehicles

(令和2(2020)年3月31日現在)

運輸局別 運輸支局別		合計 Sum Total	貨物車 Truck 計 Total	普通 Ordinary	小型 Small	被牽引車 Trailer	軽 Light	バス Bus
近畿	計	10,787,892	1,853,605	299,262	447,782	25,743	1,080,818	30,339
	滋賀	1,042,772	175,424	27,782	33,663	924	113,055	2,682
	京都	1,337,364	234,885	34,940	54,898	970	144,077	4,801
	大阪	3,783,922	661,502	123,337	195,082	12,436	330,647	11,045
	奈良	834,594	133,493	20,416	26,752	671	85,654	2,159
	和歌山	755,087	160,811	16,631	26,265	1,029	116,886	1,666
	兵庫	3,034,153	487,490	76,156	111,122	9,713	290,499	7,986
中国	計	5,549,569	1,027,819	144,999	191,851	7,170	683,799	13,703
	鳥取	466,972	99,091	11,131	13,277	344	74,339	1,205
	島根	553,918	117,874	12,988	16,374	282	88,230	1,740
	岡山	1,547,244	295,219	44,780	54,362	2,244	193,833	3,081
	広島	1,909,278	321,197	51,009	69,254	2,394	198,540	5,181
	山口	1,072,157	194,438	25,091	38,584	1,906	128,857	2,496
四国	計	2,996,795	627,862	75,850	109,598	5,921	436,493	6,914
	徳島	618,909	129,268	15,182	23,554	839	89,693	1,582
	香川	790,926	152,002	21,482	29,904	1,027	99,589	1,764
	愛媛	1,024,246	217,097	26,216	37,406	3,596	149,879	2,238
	高知	562,714	129,495	12,970	18,734	459	97,332	1,330
九州	計	9,660,664	1,873,200	257,364	386,333	21,906	1,207,597	29,368
	福岡	3,406,525	569,977	95,247	147,780	11,196	315,754	10,504
	佐賀	681,902	134,900	18,561	26,827	1,309	88,203	2,025
	長崎	953,921	183,922	19,127	28,592	574	135,629	4,330
	熊本	1,390,799	281,302	36,333	61,879	1,825	181,265	3,725
	大分	924,350	182,166	23,205	34,343	1,829	122,789	2,348
	宮崎	948,378	209,278	27,819	34,927	1,892	144,640	2,089
	鹿児島	1,354,789	311,655	37,072	51,985	3,281	219,317	4,347
沖縄	沖縄	1,161,515	207,015	28,978	39,085	3,014	135,938	3,814
資料		国土交通省自動車局						

(注) 1. 車種の定義は、道路運送車両法施行規則参照。
2. 特種(殊)用途車は軽自動車を含む。

車　保　有　車　両　数　（その２）

Registered by Prefecture（No.2）

単位：両（Unit：Vehicles）

乗　用　車　Passenger car				特種(殊)用途車 Special Purpose Vehicle	二輪車 Two-wheeled motor		
計 Total	普通 Ordinary	小型 Small	軽 Light		計 Total	小型 Small	軽 Light
8,118,065	2,745,875	2,510,618	2,861,572	226,030	559,853	240,726	319,127
808,088	238,972	223,293	345,823	18,312	38,266	19,099	19,167
1,006,090	332,697	308,415	364,978	28,613	62,975	33,290	29,685
2,789,692	1,027,987	929,850	831,855	85,182	236,501	95,131	141,370
652,417	193,773	196,420	262,224	14,584	31,941	15,042	16,899
543,830	131,578	141,061	271,191	16,022	32,758	11,497	21,261
2,317,948	820,868	711,579	785,501	63,317	157,412	66,667	90,745
4,209,025	1,120,226	1,224,258	1,864,541	112,301	186,721	91,495	95,226
346,551	81,830	99,769	164,952	9,664	10,461	5,549	4,912
410,056	89,645	122,353	198,058	12,032	12,216	5,958	6,258
1,164,802	312,540	327,750	524,512	31,686	52,456	27,192	25,264
1,465,193	423,231	427,503	614,459	39,103	78,604	36,932	41,672
822,423	212,980	246,883	362,560	19,816	32,984	15,864	17,120
2,196,099	545,210	606,597	1,044,292	61,734	104,186	50,272	53,914
457,783	118,823	132,228	206,732	11,771	18,505	9,562	8,943
592,958	154,896	164,782	273,280	15,962	28,240	13,716	14,524
747,441	181,687	202,373	363,381	21,890	35,580	16,567	19,013
397,917	89,804	107,214	200,899	12,111	21,861	10,427	11,434
7,198,281	1,890,026	2,090,259	3,217,996	195,021	364,794	179,870	184,924
2,619,042	797,545	797,718	1,023,779	63,403	143,599	73,779	69,820
508,919	125,384	135,901	247,634	13,508	22,550	13,150	9,400
700,517	152,280	185,351	362,886	19,311	45,841	16,655	29,186
1,039,171	269,045	296,334	473,792	28,514	38,087	24,057	14,030
695,245	176,382	201,572	317,291	17,317	27,274	13,847	13,427
678,281	163,105	189,969	325,207	19,640	39,090	16,650	22,440
957,106	206,285	283,414	467,407	33,328	48,353	21,732	26,621
871,074	159,679	251,770	459,625	21,399	58,213	19,657	38,556

（自動車保有車両数）

使用燃料別自

Number of Motor

年度末 At the End of Fiscal Year		ガソリン Gasoline 貨物車 Truck	バス Bus	乗用車 Passenger Car	特種車 Special Purpose Vehicle	軽油 Diesel Oil 貨物車 Truck	バス Bus	乗用車 Passenger Car	特種車 Special Purpose Vehicle
S60	(1985)	4,175,746	20,819	24,235,681	138,749	4,054,522	209,931	1,311,044	447,560
H2	(1990)	2,861,420	7,600	29,239,819	140,516	5,875,304	238,226	2,994,439	628,170
H7	(1995)	2,181,867	3,266	33,890,861	198,029	6,545,835	239,585	4,923,782	804,376
H12	(2000)	1,940,000	2,242	37,794,496	393,132	6,014,672	232,883	4,253,971	993,912
H17	(2005)	2,077,938	4,995	40,103,671	329,504	4,894,975	225,288	2,125,545	903,063
H22	(2010)	1,954,448	9,039	37,593,625	300,163	4,059,731	215,695	905,357	819,910
H26	(2014)	1,906,096	13,526	33,793,348	293,384	3,916,933	211,866	760,828	821,841
H27	(2015)	1,900,391	14,635	32,685,115	296,500	3,910,656	213,834	854,585	828,887
H28	(2016)	1,902,718	15,634	31,732,607	299,426	3,918,155	215,986	952,511	840,166
h29	(2017)	1,902,036	16,489	30,688,342	301,736	3,923,812	215,044	1,062,588	849,597
H30	(2018)	1,898,900	17,367	29,524,543	304,365	3,946,296	213,630	1,196,701	856,347
R1	(2019)	1,885,010	18,105	28,412,653	308,886	3,968,588	210,889	1,318,396	862,023
資料					(一財)自動車検査登録情報協会			(自動車保有車両数)	

(注)1. 登録自動車(軽自動車及び小型二輪自動車を含まない。)のみを対象としている。
2. 貨物車の台数にはトレーラーを含まない。

車種別新車

Number of New Cars Sold

年度 Fiscal Year		合計 Total	増加率(%)	乗用車 Passenger 計 Sum Total	普通車 Ordinary Car	小型 Small Size	軽四輪車 Light Motor	トラック 計 Sum Total	普通車 Ordinary Car
S45	(1970)	4,094,543	…	2,396,548	8,331	1,681,525	706,692	1,665,773	168,799
S50	(1975)	4,204,437	2.7	2,629,419	49,309	2,436,389	143,721	1,553,096	121,209
S55	(1980)	4,995,821	18.8	2,819,485	64,496	2,580,718	174,271	2,153,052	151,279
S60	(1985)	5,573,545	11.6	3,091,722	74,201	2,864,086	153,435	2,460,243	110,509
H2	(1990)	7,802,242	40.0	5,092,595	390,741	3,827,259	874,595	2,685,122	193,718
H7	(1995)	6,895,680	-11.6	4,465,452	899,560	2,633,289	932,603	2,412,620	171,494
H12	(2000)	5,973,439	-13.4	4,257,331	756,324	2,229,634	1,271,373	1,700,658	84,454
H17	(2005)	5,861,545	-1.9	4,755,369	1,256,385	2,081,711	1,417,273	1,088,316	199,975
H22	(2010)	4,601,135	-5.7	3,880,266	1,276,280	1,396,312	1,207,674	709,410	103,178
H25	(2013)	5,692,162	9.2	4,836,746	1,509,877	1,505,788	1,821,081	843,644	153,949
H26	(2014)	5,297,111	-6.9	4,453,510	1,337,957	1,354,706	1,760,847	831,464	168,307
H27	(2015)	4,937,734	-6.8	4,115,436	1,379,831	1,307,629	1,427,976	808,174	167,498
H28	(2016)	5,077,903	1.0	4,243,393	1,529,276	1,376,636	1,337,481	818,858	177,882
H29	(2017)	5,197,109	1.0	4,349,777	1,547,381	1,348,357	1,454,039	832,361	173,017
H30	(2018)	5,259,589	1.2	4,363,608	1,580,001	1,297,740	1,485,867	882,342	182,068
R1	(2019)	5,038,727	-4.2	4,173,186	1,516,153	1,217,551	1,439,482	852,328	178,074
資料							(一社)日本自動車工業会 データベース		

(注)1. 2003年1月から、シャーシーベースからナンバーベースに変更になった(但し、軽自動車を除く)。
2. 特種用途車の大型消防車、ミキサー車等は貨物車に、乗用タイプのパトロールカー等は乗用車で集計している。
3. トレーラー、特殊車等を含まない。

動　車　保　有　車　両　数
Vehicles by Type of Fuel

単位：台 (Unit：Cars)

L P G				電気		ハイブリッド	
貨物車 Truck	バス Bus	乗用車 Passenger Car	特種車 Special Purpose Vehicle	Electric	うち乗用車 Passenger Car	Hybrid	うち乗用車 Passenger Car
7,749	8	300,434	7,868				
7,737	5	301,866	8,178				
7,272	3	287,661	8,501				
12,602	1	265,233	8,089				
21,868	117	262,425	10,510	306	(274)	256,668	(253,398)
20,764	172	225,148	10,963	4,672	(4,637)	1,417,995	(1,404,137)
16,436	188	197,420	9,678	53,098	(52,641)	4,706,427	(4,684,755)
15,055	186	191,221	9,315	63,483	(62,136)	5,581,573	(5,558,725)
13,732	179	184,813	8,745	75,022	(73,381)	6,568,955	(6,544,268)
12,104	177	173,435	8,275	92,874	(91,356)	7,539,090	(7,512,846)
10,553	168	159,274	7,583	107,434	(105,921)	8,484,944	(8,453,451)
9,428	151	144,177	5,898	118,881	(117,317)	9,326,570	(9,281,380)

販　売　台　数
by Type of Vehicle

単位：台 (Unit：Cars)

Truck		バ ス Bus		
小型 Small Size	軽四輪車 Light Motor	計 Sum Total	大型 Ordinary Car	小型 Small Size
968,844	528,130	32,222	10,235	21,987
1,010,020	421,867	21,922	9,044	12,878
1,114,950	886,823	23,284	9,344	13,940
952,080	1,397,654	21,580	9,144	12,436
1,464,116	1,027,288	24,525	9,010	15,515
1,448,904	792,222	17,608	6,458	11,150
1,033,412	582,792	15,450	4,263	11,187
357,252	531,089	17,860	6,100	11,760
185,119	421,113	11,459	4,114	7,345
248,942	440,753	11,772	4,443	7,329
250,873	412,284	12,137	4,555	7,582
255,324	385,352	14,124	5,538	8,586
258,487	382,489	15,652	6,875	8,777
254,508	404,836	14,971	6,087	8,884
263,142	437,132	13,639	5,050	8,589
257,769	416,485	13,213	4,803	8,410

道路延長

Road Length

単位：キロメートル（Unit：Kilometer）

年度 Fiscal Year	合計 Total		高速自動車国道		一般道路計	
	実延長	舗装済	実延長	舗装済	実延長	舗装済
S45（末）(1970)	1,023,646	187,333	649	649	1,022,936	186,624
S55（初）(1980)	1,113,388	510,904	2,579	2,579	1,110,808	508,325
H2（初）(1990)	1,114,697	771,746	4,661	4,661	1,110,037	767,085
H7（初）(1995)	1,142,308	840,777	5,677	5,677	1,136,631	835,100
H12（初）(2000)	1,166,340	892,928	6,617	6,617	1,159,723	886,311
H17（初）(2005)	1,192,972	942,407	7,383	7,383	1,185,590	935,023
H22（初）(2010)	1,210,252	973,234	7,803	7,803	1,202,449	965,431
H27（初）(2015)	1,220,724	997,750	8,652	8,652	1,212,071	989,098
H28（初）(2016)	1,222,319	1,002,489	8,776	8,776	1,213,543	993,713
H29（初）(2017)	1,223,887	1,005,711	8,796	8,796	1,215,952	996,916
H30（初）(2018)	1,224,766	1,008,728	8,923	8,923	1,215,843	999,805
H30（末）(2018)	1,226,489	1,011,812	9,021	9,021	1,217,468	1,002,791

年度 Fiscal Year	一般国道		都道府県道		市町村道	
	実延長	舗装済	実延長	舗装済	実延長	舗装済
S45（末）(1970)	32,650	27,282	122,324	55,172	867,962	104,169
S55（初）(1980)	40,212	38,408	130,836	104,523	939,760	365,394
H2（初）(1990)	46,935	46,074	128,782	118,783	934,319	602,229
H7（初）(1995)	53,327	52,545	125,512	117,836	957,792	664,719
H12（初）(2000)	53,777	53,177	128,183	121,365	977,764	711,770
H17（初）(2005)	54,265	53,878	129,139	124,090	1,002,185	757,055
H22（初）(2010)	54,981	54,643	129,366	124,835	1,018,101	785,953
H27（初）(2015)	55,645	55,324	129,446	125,279	1,026,980	808,495
H28（初）(2016)	55,565	55,245	129,603	125,466	1,028,375	813,003
H29（初）(2017)	55,637	55,320	129,667	125,559	1,029,787	816,037
H30（初）(2018)	55,698	55,382	129,721	125,625	1,030,424	818,799
H30（末）(2018)	55,874	55,583	129,754	125,689	1,031,840	821,519

資料　国土交通省道路局（道路統計年報）

（注）1.「舗装済」の値には簡易舗装を含む。

2. 東日本大震災の影響により、市町村道の一部に平成24年4月1日以前のデータを含む。

有料道路の現況
Toll Roads

高速道路 High Speed Highways

事業者名	延長（km）			
	H28（2016）年 4月1日時点	H29（2017）年 4月1日時点	H30（2018）年 4月1日時点	H31（2019）年 3月31日時点
東・中・西日本高速道路（株）	8,243.0	8,265.0	8,346.1	8,432.8
首都高速道路（株）	310.7	310.7	320.1	320.1
阪神高速道路（株）	259.1	259.1	260.5	260.5
本州四国連絡高速道路（株）	172.9	172.9	172.9	172.9
名古屋高速道路公社	81.2	81.2	81.2	81.2
広島高速道路公社	25.0	25.0	25.0	25.0
福岡北九州高速道路公社	106.3	106.3	106.3	106.3
資料	国土交通省　道路統計年報			

（注）路線数欄の東・中・西日本高速道路（株）の値は道路数である。

一般自動車道及び有料道路 Others Toll Roads

事業者名		路線数		延長（km）	
		H30（2018）年 4月1日時点	H31（2019）年 3月31日時点	H30（2018）年 4月1日時点	H31（2019）年 3月31日時点
自動車道	一般自動車道	31	31	312.9	312.9
	専用自動車道	5	5	50.8	77.0
一般有料道路	東・中・西日本高速道路（株）	53		1,126.6	1,129.6
	地方公共団体及び道路管理者	…	…	…	…
	地方道路公社	78		686.9	672.5
資料		国土交通省　道路統計年報			

（注）専用自動車道は、R2（2020）年3月14日時点。

自動車ターミナル
Bus and Truck Terminals

（各年4月1日現在）

規模	30(2018)					31(2019)				
	合計 Total	バスターミナル Bus Terminals			トラックターミナル Truck Terminals	合計 Total	バスターミナル Bus Terminals			トラックターミナル Truck Terminals
		計	一般	専用	一般		計	一般	専用	一般
（バース数）berth										
2～5	r 87	87	4	83	…	84	84	5	79	…
6～10	r 39	39	10	29	…	38	38	10	28	…
11～20	r 12	11	7	4	1	12	11	7	4	1
21～50	r 7	3	3	…	4	7	3	3	…	4
51～100	6	…	…	…	6	6	…	…	…	6
100以上	11	…	…	…	11	11	…	…	…	11
合計 Total	162	140	24	116	22	158	136	25	111	22
資料	国土交通省　数字で見る自動車									

（注）一般自動車ターミナルについては、免許したものであり未供用のターミナルを含む。

鋼船

Tonnage of

歴年(年央) Middle of Calendar Year	商船（100トン以上） Merchant Ship					
	合計 Sum Total		一般貨物船 Dry Cargo Vessels		客船・その他 Passenger Ships,other	
	隻数 No	総トン Ton	隻数 No	総トン Ton	隻数 No	総トン Ton
S40 (1965)	5,074	10,302	3,251	6,453	257	207
S45 (1970)	7,867	23,715	5,282	14,563	472	269
S50 (1975)	8,112	38,026	5,503	19,580	716	1,032
S55 (1980)	8,825	39,015	5,546	20,632	1,551	1,284
S60 (1985)	8,225	38,141	5,215	23,155	1,618	1,376
H2 (1990)	7,668	25,186	4,769	16,037	1,690	1,563
H7 (1995)	6,950	19,030	3,388	9,147	1,672	1,779
H12 (2000)	5,880	14,874	2,779	5,924	1,561	1,618
H17 (2005)	4,848	11,836	2,161	4,633	1,393	1,467
H22 (2010)	4,255	13,864	1,941	6,493	1,174	1,205
H25 (2013)	4,029	17,428	1,817	9,922	1,128	1,204
H26 (2014)	4,015	19,206	1,830	11,874	1,122	1,186
H27 (2015)	4,006	20,166	1,850	12,450	1,105	1,166
H28 (2016)	3,999	21,479	1,863	13,555	1,103	1,191
H29 (2017)	4,014	23,393	1,880	14,194	1,095	1,204
H30 (2018)	4,003	25,094	1,888	15,637	1,083	1,203
H31 (2019)	4,039	27,108	1,910	16,653	1,086	1,190
資料	国土交通省					

(注) 1. 商船船腹には、漁船、官庁船、捕鯨母船、その他特種船を含まない。ただし、内海定期交通船を含む。
2. 商船船腹の昭和48年以降は、日本船主協会「日本商船船腹統計」(各年年央)によっているので、昭和47年以前の数字とは接続しない。
3. 一般貨物船には、3000総トン以上の貨客船、3000総トン未満の貨客船を含む。
4. 外航船の40年以前は、(3000総トン以上)の数字である。

船　腹　量

Steel Vessels

単位：千トン (Unit：1000 Gross Ton)

油送船 Oil Tanker		外航船 (2000総トン以上)(再掲) Oceangoing Vessels					
		合計 Sum Total		一般貨物船 Dry Cargo Vessels		油送船 Oil Tanker	
隻数 No	総トン Ton	隻数 No	総トン Ton	隻数 No	総トン Ton	隻数 No	総トン Ton
1,566	3,642	876	10,316	738	6,099	138	4,217
2,113	8,883	1,508	21,185	1,319	13,025	189	8,160
1,893	17,414	1,317	33,486	1,059	16,635	258	16,851
1,728	17,099	1,176	34,240	941	17,644	235	16,596
1,392	13,610	1,028	33,470	836	19,368	192	14,102
1,209	7,586	449	20,406	346	12,054	103	8,352
1,890	8,104	218	13,849	145	6,961	73	6,888
1,540	7,332	134	10,098	75	3,787	59	6,311
1,294	5,763	95	7,460	48	2,652	47	4,808
1,140	6,166	123	9,739	74	4,503	49	5,237
1,084	6,302	159	13,702	118	8,558	41	5,114
1,063	6,146	184	15,462	142	10,476	42	4,986
1,051	6,549	197	16,506	152	11,129	45	5,377
1,033	6,733	219	18,282	171	12,441	48	5,841
1,039	7,995	237	20,002	182	13,065	55	6,937
1,032	8,255	261	21,893	205	14,844	56	7,049
1,043	9,265	273	23,526	207	15,546	66	7,980

海事局外航課

造船設備の現状
Shipbuilding Eqipment

単位:基

区分	建造設備（船台・建造ドッグ）Building dock					修繕設備（修繕ドッグ）Repairing dock				
	500～4999 総トン (Tons)	5000～29999 総トン (Tons)	30000～99999 総トン (Tons)	100000～ 総トン以上 (Tons)	合計 Sum Total	500～4999 総トン (Tons)	5000～29999 総トン (Tons)	30000～99999 総トン (Tons)	100000～ 総トン以上 (Tons)	合計 Sum Total
H7(1995)年4月	166	29	19	9	223	105	55	24	12	196
H12(2000)年4月	135	41	19	11	206	102	55	23	13	193
H17(2005)年4月	99	36	27	15	177	93	48	24	14	179
H19(2007)年4月	96	42	28	17	183	88	48	25	14	175
H20(2008)年4月	100	43	32	17	192	89	50	26	14	179
H21(2009)年4月	102	43	32	17	194	86	47	23	14	170
H22(2010)年4月	100	42	32	17	191	84	46	23	15	168
H23(2011)年4月	103	43	32	17	195	83	47	21	15	166
H24(2012)年4月	102	43	31	18	194	81	44	21	16	162
H26(2014)年4月	102	42	35	18	197	78	45	22	16	161
H27(2015)年4月	98	42	35	18	193	75	45	22	16	158
H28(2016)年4月	99	42	35	18	194	74	45	22	16	157
H29(2017)年4月	98	42	33	20	193	73	45	22	15	155
H30(2018)年4月	97	43	33	21	194	74	45	22	16	157
H31(2019)年4月	96	42	33	21	192	73	47	23	16	159
資料	国土交通省海事局船舶産業課									

(注)1. 修繕用引揚船台を除く

2. 造船法に基づく許可ベース。

港湾の種類及び数
Classification of Ports and Harbors

(令和2(2020)年4月1日現在)

区分 Category	総数 Total Number	管理者 Port Management Bodies 都道府県 Prefectures	市町村 Munici-palities	港務局 Port Authonity	一部事務組合 Cooperative System	計 Total	その他(56条) Others
国際戦略港湾 Strategic International Container Port	5	1	4	…	…	5	…
国際拠点港湾 International Major Ports	18	11	4	…	3	18	…
重要港湾 Major Ports	102	82	16	1	3	102	…
地方港湾 Local Ports	807	504	303	…	…	807	61
小計 Sub Total	993	598	327	1	6	932	61
漁港一種 Fishing Ports (Type Ⅰ)	2,052	277	1,775	…	…	2,052	…
漁港二種 Fishing Ports (Type Ⅱ)	525	331	194	…	…	525	…
漁港三種 Fishing Ports (Type Ⅲ)	101	96	5	…	…	101	…
漁港特定三種 Fishing Ports (Special Type Ⅲ)	13	12	1	…	…	13	…
漁港四種 Fishing Ports (Type Ⅳ)	99	99	0	…	…	99	…
小計 Sub Total	2,790	815	1,975	…	…	2,790	…
合計 Total	3,783	1,413	2,302	1	6	3,722	61
資料	港湾…国土交通省港湾局　漁港…水産庁漁港漁場整備部計画課						

営業倉庫の倉庫面積及び倉庫容積

Space and Capacity of Warehouses

年度末 At the End of Fiscal Year	普通倉庫 (Ordinary Warehouses)					冷蔵倉庫 Refrigeration Warehouses	水面倉庫 Pond Warehouses
	1・2・3類倉庫	野積倉庫 Open Storage	貯蔵槽倉庫 Storehouse	危険品倉庫 Dangerous Goods 建屋	危険品倉庫 Dangerous Goods タンク		
	1,000㎡	1,000㎡	1,000㎥	1,000㎡	1,000㎥	1,000㎥	1,000㎡
S35 (1960)	5,725	…	…	…	…	2,191	…
S45 (1970)	12,512	1,929	2,314	43	81	6,080	4,149
S55 (1980)	20,229	3,471	6,291	165	543	14,183	6,518
H2 (1990)	26,511	4,031	9,344	252	29,201	21,226	5,394
H12 (2000)	37,419	4,184	10,496	362	47,876	28,478	3,616
H13 (2001)	37,187	4,223	10,576	401	47,828	28,734	3,120
H14 (2002)	37,444	4,021	10,664	406	47,748	28,532	2,762
H15 (2003)	37,274	3,870	10,548	373	7,869	28,103	2,066
H16 (2004)	35,737	3,890	10,615	367	8,737	27,379	2,066
H17 (2005)	r 36,197	4,117	9,073	416	9,658	27,518	1,875
H18 (2006)	37,976	4,084	9,259	409	5,871	25,144	1,796
H19 (2007)	38,672	4,326	9,274	421	9,115	26,840	1,796
H20 (2008)	37,923	4,131	8,985	394	9,254	26,948	1,836
H21 (2009)	38,388	3,977	8,883	377	9,083	24,404	1,817
H22 (2010)	40,425	4,096	9,616	477	9,765	29,338	829
H23 (2011)	41,690	3,882	10,590	485	10,628	29,226	743
H24 (2012)	41,171	3,609	10,539	466	9,960	30,647	476
H25 (2013)	38,453	3,891	8,322	470	8,545	27,546	476
H26 (2014)	38,792	3,269	8,037	464	9,365	27,244	372
H27 (2015)	46,178	4,338	10,693	517	10,869	31,046	509
H28 (2016)	47,746	3,710	10,521	525	9,152	31,930	491
H29 (2017)	52,283	3,972	10,480	552	9,323	34,906	491
資料	国土交通白書						

(注) 1. 1・2・3類倉庫、野積倉庫、危険品倉庫(建屋)、水面倉庫は倉庫面積。貯蔵槽倉庫、危険品倉庫(タンク)、冷蔵倉庫は倉庫容積である。

2. 昭和35年度の1・2・3類倉庫は、危険品倉庫(建屋)を含む。

登 録 航 空 機 数

Number of Registered Aircraft

種類(Section) ＼ 暦年末 At the End of Calendar year		S45 (1970)	S55 (1980)	H2 (1990)	H12 (2000)	H17 (2005)	H22 (2010)	H27 (2015)	H29 (2017)	H30 (2018)	R1 (2019)
単発	ピストン Recipro	361	515	614	584	543	546	489	490	502	507
	ターボ・プロップ Turboprop	…	1	21	13	18	24	30	47	50	41
双発	ピストン Recipro	93	114	102	63	51	54	55	56	56	60
	ターボ・プロップ Turboprop	106	119	130	110	110	113	103	101	99	94
	ターボ・ジェット Turbojet	10	49	145	290	368	474	586	628	651	670
多発	ピストン Recipro	2	1	…	…	…	…	…	…	…	…
	ターボ・プロップ Turboprop	…	…	…	…	…	…	…	…	…	…
	ターボ・ジェット Turbojet	60	134	133	160	117	36	15	13	11	11
	B-747	3	47	97	131	114	34	13	11	9	8
	その他	4	…	3	3	3	2	2	2	2	3
回転翼	ピストン Recipro	249	241	245	193	161	181	173	169	168	160
	タービン Turbine	46	260	867	764	630	600	628	643	657	673
飛行船 Airship		…	1	5	1	2	1	1	1	1	1
滑空機 Glider		233	352	471	624	659	667	654	648	645	649
総計 Sum Total		1,160	1,796	2,733	2,802	2,659	2,696	2,734	2,796	2,840	r 2,866
資料		国土交通省航空局									

鉄道運転事故

Railway Accidents

年　度 Fiscal Year	列車衝突 (Collision)		列車脱線 (Derailment)		列車火災 (Fire)		踏切事故 (Crossing)	
	計　Total	うちJR	計　Total	うちJR	計　Total	うちJR	計	うちJR
	件	件	件	件	件	件	件	件
S55 (1980)	6	2	79	46	5	3	1,207	832
H2 (1990)	3	1	32	12	9	6	744	494
H12 (2000)	7	…	23	15	5	4	462	267
H17 (2005)	6	2	22	7	…	…	414	229
H22 (2010)	1	…	13	7	…	…	301	126
H25 (2013)	2	…	15	7	…	…	288	125
H26 (2014)	1	1	11	6	…	…	246	123
H27 (2015)	2	…	7	2	1	1	236	102
H28 (2016)	3	…	16	7	…	…	222	98
H29 (2017)	3	…	10	3	…	…	249	116
H30 (2018)	4	…	9	1	…	…	228	101
R1 (2019)	2	…	13	2	…	…	208	79

年　度 Fiscal Year	道路障害 (Road Obstacle)		人身障害 (Injury or Death)		物　損 (Damage)		**運転事故件数 (Total)**	
	計	うちJR	計	うちJR	計	うちJR	**合計**	**うちJR**
	件	件	件	件	件	件	件	件
S55 (1980)	418	…	548	413	…	…	2,263	1,296
H2 (1990)	134	…	384	286	2	1	1,308	800
H12 (2000)	96	…	332	199	6	4	931	489
H17 (2005)	41	…	368	213	6	4	857	455
H22 (2010)	91	…	463	251	3	3	872	387
H25 (2013)	55	…	421	248	9	3	790	383
H26 (2014)	48	…	449	263	3	2	758	395
H27 (2015)	63	…	416	249	2	2	727	356
H28 (2016)	43	…	429	233	2	2	715	340
H29 (2017)	32	…	368	198	8	5	670	322
H30 (2018)	23	…	367	196	7	3	638	301
R1 (2019)	38	…	351	186	3	3	615	270

年　度 Fiscal Year	死亡者数 (Deceased)	負傷者数 (Injured)
	人	人
S55 (1980)	574	989
H2 (1990)	423	606
H12 (2000)	312	376
H17 (2005)	444	953
H22 (2010)	353	357
H25 (2013)	276	455
H26 (2014)	287	·420
H27 (2015)	286	339
H28 (2016)	307	337
H29 (2017)	278	277
H30 (2018)	252	283
R1 (2019)	254	358

資料　国土交通省鉄道局（鉄軌道輸送の安全に関わる情報）

道 路 交 通

Road Traffic

暦年 Calendar Year		道路交通事故総計 Number of Road Traffic Accidents			死亡事故の類型別発生割合 Fatal Accidents			
		事故件数 Number of Accidents	死者数 Persons Deceased	負傷者数 Persons Injured	車対人 Car / Pedestrian Collision	車対自転車 Car/ Bicycle	車対車 Car/ Collision	車単独 Car Only
		件	人	人	%	%	%	%
S35	(1960)	449,917	12,055	289,156	…	…	…	…
S45	(1970)	718,080	16,765	981,096	37.1	11.6	28.1	18.2
S55	(1980)	476,677	8,760	598,719	31.7	41.1		24.7
H2	(1990)	643,097	11,227	790,295	12.4	82.0		5.6
H12	(2000)	931,950	9,073	1,155,707	28.4	47.0		24.0
H17	(2005)	934,346	6,937	1,157,113	30.5	46.7		22.0
H22	(2010)	725,924	4,948	896,297	35.2	42.7		21.4
H23	(2011)	692,084	4,691	854,613	36.0	42.9		20.2
H24	(2012)	665,157	4,438	825,392	36.5	41.7		20.7
H25	(2013)	629,033	4,388	781,492	34.9	39.8		23.9
H26	(2014)	573,842	4,113	711,374	36.0	39.2		24.0
H27	(2015)	536,899	4,117	666,023	36.6	38.7		23.8
H28	(2016)	499,201	3,904	618,853	34.4	38.1		26.0
H29	(2017)	472,165	3,694	580,850	35.3	37.8		25.5
H30	(2018)	430,601	3,532	525,846	34.4	38.9		24.9
H31・R1	(2019)	381,237	3,215	461,775	35.2	37.0		26.0
R2	(2020)	309,178	2,839	369,476	33.8	35.1		29.6
資料		警察庁交通局						

(注) 1. 事故件数は、昭和41年以降の件数には物損事故を含まない。

2. 業種別事故件数と車種別事故件数は対象範囲が異なるため、合計は合わない。

事　故　（その１）
Accidents (No.1)

	自動車が第一当事者となった事故（業種別） Mainly Caused by Car				
その他 Others	自家用 (Private)		事業用 (Commercial)		特殊車 Special Purpose Vehicle
	乗用車 Passenger Car	貨物車 Motor Lorry	乗用車 Passenger Car	貨物車 Motor Lorry	
%	件	件	件	件	件
…	52,479	142,606	33,667	46,328	…
5.0	262,583	232,351	47,935	38,053	1,587
2.5	241,318	120,041	20,392	18,141	599
0.0	344,426	154,532	18,931	26,097	596
0.6	597,969	157,885	29,076	37,007	799
0.8	613,829	141,749	31,635	36,794	740
0.7	494,021	102,436	25,617	25,452	483
0.9	471,536	98,083	24,222	24,865	477
1.1	459,161	92,549	21,808	23,539	515
1.4	437,299	86,640	19,963	22,462	523
0.8	400,048	78,566	18,085	21,564	475
0.9	379,064	71,940	16,674	19,825	424
1.5	354,899	66,150	15,082	18,254	406
1.4	333,854	61,984	14,669	17,986	413
1.8	303,012	56,131	13,422	17,396	389
1.8	265,022	50,303	12,278	15,606	326
1.5	212,955	41,173	8,371	13,500	301

（交通事故統計年報）

3. 四捨五入の関係により、末尾の数字が合わない場合がある。

道　路　交　通

Road Traffic

暦 年 Calendar Year		自動車等が第一当事者となった事故（車種別）				
		計 Total		バ ス Bus		乗用車 Passenger
		事故件数 Number of accidents	死亡件数 Persons deceased	事故件数 Number of accidents	死亡件数 Persons deceased	事故件数 Number of accidents
		件	件	件	件	件
S35	(1960)	356,258	8,609	8,282	405	78,336
S45	(1970)	599,747	12,549	7,845	168	272,196
S55	(1980)	416,771	7,063	3,392	45	258,769
H2	(1990)	601,464	9,524	3,050	48	343,356
H12	(2000)	842,498	7,489	3,226	22	546,896
H17	(2005)	844,678	5,773	3,378	20	515,304
H22	(2010)	662,604	4,200	2,918	23	372,940
H23	(2011)	632,829	3,955	2,590	10	350,871
H24	(2012)	610,042	3,702	2,411	14	335,149
H25	(2013)	578,491	3,665	2,145	17	313,221
H26	(2014)	528,737	3,455	1,908	16	281,505
H27	(2015)	496,837	3,429	1,764	17	262,452
H28	(2016)	463,051	3,261	1,549	11	244,128
H29	(2017)	436,770	3,104	1,480	15	230,674
H30	(2018)	397,484	2,958	1,442	14	209,088
H31・R1	(2019)	r 350,128	2,679	r 1,279	13	183,283
R2	(2020)	278,284	2,406	906	11	145,955
資 料		警察庁交通局				

(注) 1. 事故件数は、昭和41年以降の件数には物損事故を含まない。

2. バス＝バスのみ、乗用車＝普通＋自動二輪、トラック（トレーラーは内数）＝大型＋準中型＋中型＋普通、その他＝マイクロバス＋軽乗用＋軽貨物＋特殊＋ミニカー

事　故　（その２）

Accidents (Continued No.2)

(Mainly Caused by Car)				
(普通) Car	トラック Turck		そ の 他 Others	
死亡件数 Persons deceased	事故件数 Number of accidents	死亡件数 Persons deceased	事故件数 Number of accidents	死亡件数 Persons deceased
件	件	件	件	件
1,056	191,980	5,484	77,660	1,664
5,499	220,093	5,274	99,613	1,608
4,307	108,151	2,130	46,459	581
4,438	180,629	2,944	74,429	2,094
4,182	117,889	1,503	174,487	1,782
2,943	105,446	1,146	220,550	1,664
1,959	69,796	781	216,950	1,437
1,798	67,394	725	211,974	1,422
1,706	63,452	681	209,030	1,301
1,651	59,663	629	203,462	1,368
1,487	55,303	651	190,021	1,301
1,570	50,875	560	181,746	1,282
1,431	46,797	523	170,577	1,296
1,378	44,507	504	160,109	1,207
1,269	41,545	499	145,409	1,176
1,151	36,579	457	128,987	1,058
987	29,704	421	101,719	987

（交通事故統計年報）

3. 業種別事故件数と車種別事故件数は対象範囲がないため、合計は合わない。

4. 四捨五入の関係により、末尾の数字が合わない場合がある。

海 難 事 故

Maritime Accidents

暦年 Calendar Year		事故隻数 救助数 Number of Ships Salvaged	自力入港 Return by Own Power	全損行方不明 Missing	計 Total	死亡・行方不明者数 Number of Missing and Deceased
		隻	隻	隻	隻	人
S45	(1970)	1,836	375	435	2,646	533
S55	(1980)	1,628	264	494	2,386	444
H2	(1990)	1,453	278	342	2,073	197
H12	(2000)	1,646	279	276	2,201	163
H17	(2005)	1,357	286	240	1,883	121
H22	(2010)	1,335	230	184	1,749	99
H23	(2011)	1,532	169	303	2,004	108
H24	(2012)	1,372	215	217	1,804	78
H25	(2013)	1,363	234	214	1,811	84
H26	(2014)	1,247	228	215	1,690	100
H27	(2015)	1,644	182	163	1,989	48
H28	(2016)	1,690	302	148	2,140	56
H29	(2017)	1,605	198	220	2,023	82
H30	(2018)	1,704	209	247	2,160	75
H31・R1	(2019)	1,679	261	218	2,158	64
資料		海上保安庁(海上保安統計年報)				

(注) 本表は、救助されたものおよび海難発生時救助を必要としたと認められるもののみ。

航　空　事　故
Aircraft　Accidents

暦 年 Calendar Year	事　故　件　数				死者数	負傷者数
	飛行機 Aircraft	回転翼機 Helicopters	滑空機 Glider	計 Total	Persons Deceased	Persons Injured
	件	件	件	件	人	人
S45　(1970)	18	25	4	47	22	40
S55　(1980)	16	22	3	41	11	25
H2　(1990)	23	18	7	48	44	59
H12　(2000)	11	12	5	28	9	27
H17　(2005)	9	7	7	23	16	20
H20　(2008)	11	3	3	17	5	10
H21　(2009)	9	7	3	19	9	45
H22　(2010)	6	4	2	12	17	3
H23　(2011)	10	3	1	14	6	12
H24　(2012)	13	4	1	18	1	25
H25　(2013)	6	3	2	11	2	14
H26　(2014)	11	1	5	17	2	29
H27　(2015)	15	4	8	27	10	42
H28　(2016)	8	2	4	14	8	5
H29　(2017)	13	6	2	21	22	9
H30　(2018)	10	3	1	14	11	6
H31・R1　(2019)	7	2	3	12	1	11
資　料	運輸安全委員会（運輸安全委員会年報）					

(注) 1. 本表は、日本国内で発生した事故である。
　　2. 事故には、航空機内の病死等を含む。

業 種 別 月
Average Monthly

暦 年 Calendar Year		全 産 業 All Industries		製 造 業 Manufacturing		運 輸 業			
						運 輸 業 Transport		国 鉄 JNR	
		従業員数 Number of employees	給与額 Earnings	従業員数 Number of employees	給与額 Earnings	従業員数 Number of employees	給与額 Earnings	従業員数 Number of employees	給与額 Earnings
		千人	円	千人	円	千人	円	千人	円
S45	(1970)	15,599	75,670	8,151	71,447	1,811	83,319	403	95,385
S55	(1980)	18,859	263,386	7,238	244,571	1,813	279,037	…	…
H2	(1990)	39,478	329,443	11,538	321,802	2,637	374,217	…	…
H12	(2000)	43,538	355,474	10,024	371,452	2,901	383,701	…	…
H17	(2005)	43,266	334,910	8,595	380,885	2,638	355,908	…	…
H22	(2010)	44,356	317,321	8,280	362,340	2,647	333,882	…	…
H23	(2011)	44,611	316,792	8,244	368,340	2,658	332,539	…	…
H24	(2012)	45,997	314,126	8,065	372,072	3,235	335,547	…	…
H25	(2013)	46,460	314,048	7,993	372,459	3,217	342,763	…	…
H26	(2014)	47,262	319,175	7,983	383,644	3,267	343,523	…	…
H27	(2015)	47,770	315,856	8,022	376,864	3,299	343,310	…	…
H28	(2016)	48,765	317,862	8,058	379,581	3,325	343,261	…	…
H29	(2017)	50,031	319,453	8,102	385,458	3,381	347,639	…	…
H30	(2018)	r 49,807	323,547	8,000	392,305	3,109	356,665	…	…
H31・R1	(2019)	50,786	322,552	8,082	390,981	3,139	361,511	…	…
資 料		厚生労働省							

(注) 1. 従業員数は、厚生労働省「毎月勤労統計調査」を掲載。運輸業は「運輸業、郵便業」の数字である。
2. 給与額は、厚生労働省「毎月勤労統計調査」第13表及び第16表の事業所規模5人以上から掲載。

平　均　給　与　額
Salary by Industry

Transport

民営鉄道 Private Railways		公営鉄道 Municipality-operated Railways		道路旅客運送業 Road Passenger Transport		道路貨物運送業 Road Freight Transport		海 運 業 Shipping Business	
従業員数 Number of employees	給与額 Earnings	従業員数 Number of employees	給与額 Earnings	従業員数 Number of employees	給与額 Earnings	従業員数 Number of employees	給与額 Earnings	従業員数 Number of employees	給与額 Earnings
千人	円	千人	円	千人	円	千人	円	千人	円
87	86,637	25	111,661	597	76,423	452	76,497	130	95,839
462	293,555	…	…	554	258,307	461	256,457	102	318,715
324	461,385	…	…	627	352,369	1,151	332,650	66	414,068
248	574,938	…	…	590	306,502	1,515	335,997	44	488,614
227	552,655	…	…	537	267,702	1,440	304,781	36	474,245
208	550,572	…	…	528	240,784	1,365	296,424	…	488,328
211	544,415	…	…	510	236,974	1,381	300,214	…	495,308
…	547,371	…	…	…	247,621	…	297,311	…	484,990
…	560,659	…	…	…	249,006	…	297,232	…	484,793
…	562,059	…	…	…	255,701	…	294,104	…	503,047
…	558,034	…	…	…	269,132	…	302,938	…	502,523
…	549,475	…	…	…	272,694	…	302,963	…	500,449
…	572,521	…	…	…	280,528	…	306,770	…	471,267
…	586,388	…	…	…	284,713	…	300,803	…	474,011
…	565,738	…	…	…	285,996	…	305,299	…	484,957
（毎月勤労統計調査）								国土交通省（船員労働統計調査）	

3. 四捨五入の関係により末尾の数字が合わない場合がある。
4. 55年度以後の民営鉄道欄の数字は、「鉄道業」としての数字である。

船　員　給
Monthly Salary

暦年 Calendar Year	職員・部員平均 Average Salary of Officers and Ratings 現金給与額 Amount of Salary 計 Total	きまって支給する給与 Basic Pay	特別に支払われた給与 Special Pay	航海日当（1ヶ月平均） Daily Navigation Allowance	その他の手当（1ヶ月平均）	職 現金給 Amount of 計 Total	きまって支給する給与 Basic Pay
S35 (1960)	30,950	23,034	7,916	6,338	…	41,895	31,368
S45 (1970)	95,839	78,104	17,735	11,208	…	117,136	96,686
S55 (1980)	318,715	285,563	33,152	15,475	…	365,726	328,297
H2 (1990)	414,068	376,180	37,888	20,475	…	452,287	412,591
H7 (1995)	478,369	447,539	30,830	22,590	25,686	524,373	487,596
H12 (2000)	488,614	443,668	44,946	24,074	33,227	524,238	473,418
H17 (2005)	474,245	428,893	45,352	22,260	34,922	503,543	448,827
H21 (2009)	483,805	426,129	57,676	21,234	32,876	525,286	454,987
H22 (2010)	488,328	423,142	65,186	21,091	31,720	530,759	425,571
H23 (2011)	495,308	420,257	75,051	20,765	32,034	538,494	450,796
H24 (2012)	484,990	424,081	60,909	20,902	33,595	527,173	455,373
H25 (2013)	484,793	433,220	51,573	20,664	38,504	522,581	460,792
H26 (2014)	503,047	434,313	68,734	20,248	38,147	545,006	461,710
H27 (2015)	502,523	432,226	70,297	20,149	40,195	551,406	467,156
H28 (2016)	500,449	440,202	60,247	23,411	33,577	539,718	469,690
H29 (2017)	471,267	435,544	35,723	19,750	38,085	518,691	474,261
H30 (2018)	474,011	434,042	39,969	21,434	38,507	539,379	488,196
R1 (2019)	484,957	432,304	52,653	22,029	38,805	553,287	486,862
R2 (2020)	462,439	430,049	32,390	24,443	48,953	522,395	485,523
資料							国土交通省総合政策局

(注) 1.「決まって支給する給与」とは、労働協約、就業規則等であらかじめ定められている支給条件、算定基準により乗船中支給される現金給与額。

2.「特別に支払われる給与」とは、賞与等のように支給条件、算定基準が協約、規則等に定められていないで現実に支払われた額、または定められていても非常にまれに支払われた現金給与額。

3.「航海日当」とは、乗船中旅費的な名目で支給される手当。

与　　月　　額
of Seamen

単位：円（Unit：Yen）

員 Officer			部　　員 Rating				
与額 Salary	航海日当（1ヶ月平均）	その他の手当（1ヶ月平均）	現金給与額 Amount of Salary			航海日当（1ヶ月平均）	その他の手当（1ヶ月平均）
特別に支払われた給与 Special Pay	Daily Navigation Allowance		計 Total	きまって支給する給与 Basic Pay	特別に支払われた給与 Special Pay	Daily Navigation Allowance	
10,527	8,114	…	25,230	18,682	6,548	5,559	…
20,450	12,387	…	82,245	66,293	15,952	10,591	…
37,429	16,675	…	278,952	249,271	29,681	14,688	…
39,696	22,582	…	366,400	330,904	35,496	18,058	…
36,777	25,370	29,474	409,147	387,266	21,881	18,859	21,265
50,820	26,042	36,601	418,269	384,928	33,341	20,700	28,182
54,716	24,035	39,874	401,318	379,288	22,030	18,370	24,886
70,299	23,687	35,727	375,131	350,567	24,564	18,060	27,473
78,188	22,436	35,340	379,222	347,525	31,697	17,786	24,662
87,698	22,482	34,814	382,235	340,351	41,884	16,536	26,075
71,800	22,643	37,580	377,239	344,188	33,051	16,704	25,831
61,789	22,397	41,757	381,552	357,950	23,602	16,300	31,345
83,296	21,508	42,035	390,765	361,016	29,749	17,180	29,460
84,250	21,505	45,047	377,204	342,698	34,506	16,675	29,175
70,028	25,215	35,410	385,667	354,044	31,623	18,268	29,313
44,430	20,900	39,470	352,994	338,968	14,026	17,001	25,927
51,183	23,084	43,435	314,757	302,069	12,688	16,925	27,474
66,425	23,861	42,391	325,739	305,105	20,634	17,325	29,906
36,872	27,023	52,042	317,386	295,817	21,569	17,426	42,079

情報政策課交通経済統計調査室　（船員労働統計）

4.「その他の手当」とは、臨時的労働に対する手当および実費弁償等。

5. 数値は、平成6年までは、3月、6月、9月、12月分の平均推計値、平成7年からは6月分の数値である。

6. 昭和51年3月分の調査から「汽船（鋼船）に乗り組む船員」についての調査と「帆船（木船）に乗り組む船員」についての調査を「船舶に乗り組む船員」についての調査に統合した。このため、改正前の「汽船」・「帆船」に乗り組む船員についての報酬等に関し、加重平均を行い統計の継続性に配慮した。

船員有効求人倍率及び失業保険支給実績（月平均）

Active Ratio of Seaman's Job Openings to Applicants and Amount of Unemployment Insurance Paid (Monthly)

単位：人、千円(Unit : Persons, 1,000 Yen)

暦年 Calendar Year		有効求人数 Active Vacancies	有効求職数 Active Applicants	有効求人倍率 Active Vacancies/ Active Applicants	失業保険金受給者数 Number of Receivers	失業保険金支給額 Amount of Payment	うち商船等 for Merchant Ships	うち漁船 for Fishing Boats
		人	人	倍	人	千円	千円	千円
S55	(1980)	2,325	9,686	0.24	5,609	644,316	404,659	259,657
H2	(1990)	2,786	3,964	0.70	2,300	352,848	207,428	145,420
H12	(2000)	744	4,256	0.17	1,839	361,802	216,464	100,334
H17	(2005)	1,023	2,278	0.45	799	127,386	77,877	49,508
H22	(2010)	864	2,084	0.41	426	67,457	54,582	12,876
H25	(2013)	1,777	1,373	1.29	240	40,089	30,637	9,452
H26	(2014)	2,165	1,138	1.90	173	27,479	20,561	6,918
H27	(2015)	2,264	1,144	1.98	172	26,504	18,042	8,463
H28	(2016)	2,241	1,097	2.04	151	23,607	18,975	4,633
H29	(2017)	2,277	977	2.33	135	21,910	16,594	5,316
H30	(2018)	2,320	970	2.39	147	24,017	20,403	3,614
H31・R1	(2019)	2,466	972	2.54	138	22,378	19,387	2,991
資料		国土交通省海事局（船員職業安定年報）						

（注） 60年1月より有効求人数および有効求職数が取扱件数から実数に変更された。

船　員　数
Number of Seamen

各年10月1日現在)　　　　単位：人(Persons)

	合　計 Total	外航船員 Oceangoing Ship	内航船員 Domestic Ship	漁業船員 Fishing Boat	その他 Others
S49 (1974)	277,644	56,833	71,269	128,831	20,711
S54 (1979)	238,133	40,908	62,280	116,931	18,014
S59 (1984)	213,252	33,044	60,837	100,939	18,432
H1 (1989)	160,283	11,167	55,899	76,295	16,922
H6 (1994)	131,417	8,781	52,906	51,073	18,657
H11 (1999)	102,452	5,573	38,716	37,192	20,971
H16 (2004)	82,892	3,008	30,708	29,099	20,077
H21 (2009)	71,261	2,187	29,228	24,320	15,526
H24 (2012)	66,001	2,208	27,219	21,060	15,514
H25 (2013)	65,084	2,263	26,854	20,359	15,608
H26 (2014)	63,950	2,271	27,073	19,849	14,757
H27 (2015)	64,284	2,237	27,490	19,075	15,482
H28 (2016)	64,351	2,188	27,639	19,055	15,469
H29 (2017)	64,073	2,221	27,844	18,530	15,478
H30 (2018)	63,853	2,093	28,142	17,940	15,678
R1 (2019)	63,796	2,174	28,435	17,469	15,718
資　料	海事局資料				

(注) 1. 船員数は乗組員数と予備船員数を合計したものであり、我が国の船舶所有者に雇用されている船員である。
2. その他は引船、はしけ、官公署船等に乗り組む船員数である。
3. 船員数は外国人船員を除いた数字である。

海技従事者免許数

Number of Marine Technical Officers' Certificates

年度末現在(End of Fiscal Year)　　単位：人(Unit：Persons)

資格区分	H28(2016)	H29(2017)	H30(2018)	R1(2019)
一級海技士（航海）	12,674	12,776	12,946	13,027
二級海技士（航海）	7,663	7,699	7,855	7,902
三級海技士（航海）	31,705	32,059	32,927	33,333
四級海技士（航海）	35,927	36,499	37,819	38,450
五級海技士（航海）	70,121	70,234	70,562	70,653
六級海技士（航海）	35,092	35,315	35,799	36,016
計	193,182	194,582	197,908	199,381
一級海技士（機関）	9,502	9,545	9,647	9,697
二級海技士（機関）	6,672	6,706	6,789	6,842
三級海技士（機関）	25,328	25,534	26,040	26,288
四級海技士（機関）	29,188	29,672	30,744	31,313
五級海技士（機関）	64,202	64,246	64,505	64,582
六級海技士（機関）	39,927	40,135	40,518	40,676
計	174,819	175,838	178,243	179,398
一級海技士（通信）	7,609	7,614	7,623	7,629
二級海技士（通信）	4,096	4,095	4,094	4,094
三級海技士（通信）	6,041	6,041	6,044	6,044
計	17,746	17,750	17,761	17,767
一級海技士（電子通信）	139	151	179	196
二級海技士（電子通信）	1,203	1,217	1,240	1,249
三級海技士（電子通信）	5,209	5,976	7,584	8,032
四級海技士（電子通信）	1,281	1,303	1,347	1,378
計	7,832	8,647	10,350	10,855
一級小型船舶操縦士＋特殊小型船舶操縦士	857,102	863,152	868,628	874,221
二級小型船舶操縦士＋特殊小型船舶操縦士	2,039,285	2,041,572	2,043,267	2,044,982
一級小型船舶操縦士のみ	117,965	127,106	136,230	146,042
二級小型船舶操縦士のみ	314,032	332,228	350,810	369,163
特殊小型船舶操縦士のみ	162,497	174,039	185,020	195,405
計	3,490,881	3,538,097	3,583,955	3,629,813
合　計	3,884,460	3,934,914	3,988,217	4,037,214
資　料	国土交通省海事局			

(注)　平成15年6月1日より小型船舶操縦士の資格体系が変更し、一級、二級、特殊の資格となった。
なお、平成15年5月31日以前の一・二級は、一級＋特殊、三・四・五級は、二級＋特殊と見なされる。

外航海運における船員の推移

Changes in Number of Seaman in Oceangoing Shipping

(各年10月1日現在)　　単位：人(Unit：Persons)

	職員 (Officer)			部員 (Rating)			合計 (Total)		
	乗組員	予備員	予備員率	乗組員	予備員	予備員率	乗組員	予備員	予備員率
	人	人	%	人	人	%	人	人	%
S45 (1970)	11,635	4,208	36.2	24,004	7,392	30.8	35,639	11,600	32.5
S55 (1980)	7,256	5,203	71.7	11,705	9,868	84.3	18,961	15,071	79.5
H2 (1990)	1,865	2,573	138.0	1,632	1,827	111.9	3,497	4,400	125.8
H12 (2000)	555	1,488	268.1	416	303	72.8	971	1,791	184.4
H17 (2005)	381	1,093	286.9	80	97	121.3	461	1,190	258.1
H20 (2008)	456	822	180.3	154	61	39.6	610	883	144.8
H21 (2009)	423	778	183.9	107	56	52.3	530	834	157.4
H22 (2010)	401	712	177.6	82	46	56.1	483	758	156.9
H23 (2011)	394	906	229.9	77	50	64.9	471	956	203.0
H24 (2012)	361	872	242.0	74	45	60.8	435	917	211.0
H26 (2014)	393	823	209.4	64	44	68.8	457	867	189.7
H27 (2015)	351	858	244.4	68	30	44.1	419	888	211.9
H28 (2016)	356	854	239.9	62	34	54.8	418	888	212.4
H29 (2017)	378	829	219.3	73	30	41.1	451	859	190.5
H30 (2018)	368	803	218.2	66	34	51.5	434	837	192.9
R1 (2019)	409	785	191.9	67	29	43.3	476	814	171.0
資料	国土交通省海事局(船員需給総合調査結果報告書)								

(注)1. 外航労務部会(外航盟外を含む。)に加盟している事業者に雇用されている船員数である。

2. 予備員率 ＝ 予備員数÷乗組員数×100

業種別平均年齢・平均勤続年数及び月間労働時間数（その１）

Average Ages of Employees, Years of Service and Monthly Working Hours by Industry

(令和元(2019)年) 区分 Classification		平均年齢 Average ages	平均勤続 Average Years of Service	労働時間数 Hours worked 計 Total	所定内 Scheduled	所定外 Non-Scheduled	
		歳	年	時間	時間	時間	%
全　産　業	All Industries	43.1	12.4	173	160	13	7.5
製　造　業	Manufacturing	42.7	14.7	179	162	17	9.5
運　輸　業	Transport	46.4	12.0	193	166	27	14.0
鉄　道　業	Railways	39.9	17.5	166	150	16	9.6
道路旅客運送業	Road passenger transport	54.8	11.2	195	168	27	13.8
道路貨物運送業	Road freight transport	46.9	11.4	205	173	32	15.6
水運業	Water Transport	42.4	10.8	178	157	21	11.8
航空運輸業	Air Transport	38.1	10.1	154	149	5	3.2
倉庫業	Warehousing	43.1	10.3	187	163	24	12.8
資　料		厚生労働省（賃金構造基本統計調査報告）					

(平成30(2018)年) 区分 Classification		平均年齢 Average ages	平均勤続 Average Years of Service	労働時間数 Hours worked 計 Total	所定内 Scheduled	所定外 Non-Scheduled	
		歳	年	時間	時間	時間	%
全　産　業	All Industries	42.9	12.4	177	164	13	7.3
製　造　業	Manufacturing	42.6	14.7	183	165	18	9.8
運　輸　業	Transport	46.7	12.2	196	168	28	14.3
鉄　道　業	Railways	40.3	17.8	170	153	17	10.0
道路旅客運送業	Road passenger transport	55.5	10.7	218	189	29	13.3
道路貨物運送業	Road freight transport	46.7	11.5	208	175	33	15.9
水運業	Water Transport	42.3	12.5	175	162	13	7.4
航空運輸業	Air Transport	39.4	13.1	157	153	4	2.5
倉庫業	Warehousing	43.4	12.0	190	168	22	11.6
資　料		厚生労働省（賃金構造基本統計調査報告）					

(注) 1. 日本標準産業分類の改訂に伴い、運輸業に通信業は含まれていない。

2. 所定外率 ＝ 所定外 ÷ 計 × 100

業種別平均年齢・平均勤続年数及び月間労働時間数（その２）

Average Ages of Employees, Years of Service and Monthly Working Hours by Industry

(平成29(2017)年) 区分 Classification		平均年齢 Average ages	平均勤続 Average Years of Service	労働時間数 Hours worked			
				計 Total	所定内 Scheduled	所定外 Non-Scheduled	
		歳	年	時間	時間	時間	%
全　産　業	All Industries	42.5	12.1	178	165	13	7.3
製　造　業	Manufacturing	42.4	14.5	184	166	18	9.8
運　輸　業	Transport	46.5	12.0	198	170	28	14.1
鉄　道　業	Railways	39.8	18.4	170	153	17	10.0
道路旅客運送業	Road passenger transport	54.4	10.8	194	169	25	12.9
道路貨物運送業	Road freight transport	46.4	11.2	210	176	34	16.2
水運業	Water Transport	42.7	12.0	171	157	14	8.2
航空運輸業	Air Transport	40.2	13.1	157	153	4	2.5
倉庫業	Warehousing	43.5	11.1	192	168	24	12.5
資　料		厚生労働省(賃金構造基本統計調査報告)					

(平成28(2016)年) 区分 Classification		平均年齢 Average ages	平均勤続 Average Years of Service	労働時間数 Hours worked			
				計 Total	所定内 Scheduled	所定外 Non-Scheduled	
		歳	年	時間	時間	時間	%
全　産　業	All Industries	42.2	11.9	177	164	13	7.3
製　造　業	Manufacturing	42.2	14.4	182	165	17	9.3
運　輸　業	Transport	46.2	11.8	196	169	27	13.8
鉄　道　業	Railways	40.4	17.4	168	153	15	8.9
道路旅客運送業	Road passenger transport	54.3	11.0	198	170	28	14.1
道路貨物運送業	Road freight transport	45.8	10.9	208	175	33	15.9
水運業	Water Transport	42.0	12.8	175	161	14	8.0
航空運輸業	Air Transport	42.3	16.5	158	152	6	3.8
倉庫業	Warehousing	43.1	10.5	188	167	21	11.2
資　料		厚生労働省(賃金構造基本統計調査報告)					

(注) 1. 日本標準産業分類の改訂に伴い、運輸業に通信業は含まれていない。

2. 所定外率 ＝ 所定外 ÷ 計 × 100

航空従事者就労実態調査等

Existing Conditions of Civil Airmen on Actual Service

(平成31(2019)年 1月 1日現在) 単位：人(Unit：Persons)

区分 Category / 資格 Qualification		就労者 特定本邦航空運送事業 Scheduled Air Transport Business	特定本邦航空運送事業以外 Non Scheduled Air Transport Business Aerial Work Business	航空機製造及び整備事業関係 Aircraft Manucturing and Maintenace Business	官公庁関係 Government and Public Agencies	報道関係 Press and News Reporting	その他 Others	計 Total
総 計 (Sum Total)		9,048	4,820	6,249	2,485	248	309	23,159
定期運送用操縦士 Airline Transport Pilot	飛	4,226	398	9	39	0	53	4,725
	回	0	10	0	4	0	0	14
旧上級事業用操縦士 Senior Commercial Pilot		0	0	0	3	0	0	3
事業用操縦士 Commercial Pilot	飛	2,213	658	36	235	35	6	3,183
	回	9	709	27	520	38	0	1,303
	滑	0	3	1	0	0	5	9
准定期運送用操縦 Multi-crew Pilot	飛	156	1	0	0	0	0	157
計 (Total)		6,604	1,779	73	801	73	64	9,394
航空機関士 Flight Engineer		162	7	0	0	0	8	177
航空通信士 Flight Radio Operator		0	37	6	30	2	3	78
一等航空整備士 Aircraft Engineer Class1	飛	1,210	294	3,586	162	22	45	5,319
	回	1	285	39	292	17	3	637
二等航空整備士 Aircraft Engineer Class2	飛	287	285	444	52	11	40	1,119
	回	6	457	93	242	18	17	833
	滑	0	1	1	0	0	1	3
旧二等航空整備士 Aircraft Engineer Class2	飛	5	129	49	144	17	14	358
	回	1	441	48	325	28	17	860
	滑	0	0	0	0	0	0	0
旧三等航空整備士 Aircraft Engineer Class3	飛	63	333	185	116	25	40	762
	回	7	573	99	254	30	32	995
	滑	0	7	2	1	0	1	11
一等航空運航整備士 Aircraft Line Maintenance Mechanic Class1	飛	270	46	1,030	9	1	12	1,368
	回	0	3	1	34	0	0	38
二等航空運航整備士 Aircraft Line Maintenance Mechanic Class2	飛	82	47	309	7	1	3	449
	回	1	10	16	9	3	0	39
	滑	0	0	1	0	0	0	1
計 (Total)		1,933	2,911	5,903	1,647	173	225	12,661
航空工場整備士 Aircraft Factory Engineer		180	22	267	5	0	8	482
運航管理者 Aircraft Dispatcher		169	64	0	2	0	1	236
計器飛行証明 Instrument	飛	2,174	380	28	167	33	3	2,785
	回	0	198	14	246	33	0	491
操縦教育証明 Flight Instructor	飛	130	120	5	76	2	12	345
	回	0	62	8	49	1	0	120
	滑	1	0	1	1	0	3	6
資 料		国土交通省航空局監修(数字でみる航空)						

(注) 1. 「飛」は飛行機、「回」は回転翼航空機、「滑」は滑空機を表す。
2. 計器飛行証明および操縦教育証明は、操縦士が保有している各証明の数で内数。
3. 外国人を除く。

運輸事業の資本金階級別会社数

Number of Transport Industries by Classified Amount of Capital

(平成26年7月1日現在)

資本金階級分類 Capital	全産業 All Industries	全運輸業 Transport Industries	鉄道業 Railways	道路旅客運送業 Road passenger transport	道路貨物運送業 Road freight transport	水運業 Shipping	航空運輸業 Aviation	倉庫業 Warehouses	運輸に付帯するサービス業 Other Services
計　Total	1,750,071	55,187	332	8,228	36,221	2,182	123	2,753	5,348
	(100.00)	(3.15)	(0.02)	(0.47)	(2.07)	(0.12)	(0.01)	(0.16)	(0.31)
	(100.00)	(100.00)	(100.00)	(100.00)	(100.00)	(100.00)	(100.00)	(100.00)	(100.00)
300万円未満	109,009	1,489	4	294	860	59	2	67	203
Under 3mil.yen	(6.23)	(2.70)	(1.20)	(3.57)	(2.37)	(2.70)	(1.63)	(2.43)	(3.80)
300～500万円未満	605,406	10,813	9	1,790	7,002	381	4	413	1,214
3mil.～Under 5mil.yen	(34.59)	(19.59)	(2.71)	(21.75)	(19.33)	(17.46)	(3.25)	(15.00)	(22.70)
500～1,000万円未満	224,896	8,713	10	1,151	6,617	288	3	145	499
5mil.～Under 10mil.yen	(12.85)	(15.79)	(3.01)	(13.99)	(18.27)	(13.20)	(3.00)	(5.27)	(9.33)
1,000～3,000万円未満	578,309	24,567	60	3,527	16,811	956	17	1,099	2,097
10mil.～Under 30mil.yen	(33.04)	(44.52)	(18.07)	(42.87)	(46.41)	(43.81)	(13.82)	(39.92)	(39.21)
3,000～5,000万円未満	71,154	3,597	25	642	2,066	169	15	269	411
30mil.～Under 50mil.yen	(4.07)	(6.52)	(7.53)	(7.80)	(5.70)	(7.75)	(12.20)	(9.77)	(7.69)
5,000万円～1億円未満	48,014	2,483	44	448	1,188	122	22	282	377
30mil.～Under 100mil.yen	(2.74)	(4.50)	(13.25)	(5.44)	(3.28)	(5.59)	(17.89)	(10.24)	(7.05)
1～3億円未満	16,125	874	60	126	269	76	19	140	184
100mil.～Under 300mil.yen	(0.92)	(1.58)	(18.07)	(1.53)	(0.74)	(3.48)	(15.45)	(5.09)	(3.44)
3～10億円未満	7,893	375	37	28	82	46	9	82	91
300mil.～Under 1bil.yen	(0.45)	(0.68)	(11.14)	(0.34)	(0.23)	(2.11)	(7.32)	(2.98)	(1.70)
10～50億円未満	3,685	200	31	21	35	26	10	32	45
1bil.～5bil.yen	(0.21)	(0.36)	(9.34)	(0.26)	(0.10)	(1.19)	(8.13)	(1.16)	(0.84)
50億円以上	2,234	107	41	1	15	5	8	14	23
5bil. and over	(0.13)	(0.19)	(12.35)	(0.01)	(0.04)	(0.23)	(6.50)	(0.51)	(0.43)
資　料	総務省統計局(平成26年経済センサスー基礎調査結果)								

(注)1. (　)内は百分率を示す。

2. 計欄の数値には資本金の不詳を含む。

3. 平成18年まで実施された「事業所・企業統計調査」は、平成21年より「経済センサス」に統合された。

経

営

ＪＲ各社損益

Change In Financial Profile of JR

（年度（Fiscal Year））

	JR北海道 (Hokkaido)				
	H27(FY 2015)	H28(FY 2016)	H29(FY 2017)	H30(FY 2018)	H27(FY 2015)
営業収益	83,844	89,444	89,770	88,512	2,036,937
鉄道業	76,847	83,215	83,694	81,875	1,963,116
自動車業	…	…	…	…	159
その他の兼業	6,997	6,229	6,076	6,637	73,662
営業費	128,545	139,254	142,295	140,548	1,626,942
鉄道業	125,127	136,660	139,676	137,803	1,590,905
自動車業	…	…	…	…	2,387
その他の兼業	3,417	2,594	2,619	2,745	33,651
営業損益	△ 44,700	△ 49,810	△ 52,524	△ 52,036	409,995
営業外収益	43,882	35,416	33,159	32,832	30,596
営業外費用	1,405	4,491	610	652	81,107
経常損益	△ 2,224	△ 18,885	△ 19,976	△ 19,857	359,484
特別利益	8,054	14,628	9,177	1,297	30,133
固定資産売却益	401	172	3,544	429	533
その他	7,653	14,456	5,633	868	29,600
特別損失	979	9,346	1,203	3,744	65,835
固定資産売却損	0	176	19	1	572
その他	979	9,170	1,184	3,743	65,263
税引前損益	4,851	△ 13,605	△ 12,002	△ 22,303	323,781
法人税等	△ 731	△ 1,000	△ 1,035	△ 933	103,740
当期損益	5,581	△ 12,604	△ 10,967	△ 21,370	209,032
前期繰越損益	…	…	…	…	…
任意積立金取崩額	…	…	…	…	…
当期末処分損益	…	…	…	…	…
利益金処分(任意積立金等)	…	…	…	…	…
次期繰越損益	…	…	…	…	…
資料					国土交通省鉄道局

状 況 の 推 移 （その1）

Group Companies（7 Companies）（No.1）

単位：百万円（Unit :Million Yen）

JR東日本 (East)			JR東海 (Central)			
H28(FY 2016)	H29(FY 2017)	H30(FY 2018)	H27(FY 2015)	H28(FY 2016)	H29(FY 2017)	H30(FY 2018)
2,049,197	2,073,675	2,093,189	1,357,992	1,380,771	1,427,444	1,464,886
1,969,987	1,991,174	2,008,428	1,349,713	1,371,907	1,414,884	1,452,005
151	147	148	…	…	…	…
79,059	82,354	84,613	8,279	8,864	12,560	12,881
1,660,589	1,678,542	1,701,312	800,302	784,950	802,150	797,141
1,622,061	1,636,517	1,655,996	794,127	779,971	793,542	788,754
2,164	1,993	2,233	…	…	…	…
36,364	40,032	43,083	6,175	4,979	8,608	8,387
388,609	396,132	391,877	557,690	595,821	557,690	667,746
27,516	32,679	30,498	7,604	7,550	8,301	10,440
74,509	68,867	67,523	74,745	62,082	85,949	88,080
341,616	358,943	354,853	490,549	541,290	547,646	590,105
52,477	29,873	76,132	6,508	2,609	12,649	4,082
11,617	291	5,288	2,461	349	2,705	1,102
40,860	29,582	70,844	4,047	2,260	9,944	2,980
49,415	35,791	77,502	5,274	2,748	10,704	3,989
674	147	178	846	169	375	276
48,741	35,644	77,324	4,427	2,579	10,329	3,713
344,678	353,025	353,482	491,783	541,151	549,592	590,197
86,255	86,115	79,787	155,788	151,746	172,962	179,710
243,347	247,086	251,166	328,659	381,899	384,411	414,045
…	…	…	…	…	…	…
…	…	…	…	…	…	…
…	…	…	…	…	…	…
…	…	…	…	…	…	…
…	…	…	…	…	…	…

（鉄道統計年報）

ＪＲ各社損益

Change In Financial Profile of JR

（年度（Fiscal Year））

	JR西日本 (West)				JR四国 (Shikoku)			
	H27(FY 2015)	H28(FY 2016)	H29(FY 2017)	H30(FY 2018)	H27(FY 2015)	H28(FY 2016)	H29(FY 2017)	H30(FY 2
営業収益	954,228	956,104	976,277	980,907	28,620	28,901	30,909	2
鉄道業	928,184	928,867	947,876	951,546	26,982	27,270	27,802	2
自動車業	…	…	…	…	…	…	…	
その他の兼業	26,044	27,237	28,401	29,361	1,638	1,631	3,107	
営業費	817,015	820,626	831,902	830,180	39,131	40,901	42,642	4
鉄道業	803,967	808,058	818,616	816,149	37,895	39,178	40,135	3
自動車業	…	…	…	…	…	…	…	
その他の兼業	13,048	12,568	13,286	14,031	1,236	1,723	2,507	
営業損益	137,213	135,478	144,375	150,727	△ 10,512	△ 12,001	△ 11,733	△ 1
営業外収益	6,343	6,163	6,211	7,531	11,966	10,952	11,701	1
営業外費用	26,823	23,169	21,931	21,768	845	983	472	
経常損益	116,733	118,471	128,654	136,489	609	△ 2,032	△ 504	△
特別利益	19,551	18,362	29,882	27,601	4,014	6,468	5,321	
固定資産売却益	1,846	1,678	271	840	19	121	34	
その他	17,706	16,684	29,611	26,761	3,994	6,347	5,287	
特別損失	35,099	34,934	39,093	48,257	893	3,490	5,887	
固定資産売却益	42	50	151	546	…	13	7	
その他	35,057	34,884	38,942	47,711	893	3,477	5,880	
税引前損益	101,186	101,899	119,443	115,833	3,730	946	△ 1,069	△
法人税等	35,968	29,316	32,291	32,855	126	△ 219	△ 145	△
当期損益	61,123	70,842	80,743	80,613	2,500	1,293	△ 654	△
前期繰越損益	…	…	…	…	…	…	…	
任意積立金取崩額	…	…	…	…	…	…	…	
当期末処分損益	…	…	…	…	…	…	…	
利益金処分（任意積立金等）	…	…	…	…	…	…	…	
次期繰越損益	…	…	…	…	…	…	…	
資料	国土交通省鉄道							

状　況　の　推　移　（その2）

Group Companies (7 Companies) (No.2)

単位：百万円(Unit :Million Yen)

JR九州 (Kyushu)				JR貨物 (Freight)			
H27(FY 2015)	H28(FY 2016)	H29(FY 2017)	H30(FY 2018)	H27(FY 2015)	H28(FY 2016)	H29(FY 2017)	H30(FY 2018)
211,102	212,214	219,726	221,918	155,579	154,660	158,290	155,832
169,190	164,976	171,301	172,210	136,367	136,934	141,140	135,506
…	…	…	…	…	…	…	…
41,912	47,238	48,425	49,708	19,212	17,726	17,150	20,326
205,692	168,724	172,980	176,190	147,048	143,757	147,424	151,399
180,737	139,896	143,079	145,443	139,724	136,407	140,539	141,753
…	…	…	…	…	…	…	…
24,955	28,828	29,901	30,747	7,324	7,350	6,885	9,646
5,409	43,491	46,746	45,728	8,531	10,904	10,866	4,432
13,555	5,118	6,219	9,618	449	675	546	506
680	1,077	695	1,564	3,009	2,693	2,304	1,930
18,285	47,531	52,271	53,782	5,971	8,886	9,108	3,009
68,520	30,267	15,342	18,366	3,398	10,729	3,010	5,385
514	133	1,337	776	247	129	288	98
68,006	30,134	14,005	17,590	3,151	10,600	2,722	5,287
551,395	34,550	17,719	19,354	858	2,115	1,336	9,571
…	29	14	20	…	…	…	394
551,395	34,521	17,705	19,334	858	2,115	1,336	9,177
△ 463,690	43,248	49,893	52,794	8,511	17,501	10,782	△ 1,177
19,651	185	2,716	3,051	3,263	2,565	2,645	161
△ 444,439	37,631	4,523	44,254	5,079	12,092	7,282	△ 982
…	…	…	…	…	…	…	…
…	…	…	…	…	…	…	…
…	…	…	…	…	…	…	…
…	…	…	…	…	…	…	…
…	…	…	…	…	…	…	…

（鉄道統計年報）

外 航 船 舶
Freight Revenue of

本邦船舶による収入（Japanese Vessels）

年度／暦年 Fiscal Year／Calender Year	合計（Grand Total）				輸出（Exports）			
	計	貨物収入 Freight Revenue of Cargo Carried		旅客収入 Freight Revenue of Passenger Carried	計	貨物収入 Freight Revenue of Cargo Carried		出国旅客収入 Freight Revenue of Travelers departing
	Total	一般貨物船 Dry Cargo Vessels	油送船 Oil Tanker		Total	一般貨物船 Dry Cargo Vessels	油送船 Oil Tanker	
S40 (1965)	311,989	243,646	67,404	939	87,482	86,445	618	419
S45 (1970)	650,092	504,435	144,828	829	179,050	178,197	510	343
S50 (1975)	957,639	684,718	270,984	1,937	295,131	290,548	3,709	874
S55 (1980)	1,214,550	960,065	252,526	1,959	415,658	408,856	5,783	1,019
S60 (1985)	1,184,207	912,415	268,868	2,924	389,308	381,560	6,146	1,602
H2 (1990)	589,550	408,259	173,380	7,911	113,865	107,400	2,345	4,120
H7 (1995)	330,888	195,828	126,600	8,460	46,793	40,904	1,627	4,262
H12 (2000)	200,309	112,441	77,842	10,026	35,995	29,744	671	5,580
H17 (2005)	123,925	57,914	57,615	8,395	26,449	20,086	2,141	4,222
H21 (2009)	114,357	62,529	47,739	4,089	22,161	18,159	2,024	1,978
H22 (2010)	116,262	82,780	29,070	4,412	30,213	25,524	2,592	2,097
H23 (2011)	164,446	88,444	72,036	3,966	23,027	18,647	2,394	1,986
H24 (2012)	192,410	113,765	75,148	3,496	38,140	35,311	1,085	1,744
H25 (2013)	228,334	149,302	76,149	2,883	38,451	35,123	1,909	1,419
H26 (2014)	254,738	187,603	64,289	2,846	42,145	39,325	1,428	1,392
H27 (2015)	279,390	208,455	67,801	3,134	46,168	43,540	1,053	1,559
H28 (2016)	255,949	189,866	63,393	2,691	43,852	41,787	751	1,314
H29 (2017)	324,125	223,196	98,200	2,792	43,902	42,031	523	1,348
H30 (2018)	383,854	269,000	112,043	2,811	62,868	60,963	482	1,423
H31・R1 (2019)	369,179	274,937	92,213	2,029	69,458	67,905	544	1,009
資 料								国土交通省

（注） 平成13(2001)年から暦年ベースとなっている。

運　賃　収　入　（その１）
Oceangoing Vessels (No.1)

単位：百万円(Unit：Million yen)

輸入 (Imports)				三国間 (Cross Trade)			
計 Total	貨物収入 Freight Revenue of Cargo Carried		入国旅客収入 Freight Revenue of Travelers entering	計 Total	貨物収入 Freight Revenue of Cargo Carried		旅客収入 Freight Revenue of Passenger Carried
	一般貨物船 Dry Cargo Vessels	油送船 Oil Tanker			一般貨物船 Dry Cargo Vessels	油送船 Oil Tanker	
199,435	137,729	61,286	420	25,072	19,472	5,500	100
398,802	283,751	114,663	388	72,240	42,487	29,655	98
549,531	333,107	215,364	1,060	112,977	41,063	51,911	3
670,695	454,209	215,546	940	128,197	97,000	31,197	…
642,864	413,822	227,760	1,282	152,035	117,033	34,962	40
390,564	225,140	161,633	3,791	85,121	75,719	9,402	…
235,438	109,341	121,899	4,198	48,657	45,583	3,074	…
132,502	55,413	72,643	4,446	31,812	27,284	4,528	…
79,666	24,102	51,392	4,172	1,786	13,725	4,081	…
70,248	23,557	44,580	2,111	21,948	20,813	1,135	0
54,353	27,998	24,040	2,315	31,696	29,258	2,438	0
103,062	36,459	64,693	1,910	38,357	33,338	4,949	70
114,327	42,476	70,098	1,752	39,943	35,978	3,965	…
126,401	53,097	71,841	1,464	63,482	61,082	2,400	…
140,620	78,536	60,630	1,454	71,973	69,742	2,231	…
157,302	92,628	63,009	1,575	76,027	72,288	3,739	…
141,178	80,697	59,104	1,377	70,919	67,381	3,538	…
185,391	89,146	94,864	1,381	94,832	92,019	2,813	…
214,845	103,609	109,848	1,388	106,141	104,428	1,713	…
183,769	93,588	89,161	1,020	115,952	113,444	2,508	0

海事局外航課

外航船舶運賃収入 （その２）

Freight Revenue of Oceangoing Vessels (No.2)

外国用船による収入(by the use of foreign Vessels) 単位：百万円(Unit：Million yen)

年度／暦年 Fiscal Year／Calender Year	合計 Grand Total		輸出 Exports		輸入 Imports		三国間 Cross Trade	
	計 Total	うち貨物船 Cargo Vessel	計 Total	うち貨物船 Cargo Vessel	計 Total	うち貨物船 Cargo Vessel	計 Total	うち貨物船 Cargo Vessel
S40 (1965)	67,747	49,030	11,821	11,821	53,738	35,210	2,188	1,999
S45 (1970)	261,427	216,737	5,548	55,487	178,905	141,314	27,035	19,936
S50 (1975)	852,953	692,894	297,538	297,067	436,544	319,952	118,872	75,876
S55 (1980)	1,460,807	1,246,540	595,350	594,655	638,233	464,144	227,223	187,740
S60 (1985)	1,231,430	1,069,475	529,788	527,290	425,555	310,716	276,087	231,451
H2 (1990)	1,482,813	1,284,148	469,508	461,526	666,305	508,772	347,000	313,851
H7 (1995)	1,307,146	1,097,593	313,215	297,845	650,839	495,969	343,093	303,779
H12 (2000)	1,436,608	1,185,175	342,928	330,302	634,175	467,564	459,505	387,309
H17 (2005)	2,093,927	1,779,561	473,339	452,538	709,393	526,820	910,990	799,999
H21 (2009)	1,913,709	1,619,989	357,420	327,190	640,808	481,755	915,481	811,044
H22 (2010)	2,306,721	2,099,061	431,653	402,620	668,986	553,948	1,206,082	1,142,493
H23 (2011)	2,273,561	1,967,664	463,070	443,224	738,855	544,775	1,071,636	979,665
H24 (2012)	2,404,994	2,116,527	483,805	472,331	706,286	505,677	1,214,903	1,138,519
H25 (2013)	2,789,054	2,503,209	585,856	565,089	785,785	604,677	1,417,413	1,333,443
H26 (2014)	3,184,094	2,848,160	658,870	634,629	841,409	630,554	1,683,815	1,582,977
H27 (2015)	2,989,380	2,680,151	667,090	649,203	760,761	560,914	1,561,529	1,470,034
H28 (2016)	2,476,349	2,200,891	564,962	540,821	639,744	486,751	1,271,643	1,167,716
H29 (2017)	2,670,450	2,398,873	571,188	551,710	649,008	493,524	1,450,254	1,353,639
H30 (2018)	2,868,344	2,572,289	617,590	595,027	828,876	649,616	1,421,878	1,327,646
H31・R1 (2018)	2,686,745	2,686,487	628,481	628,345	673,702	673,580	1,384,562	1,384,562
資料	国土交通省海事局外航課							

(注) 平成13(2001)年から暦年ベースとなっている。

部門別エネルギー消費量

Energy Consumption by Sector

単位：PJ（ペタジュール）

年度 (Fiscal Year)	H2(1990)	H12(2000)	H22(2010)	H27(2015)	H30(2018)	R1(2019)
一次エネルギー供給	20,202	23,600	23,200	r 20,019	r 19,720	19,124
国内産出	3,578	4,440	4,292	r 2,201	r 2,938	2,957
輸入	16,624	19,160	18,907	r 19,095	r 18,105	17,551
総供給	20,202	23,600	23,200	r 21,297	r 21,043	20,508
輸出	△ 350	△ 696	△ 1,216	r △ 1,289	△ 1,295	△ 1,358
供給在庫変動（＋取崩/－積増）	△ 157	△ 165	174	r 11	△ 28	△ 26
国内供給（供給側）	19,695	22,740	22,157	r 20,019	r 19,720	19,124
国内供給（消費側）	19,718	22,679	21,979	r 20,043	r 19,694	19,068
エネルギー転換	△ 6,178	△ 7,024	△ 7,281	r △ 6,520	r △ 6,471	△ 6,126
最終エネルギー消費	13,540	15,655	14,698	r 13,523	r 13,223	12,942
企業・事業所他部門	8,809	9,744	9,239	r 8,467	r 8,320	8,118
製造業	6,350	6,541	6,381	r 5,864	r 5,799	5,634
農林水産鉱建設業	670	496	302	r 408	r 324	335
業務他（第三次産業）	1,789	2,706	2,556	r 2,195	r 2,197	2,149
家庭部門	1,683	2,142	2,174	r 1,908	r 1,831	1,820
運輸部門	3,048	3,769	3,285	r 3,148	r 3,071	3,004
旅客部門	1,549	2,227	2,005	r 1,855	r 1,821	1,774
乗用車	1,257	1,927	1,716	r 1,538	r 1,501	1,458
バス	74	74	67	64	60	58
鉄道	66	71	71	r 67	67	66
船舶	65	76	49	r 46	46	46
航空	88	135	115	r 126	136	136
貨物部門	1,499	1,541	1,280	r 1,293	r 1,250	1,230
貨物自動車／トラック	1,353	1,549	1,232	r 1,166	r 1,125	1,107
鉄道	6	5	5	4	4	4
船舶	127	134	103	102	102	101
航空	18	24	22	21	18	18
エネルギー利用（最終消費内訳）	12,028	13,881	12,961	r 11,841	r 11,609	11,360
非エネルギー利用（最終消費内訳）	1,512	1,774	1,737	r 1,682	1,613	1,582
企業・事業所他	1,472	1,740	1,703	r 1,646	1,575	1,544
家庭	0	0	0	0	0	0
運輸	41	34	34	r 36	39	38
資料	資源エネルギー庁（総合エネルギー統計 エネルギーバランス表簡易表／固有単位表）					

（注）総合エネルギー統計の改訂（平成27年4月14日）により、部門区分が変更となり、1990年まで遡って数値が変更されている。

輸送機関別エネ

Energy Consumption by

年度 (Fiscal Year)					S45(1970)	S50(1975)	S55(1980)	S60(1985)	H2(1990)
鉄道	JR	電力		(百万kWh)	6,061	7,810	8,097	8,288	10,829
		軽油		(千kl)	660	695	637	402	333
		石炭		(千トン)	1,628	48	…	…	…
	民鉄	電力		(百万kWh)	4,048	4,413	4,930	5,523	6,490
		軽油		(千kl)	14	13	13	13	23
自動車	乗用車	自家用	軽油	(千kl)	…	…	…	…	3,300
			ガソリン	(千kl)	11,150	17,896	26,145	27,753	32,863
		営業用	軽油	(千kl)	…	…	110	93	76
			ガソリン	(千kl)	409	147	40	26	34
			LPG	(千kl)	2,377	2,606	2,908	2,872	2,873
	トラック	自家用	軽油	(千kl)	4,092	5,098	7,925	9,556	13,038
			ガソリン	(千kl)	8,914	8,557	9,123	6,418	11,310
			LPG	(千kl)	…	…	…	…	…
		営業用	軽油	(千kl)	3,724	4,771	7,301	9,113	12,829
			ガソリン	(千kl)	265	127	88	55	278
			CNG	(千m³)	…	…	…	…	…
	バス	自家用	軽油	(千kl)	122	157	270	270	331
			ガソリン	(千kl)	212	194	116	48	18
		営業用	軽油	(千kl)	1,167	1,222	1,287	1,287	1,316
			ガソリン	(千kl)	0.6	…	…	…	…
内航海運	軽油			(千kl)	…	…	…	66	133
	A重油			(千kl)	1,772	2,422	2,064	1,204	1,602
	B重油			(千kl)	1,518	2,842	1,453	793	526
	C重油			(千kl)	704	1,484	2,251	1,924	2,446
外航海運	A重油			(千kl)	673	899	569	277	146
	B重油			(千kl)	113	45	33	…	…
	C重油			(千kl)	8,407	13,214	8,977	3,719	2,998
航空	国内ジェット燃料			(千kl)	851	1,634	2,379	2,280	2,780
	国際ジェット燃料			(千kl)	※ 372	※ 643	※ 937	1,174	1,872
資料	国土交通省総合政策局「自動車輸送統計年報」(平成21年度まで)、「自動車燃料消報」、海事局資料、外航海運については舶用重油研究会資料より作成								

(1) 自動車の数値は、軽自動車による消費量を含む。

自動車に関する数値は平成22年度から調査方法の変更を行ったため、過去の数値とは連続しない。

ア) 旅客車・自家用・ガソリンは「自家用バス」に限り、自動車輸送統計月報の年次計の数値による。

イ) 自動車の営業用旅客車以外のＬＰＧ車における数値については、営業用貨物車と見なす。

ウ) 自動車のＣＮＧ車における数値については、自家用貨物車と見なす。

(2) 航空の数値は、航空ガソリンによる消費量を含まない。

ルギー消費量

Mode of Transportation

単位：百万kWh、千kl、千トン(Unit : Million kWh, 1000 kl, 1000 tons)

H7(1995)	H12(2000)	H17(2005)	H22(2010)	H26(2014)	H27(2015)	H28(2016)	H29(2017)	H30(2018)	R1(2019)
11,631	11,171	11,277	10,695	10,530	10,518	10,490	10,505	10,351	…
286	241	218	192	173	170	162	165	160	…
…	…	…	…	…	…	…	…	…	…
7,124	7,402	7,621	7,549	7,073	7,033	r 7,052	6,991	6,952	…
28	28	30	26	25	28	27	32	32	…
6,502	6,434	3,396	1,785	1,516	1,593	1,604	1,663	1,730	1,812
41,394	50,149	50,340	44,107	47,812	47,320	42,368	42,485	42,342	41,313
61	52	45	20	13	11	11	10	9	8
45	97	151	146	176	186	181	184	191	193
2,897	2,750	2,424	2,219	1,707	1,602	1,465	1,382	1,252	1,094
14,478	13,351	9,611	6,893	6,849	6,830	6,705	6,637	6,659	6,710
10,643	9,650	9,213	8,071	8,595	8,409	8,133	7,923	7,618	7,346
…	…	…	…	113	100	92	85	72	59
16,528	18,194	16,674	16,776	15,635	15,601	15,514	15,585	15,650	15,422
381	494	562	620	599	599	589	586	605	616
…	…	…	…	83	73	63	53	44	35
375	357	302	269	250	246	238	236	235	224
6	4	8	20	24	28	28	30	31	31
1,504	1,491	1,432	1,442	1,423	1,397	1,373	1,327	1,301	1,271
…	…	…	…	…	…	…	…	…	…
208	204	195	154	157	r 148	147	155	149	…
1,625	1,728	1,324	1,007	984	r 980	1,013	1,010	993	…
215	152	63	18	12	9	7	7	5	…
3,002	3,055	2,873	2,482	2,482	r 2,386	2,392	2,347	2,361	1,512
107	61	68	55	…	…	…	…	…	…
…	…	…	…	…	…	…	…	…	…
2,794	2,851	3,440	3,102	…	…	…	…	…	…
3,775	4,265	4,324	3,702	4,091	4,052	4,089	4,158	r 4,207	4,191
2,697	3,296	3,275	2,232	2,604	2,823	3,014	3,156	r 3,028	3,024

費量統計年報」(平成22年度から)、「内航船舶輸送統計年報」、「航空輸送統計年報」、鉄道局「鉄道統計年

3） A重油比重0.86、C重油比重0.93とする。

4） 自動車に関する燃費は平成22年度より「自動車燃料消費量統計年報」による。なお、統計の調査変更により過去の数値とは連続しない。

5） 平成23年3月の東日本大震災の影響のため、自動車燃料消費量統計に基づく自動車の数値には、平成22年度については北海道運輸局、東北運輸局管内の3月分の数値、23年度については同じく4月分の数値は含まない（但しバスのうち営業用は除く）。

エネルギー価格指数（国内企業卸売物価指数）

Index of Energy Wholesale Price

平成27年平均＝100（2015 average＝100）

暦　年 Calendar Year		原油（輸入） Crude Pertroleum	ガソリン Gasoline	ジェット燃料油 Jet Fuel Oil	軽　油 Gas Oil	A重油 Heavy Fuel Oil,A	C重油 Heavy Fuel Oil,C	電　力（業務用） Electric Power (Commercial)
H17	(2005)	86.2	88.9	84.2	84.0	81.7	77.8	75.7
H22	(2010)	105.7	95.7	104.3	99.7	99.7	100.7	75.8
H24	(2012)	139.1	106.8	131.8	120.4	124.3	127.9	84.8
H25	(2013)	163.5	114.1	143.0	134.6	137.5	144.6	91.5
H26	(2014)	167.5	120.2	150.9	144.2	147.1	152.5	100.5
H27	(2015)	100.0	100.0	100.0	100.0	100.0	100.0	100.0
H28	(2016)	68.4	87.9	76.3	80.2	78.8	72.4	90.9
H29	(2017)	92.6	98.1	93.7	100.2	103.8	93.3	94.3
H30	(2018)	122.8	108.9	116.3	126.9	131.9	116.9	99.6
H31・R1	(2019)	110.2	105.3	110.0	121.0	125.7	109.3	r 103.2
R2	(2020)	73.9	93.2	89.1	94.4	96.6	80.4	98.8
資　料		日本銀行（輸入物価指数、国内企業物価指数）						

(注) 1. 年平均の数値である。

2. 国内企業卸売物価については、消費税込みの価格で作成。

世界の主要経済・運輸指標
Transport Economic Indicators of the World

暦 年 Calendar Year	年央人口推計値 Population Estimates	世界貿易額 Total Imports and Exports	
		輸出 Exports (FOB)	輸入 Imports (CIF)
	百万人 million Persons	億米ドル hundred million $	億米ドル hundred million $
1970	3,696	3,137	3,319
1980	4,453	19,951	20,484
1990	5,306	34,376	35,639
2000	6,123	60,423	62,196
2005	6,542	103,734	105,770
2010	r 6,957	r 151,022	r 152,751
2015	r 7,380	r 163,617	r 164,654
2017	7,548	r 174,823	r 177,328
2018	r 7,631	r 191,324	r 194,978
2019	r 7,714	187,234	189,644
2020	7,795	…	…
資 料	国際連合(世界統計年鑑)		

諸外国の鉄道輸送量（貨物）

Volume of Railway Transportation by Country (Freight)

(Unit:million)

国名	貨物トンキロ　(Freight ton-km)									
Country	2010	2011	2012	2013	2014	2015	2016	2017	2018	2019
日本 Japan	20,398	19,998	20,471	21,071	21,029	21,519	r 21,265	21,663	19,369	19,9
アメリカ U.S.A	2,468,738	2,524,585	2,524,585	…	2,524,585	2,547,253	…	2,445,132	2,525,217	
ブラジル Brazil	267,700	267,700	267,700	…	267,700	…	…	…	…	
中国 China	2,451,185	2,562,635	2,518,310	…	2,308,669	1,980,061	1,920,285	2,146,466	2,238,435	
インド India	600,548	625,723	625,723	…	665,810	681,696	…	620,175	…	
インドネシア Indonesia	7,166	7,166	7,166	…	7,166	…	…	…	…	
タイ Thailand	3,161	2,562	2,455	…	2,455	…	…	…	…	
ベトナム Vietnam	3,901	4,101	3,959	…	3,959	4,125	3,190	3,574	3,989	
フランス France	22,840	23,242	31,616	…	24,598	33,116	…	…	…	
ドイツ Germany	105,794	111,980	105,894	…	74,818	72,913	…	70,614	…	
イギリス U.K	…	19,230	…	…	…	…	…	…	…	
イタリア Italy	12,037	11,545	11,249	…	10,322	10,267	…	9,969	9,478	
資料	総務省統計局（世界の統計）									

（注）1.　日本は年度（Fiscal Year）実績

諸外国の鉄道輸送量（旅客）

Volume of Railway Transportation by Country (Passenger)

国名 Country	旅客人キロ (Passenger-km)									
	2010	2011	2012	2013	2014	2015	2016	2017	2018	2019
日本 Japan	393,466	395,067	404,395	414,387	413,970	427,486	431,796	437,363	441,614	435,063
アメリカ U.S.A	9,518	9,518	9,518	…	10,331	10,519	10,492	10,660	10,239	…
ブラジル Brazil	…	…	…	…	…	15,877	15,648	15,807	…	…
中国 China	791,158	815,699	795,639	…	807,065	723,006	695,955	685,213	681,203	…
インド India	903,465	978,508	978,508	…	1,158,742	1,147,190	…	1,149,835	…	…
インドネシア Indonesia	…	20,283	20,283	…	20,283	…	…	25,654	…	…
タイ Thailand	8,037	8,032	7,504	…	7,504	…	…	…	…	…
ベトナム Vietnam	4,378	4,571	4,558	…	4,558	4,234	3,416	3,657	3,542	…
フランス France	86,853	88,064	85,634	…	83,914	84,682	…	93,277	…	…
ドイツ Germany	78,582	79,228	80,210	…	79,340	79,257	74,740	77,500	79,456	…
イギリス U.K	55,019	62,729	64,324	…	62,297	2,900	…	…	…	…
イタリア Italy	44,535	40,554	38,676	…	39,798	39,290	39,290	39,016	39,449	…
資料	総務省統計局(世界の統計)									

諸外国の民間
International Scheduled

国名 Country	旅客人キロ(百万人キロ) (Passenger-km : Millions Passenger-km)						
	1980	1990	2000	2010	2017	2018	2019
世界合計 World	1,088,738 (100.0)	1,893,099 (100.0)	3,017,350 (100.0)	4,753,984 (100.0)	7,707,118 (100.0)	8,257,635 (100.0)	8,685,667 (100.0)
日本 Japan	51,217 (4.7)	100,501 (5.3)	174,149 (5.8)	137,927 (2.9)	191,538 (2.3)	197,830 (2.4)	204,188 (2.4)
アメリカ U.S.A	409,063 (37.6)	735,189 (38.8)	1,110,635 (36.8)	1,284,300 (27.0)	1,551,965 (18.8)	1,627,875 (19.7)	1,698,805 (19.6)
ロシア(旧ソ連) C.I.S	160,299 (14.7)	240,802 (12.7)	42,950 (1.4)	109,435 (2.3)	205,407 (2.5)	229,060 (2.8)	276,600 (3.2)
イギリス U.K	56,751 (5.2)	104,999 (5.5)	170,687 (5.7)	226,419 (4.8)	323,349 (3.9)	356,465 (4.3)	344,592 (4.0)
フランス France	34,130 (3.1)	52,912 (2.8)	113,438 (3.8)	137,283 (2.9)	192,910 (2.3)	201,955 (2.4)	210,880 (2.4)
カナダ Canada	36,259 (3.3)	47,115 (2.5)	69,985 (2.3)	115,793 (2.4)	216,780 (2.6)	224,308 (2.7)	232,007 (2.7)
オーストラリア Australia	25,555 (2.3)	40,797 (2.2)	81,689 (2.7)	99,859 (2.1)	155,093 (1.9)	159,061 (1.9)	161,600 (1.9)
ドイツ Germany,F.R.	21,056 (1.9)	42,387 (2.2)	114,124 (3.8)	201,567 (4.2)	248,024 (3.0)	242,054 (2.9)	250,462 (2.9)
シンガポール Singapore	14,719 (1.4)	31,600 (1.7)	71,786 (2.4)	98,966 (2.1)	135,587 (1.6)	144,643 (1.8)	155,409 (1.8)
ブラジル Brazil	15,572 (1.4)	28,500 (1.5)	45,812 (1.5)	90,474 (1.9)	123,096 (1.5)	134,841 (1.6)	135,078 (1.6)
スペイン Spain	15,517 (1.4)	24,157 (1.3)	52,427 (1.7)	86,931 (1.8)	119,074 (1.4)	130,914 (1.6)	145,472 (1.7)
オランダ Netherlands	14,643 (1.3)	29,036 (1.5)	74,426 (2.5)	76,056 (1.6)	121,961 (1.5)	127,739 (1.5)	130,696 (1.5)
イタリア Italy	14,076 (1.3)	23,599 (1.2)	44,389 (1.5)	43,539 (0.9)	44,755 (0.5)	47,961 (0.6)	52,030 (0.6)
韓国 Korea	10,833 (1.0)	20,051 (1.1)	62,837 (2.1)	87,457 (1.8)	164,424 (2.0)	178,239 (2.2)	189,826 (2.2)
中国 China	... ...	23,048 (1.2)	90,960 (3.0)	400,610 (8.4)	950,425 (11.5)	1,070,347 (13.0)	1,169,680 (13.5)
タイ Thailand	... ...	19,757 (1.0)	42,236 (1.4)	64,556 (1.4)	119,169 (1.4)	132,748 (1.6)	146,292 (1.7)
湾岸四国 Asia 4 Country	... ...	... ...	36,067 (1.2)	262,540 (5.5)	582,171 (7.1)	599,179 (7.3)	626,884 (7.2)
香港 Hong Kong	... ...	... ...	50,248 (1.7)	98,758 (2.1)	150,194 (1.8)	158,404 (1.9)	159,668 (1.8)
資料	ICAO加盟国輸送実績						

(注)1. 貨物には郵便物を含まない。なお、2004年より貨物の集計が異なるため、連続しない。

2. 世界及び各国の欄中( )内は、構成比である。

定　期　航　空　輸　送　量

Air Transport Services

貨物トンキロ(百万トンキロ)　(Freight ton-km　:　millions ton-km)

1980	1990	2000	2010	2017	2018	2019
29,124	58,869	117,960	619,846	945,904	1,004,763	1,042,878
(100.0)	(100.0)	(100.0)	(100.0)	(100.0)	(100.0)	(100.0)
1,871	5,084	8,672	20,391	27,090	26,391	27,340
(6.4)	(8.6)	(7.4)	(3.3)	(2.7)	(2.6)	(2.6)
8,371	14,788	30,166	157,221	184,130	192,408	198,235
(28.7)	(25.1)	(25.6)	(25.4)	(18.3)	(19.1)	(19.0)
2,511	2,545	1,041	13,474	25,529	27,631	31,782
(8.6)	(4.3)	(0.9)	(2.2)	(2.5)	(2.8)	(3.0)
1,427	3,825	5,161	23,343	35,943	39,308	38,059
(4.9)	(6.5)	(4.4)	(3.8)	(3.6)	(3.9)	(3.6)
1,986	3,996	5,224	17,780	23,943	25,041	25,983
(6.8)	(6.8)	(4.4)	(2.9)	(2.4)	(2.5)	(2.5)
688	1,385	1,800	13,417	22,573	23,754	25,596
(2.4)	(2.4)	(1.5)	(2.2)	(2.2)	(2.4)	(2.5)
517	1,222	1,731	12,095	16,969	17,396	17,545
(1.8)	(2.1)	(1.5)	(2.0)	(1.7)	(1.7)	(1.7)
1,506	3,994	7,128	27,831	32,655	31,852	32,388
(5.2)	(6.8)	(6.0)	(4.5)	(3.3)	(3.2)	(3.1)
544	1,653	6,005	14,562	17,346	18,685	22,758
(1.9)	(2.8)	(5.1)	(2.3)	(1.7)	(1.9)	(2.2)
588	1,082	1,534	8,629	12,700	13,732	13,197
(2.0)	(1.8)	(1.3)	(1.4)	(1.3)	(1.4)	(1.3)
390	760	879	9,561	12,768	14,005	15,128
(1.3)	(1.3)	(0.7)	(1.5)	(1.3)	(1.4)	(1.5)
947	2,129	4,367	11,408	18,219	18,813	18,813
(3.3)	(3.6)	(3.7)	(1.8)	(1.8)	(1.9)	(1.8)
523	1,171	1,748	4,520	5,851	6,155	6,481
(1.8)	(2.0)	(1.5)	(0.7)	(0.6)	(0.6)	(0.6)
836	2,459	7,651	21,031	27,374	29,147	28,941
(2.9)	(4.2)	(6.5)	(3.4)	(2.7)	(2.9)	(2.8)
…	818	3,900	53,302	108,195	120,538	129,195
…	(1.4)	(3.3)	(8.6)	(10.8)	(12.0)	(12.4)
…	661	1,713	9,534	14,630	16,043	16,920
…	(1.1)	(1.5)	(1.5)	(1.5)	(1.6)	(1.6)
…	…	2,061	13,557	83,642	86,442	87,886
…	…	(1.7)	(2.2)	(8.3)	(8.6)	(8.4)
…	…	5,112	…	27,321	28,323	27,458
…	…	(4.3)	…	(2.7)	(2.8)	(2.6)

ICAO資料 (Annual Report of the Council)

3. 湾岸四国(Asia 4 Country)は、バーレーン、オマーン、カタール、アラブ首長国連邦(Bahrain、Oman、Qatar、United Arab Emirates)を示す。

諸外国の船腹

Tonnage of Fleet by Country

国名	1970		1980		1990		2000	
	隻数	総トン	隻数	総トン	隻数	総トン	隻数	総トン
Country	Number	G/T	Number	G/T	Number	G/T	Number	G/T
世界合計 World	52,444	227,490	73,832	419,911	78,336	423,627	87,546	558,054
日本 Japan	8,402	27,004	10,568	40,960	10,000	27,078	8,012	15,257
アメリカ U.S.A	2,983	18,463	5,579	18,464	6,348	21,328	5,792	11,111
イギリス U.K	3,822	25,825	3,181	27,135	1,998	6,716	1,740	11,093
ノルウェー Norway	2,808	19,347	2,501	22,007	2,557	23,429	2,349	22,604
リベリア Liberia	1,869	33,297	2,401	80,285	1,688	54,700	1,557	51,451
イタリア Italy	1,639	7,448	1,739	11,096	1,616	7,991	1,457	9,049
パナマ Panama	886	5,646	4,090	24,191	4,748	39,298	6,184	114,382
フランス France	1,420	6,458	1,241	11,925	900	3,832	808	4,816
ドイツ Germany	2,868	7,881	1,906	8,356	1,179	4,301	994	6,552
ギリシャ Greece	1,850	10,952	3,922	39,472	1,814	20,522	1,529	26,402
ロシア Russia	5,924	14,832	8,279	23,444	7,383	26,737	4,755	10,486
資料	国土交通省							

保　有　量　（100総トン以上）

(Gross Tonnage above 100 tons)

単位：千総トン（Unit：1000 G/T）

2010		2015		2016		2017	
隻数	総トン	隻数	総トン	隻数	総トン	隻数	総トン
Number	G/T	Number	G/T	Number	G/T	Number	G/T
103,392	957,982	111,806	1,211,223	113,888	1,248,583	115,761	1,291,047
6,150	16,858	5,352	22,617	5,350	24,579	5,278	26,507
6,371	11,941	6,454	11,282	6,394	11,474	6,411	11,773
2,107	43,792	1,460	14,653	1,450	14,758	1,509	16,086
1,995	16,529	1,441	2,604	1,439	2,639	1,440	2,577
2,726	106,708	3,136	131,044	3,225	138,736	3,308	143,674
1,649	17,044	1,573	16,138	1,594	16,134	1,471	15,809
7,986	201,264	8,026	216,806	8,103	220,827	7,971	215,886
799	6,668	759	1,351	728	1,111	753	1,133
931	15,283	679	10,154	664	9,619	666	9,307
1,433	40,795	1,277	41,230	1,328	40,869	1,368	40,992
3,485	7,711	3,571	8,508	3,673	8,887	3,759	9,361

海事局資料

諸外国の造船

Tonnage of Newly Launched Ships by

国名 Country	1990		2000		2010		2015	
	隻数 Number	総トン G/T	隻数 Number	総トン G/T	隻数 Number	総トン G/T	隻数 Number	総トン G/T
世界合計 World	1,672	15,885	1,578	31,408	3,748	96,443	2,870	67,566
日本 Japan	633	6,824	472	12,001	580	20,218	520	13,005
中国 China	46	367	101	1,484	1,413	36,437	949	25,160
韓国 Korea	110	3,460	197	12,218	526	31,698	358	23,272
アメリカ U.S.A	16	15	126	73	76	238	75	427
ブラジル Brazil	7	256	…	…	21	47	32	361
イギリス U.K	29	131	13	104	8	1	6	3
ドイツ Germany,F.R.	97	856	55	975	36	932	10	384
フランス France	26	60	19	200	8	258	5	4
イタリア Italy	27	372	27	537	34	634	6	219
スペイン Spain	97	363	91	460	56	288	27	38
ノルウェー Norway	40	80	26	109	12	21	22	54
オランダ Netherlands	65	163	96	296	29	128	35	108
ロシア(旧ソ連) Russia	142	367	19	83	30	180	14	47
資料	国土交通省							

竣　工　量　（100総トン以上）

Country (Gross Tonnage above 100 tons)

単位：千総トン (Unit：1000G/T)

2016		2017		2018		2019	
隻数	総トン	隻数	総トン	隻数	総トン	隻数	総トン
Number	G/T	Number	G/T	Number	G/T	Number	G/T
2,543	66,422	2,424	65,771	2,400	57,827	2,572	66,328
514	13,309	493	13,074	458	14,526	493	16,215
824	22,355	798	23,834	811	23,151	892	23,218
359	25,035	290	22,427	211	14,320	239	21,744
66	364	57	232	61	268	39	223
38	171	21	221	20	228	8	140
7	4	7	1	10	4	14	8
10	451	12	472	9	463	8	469
6	228	10	175	10	361	14	355
13	425	10	469	7	477	9	529
27	69	35	53	38	225	34	231
11	14	16	45	23	57	29	71
42	140	31	79	35	69	33	61
17	61	19	97	18	92	27	111

海事局資料

諸外国の自動車保有台数
Number of Motor Vehicles by Country

単位：千台（Unit : thousands）

国名 Country	乗用車 Passenger Cars							商用車 Commercial Vehicles						
	1990	2000	2010	2015	2016	2017	2018	1990	2000	2010	2015	2016	2017	2018
日本 Japan	34,924	52,437	58,347	60,987	61,404	61,803	62,026	22,773	20,212	17,014	16,417	16,347	16,275	16,264
韓国 Korea	2,075	7,837	13,632	16,562	17,338	18,035	18,677	1,320	3,327	4,310	4,428	4,465	4,494	4,526
中国 P.R.China	1,622	4,179	61,241	140,959	162,782	184,644	194,395	3,685	7,163	15,976	20,656	21,719	30,956	36,825
インド India	2,481	5,150	14,858	28,836	32,450	35,890	31,889	1,491	2,390	8,955	15,675	11,325	10,630	24,577
オーストラリア Australia	7,672	10,000	12,269	13,549	14,079	14,275	14,504	2,104	2,528	3,083	3,593	3,853	4,038	4,131
アメリカ U.S.A.	143,550	133,621	118,947	122,322	123,308	124,141	122,828	45,106	87,853	119,179	141,872	147,014	151,878	158,671
カナダ Canada	13,210	16,832	20,121	22,068	22,410	22,678	23,137	3,564	739	933	1,147	1,144	1,168	1,194
メキシコ Mexico	5,425	10,281	20,973	26,379	28,182	30,089	31,523	2,400	4,569	9,454	10,642	10,926	11,222	11,676
ブラジル Brazil	10,250	12,906	25,541	35,471	35,758	36,190	36,880	2,640	2,562	6,524	7,272	7,334	7,408	7,559
アルゼンチン Argentine	4,186	5,056	7,605	11,003	11,042	10,690	10,903	1,494	1,551	2,511	3,305	3,400	3,419	3,506
南アフリカ South Africa	3,375	4,100	5,100	6,845	7,011	7,810	8,838	1,422	1,946	2,790	3,105	4,953	5,578	4,166
イギリス U.K	23,124	27,960	31,258	33,542	34,378	34,686	35,272	3,288	3,463	4,220	4,677	4,862	4,989	5,141
ドイツ Germany	30,695	43,773	42,302	45,071	45,804	46,475	47,096	1,989	3,534	2,782	3,161	3,280	3,618	3,752
フランス France	23,100	28,060	31,300	32,000	32,390	32,614	32,034	3,114	5,753	6,406	6,652	6,728	6,770	8,011
イタリア Italy	27,416	32,584	36,751	37,351	37,876	38,520	39,018	2,495	3,581	4,899	4,890	4,986	5,078	5,151
スペイン Spain	11,996	17,499	22,147	22,355	22,876	23,624	24,074	2,447	3,978	5,366	5,108	5,150	5,020	5,272
ロシア Russia	16,000	17,050	34,350	41,000	44,696	46,747	49,754	9,500	8,500	6,304	8,000	7,101	6,214	8,671
資料	日本自動車会議所（自動車年鑑）													

（注）1. 各年12月末現在の数値である。

2. ドイツは1992年より統一ドイツの数値である。

3. 旧ソ連は1993年よりCIS、2001年よりロシアの数値である。

諸外国の自動車生産台数
Number of Motor Vehicles Produced by Country

単位：千台（Unit：thousands）

国名 Country	乗用車 Passenger Cars 1990	2000	2010	2015	2017	2018	2019	商用車 Commercial Vehicles 1990	2000	2010	2015	2017	2018	2019
日本 Japan	9,948	8,359	8,307	7,831	8,348	8,359	8,329	3,539	1,781	1,319	1,448	1,343	1,370	1,356
韓国 Korea	987	2,602	3,866	4,135	3,735	3,662	3,613	335	513	406	421	380	367	338
中国 P.R.China	52	605	13,897	21,143	24,807	23,529	21,360	422	1,464	4,368	3,424	4,209	4,280	4,360
インド India	177	518	2,832	3,409	3,961	4,065	3,623	188	283	726	751	831	1,110	893
インドネシア Indonesia	57	257	497	824	982	1,056	1,046	213	36	206	274	236	288	241
タイ Thailand	66	97	554	761	818	877	795	177	315	1,090	1,149	1,170	1,291	1,218
オーストラリア Australia	361	324	205	160	--	--	--	23	23	39	13	--	r 6	6
アメリカ U.S.A.	6,007	5,542	2,731	4,163	3,033	2,796	2,513	3,703	7,258	5,031	7,943	8,157	8,519	8,367
カナダ Canada	1,076	1,551	967	889	751	656	461	850	1,411	1,101	1,395	1,443	1,370	1,455
メキシコ Mexico	598	1,279	1,386	1,968	1,907	1,581	1,383	222	656	956	1,597	2,188	2,520	2,604
ブラジル Brazil	663	1,352	2,585	2,018	2,307	2,387	2,448	251	330	797	411	429	493	496
アルゼンチン Argentine	87	239	508	309	204	209	108	13	101	208	218	270	258	206
南アフリカ South Africa	210	231	295	341	321	321	349	125	127	177	275	269	290	283
イギリス U.K	1,296	1,641	1,270	1,588	1,671	1,519	1,303	270	172	123	94	78	85	78
ドイツ Germany	4,461	5,132	5,552	5,708	5,646	5,120	4,661	316	395	354	325	--	--	--
フランス France	3,295	2,880	1,924	1,555	1,754	1,763	1,675	474	469	305	417	471	r 495	527
イタリア Italy	1,875	1,422	573	663	743	671	542	246	316	284	351	400	389	373
スペイン Spain	1,679	2,366	1,914	2,219	2,291	2,267	2,248	374	667	474	514	557	552	574
ロシア Russia	1,214	1,010	1,414	1,428	1,401	r 1,832	1,868	885	253	244	174	216	r 220	213
資料	日本自動車会議所（自動車年鑑）													

(注) 1. イギリスを除いて、組立台数を含む。

2. ドイツは1990年まで旧東ドイツを含まない。

諸外国の道路延長
Road Length of Each Country

国名 Country	調査年 Year	道路延長 Road Length	うち国道等主要道路 National Highway	舗装率 Paved	1平方キロメートルあたり道路延長 Road Length per 1 square km	調査年 Year	道路投資年額 Yearly Investment for Road Construction
		千km Thousand km	千km Thousand km	%	km		百万米ドル Million US$
日本(注1) Japan	2017	352	60	…	0.96	…	…
韓国 Korea	2017	102	19	92.81	1.05	2017	10,046
中国 P.R.China	2017	4,773	242	79.50	0.51	2011	(注4) 219,902
インド India	2017	5,898	289	63.24	1.98	2012	7,698
オーストラリア Australia	2017	876	234	…	0.11	2017	(注4) 21,899
アメリカ U.S.A	2017	6,673	354	67.05	0.73	2016	(注4) 88,581
メキシコ Mexico	2017	329	51	53.20	0.17	2017	(注3) 3,173
ブラジル Brazil	2017	1,581	(注2) 76	15.55	0.19	2017	(注3) 4,203
アルゼンチン Argentine	2017	…	(注2) 40	…	…	2009	305
南アフリカ South Africa	2001	364	3	…	…	2017	(注4) 4,361
イギリス U.K	2017	423	53	100.00	1.75	2017	(注4) 14,243
イタリア Italy	2016	…	28	…	…	…	…
オランダ Netherlands	2017	185	13	75.41	5.50	2000	(注4) 1,469
ドイツ Germany	2017	643	51	…	1.84	…	…
フランス France	2017	1,103	21	100.00	2.02	2015	22,927
資料	総務省(世界の統計)						

(注) 1. 幅員5.5m以上のみ。
2. 高速道路及び幹線道路を除く。 3. 地方自治体の支出を除く。 4. 民間部門の支出を除く。

諸外国の観光外客受入数

Number of Tourists Arriving in Each Country

単位：千人(Unit : Thousands Persons)

国名	Country	1980	1985	1990	1995	2000	2005	2006	2007	2010	2014	2015	2016	2017	2018
日本	Japan	844	2,102	1,879	3,345	4,757	6,728	7,334	8,347	8,611	13,413	19,737	24,039	28,691	31,192
韓国	Korea	372	1,426	2,959	3,753	5,322	6,023	6,155	6,448	8,798	14,202	13,232	17,242	13,336	15,347
中国	China	5,703	7,133	10,484	20,034	31,229	46,809	124,942	131,873	55,664	55,622	56,886	59,270	60,740	62,900
香港	Hong Kong	1,748	3,370	5,933	10,200	8,814	14,773	15,821	17,154	20,085	27,770	26,686	26,553	27,885	29,263
台湾	Taiwan	…	…	…	10,200	2,624	3,378	15,821	17,154	5,567	9,910	10,440	10,690	10,740	11,067
マカオ	Macao	…	…	…	…	5,197	9,014	21,999	26,993	11,926	14,566	14,308	15,704	17,255	18,493
タイ	Thailand	1,847	2,438	5,299	6,952	9,579	11,567	13,822	14,464	15,936	24,810	29,923	32,588	35,381	38,277
マレーシア	Malasyia	800	2,933	7,446	7,469	10,222	16,431	17,547	20,973	24,577	27,437	25,721	26,757	25,948	25,832
シンガポール	Singapore	2,562	2,738	4,842	6,422	6,062	7,079	9,751	10,285	9,161	11,864	12,051	12,914	13,906	14,673
インドネシア	Indonesia	561	749	2,178	4,324	5,064	5,002	4,871	5,506	7,003	9,435	10,407	11,072	12,948	13,396
オーストラリア	Australia	905	1,139	2,215	3,726	4,931	5,499	5,532	5,644	5,790	6,868	7,444	8,269	8,815	9,246
カナダ	Canada	12,876	13,171	15,209	16,932	19,627	18,771	18,265	17,935	16,219	r16,537	17,971	19,971	20,883	21,134
アメリカ	U.S.A.	22,500	25,829	39,772	43,318	51,237	49,206	50,977	55,979	60,010	75,022	77,510	76,407	76,941	79,618
メキシコ	Mexico	4,145	4,207	17,176	20,241	20,641	21,915	21,353	21,370	23,290	29,346	32,093	35,079	39,291	41,447
イギリス	U.K.	12,420	14,449	18,021	23,537	23,212	28,039	32,713	32,778	28,295	32,613	34,436	35,814	37,651	36,316
アイルランド	Ireland	2,258	2,536	3,666	4,821	6,646	7,333	8,001	8,333	7,134	8,813	9,528	10,100	10,388	…
スウェーデン	Sweden	…	853	…	2,310	…	…	4,729	5,224	4,951	10,522	…	6,559	6,865	…
フランス	France	30,100	36,748	53,157	60,033	77,190	74,988	77,916	80,851	77,648	83,701	84,452	82,700	86,918	89,400
ベルギー	Belgium	…	2,460	3,163	5,560	6,457	6,747	6,995	7,045	7,186	7,887	8,355	7,481	8,358	9,154
オランダ	Netherlands	2,784	3,329	5,795	6,574	10,003	10,012	10,739	11,008	10,883	13,925	15,007	15,828	17,924	19,014
ドイツ	Germany	11,122	12,686	17,045	14,847	18,983	21,500	23,569	24,421	26,875	32,999	34,970	35,595	37,452	38,881
スイス	Switzerland	8,873	11,900	13,200	11,500	7,821	7,229	7,863	8,448	8,628	9,158	9,305	10,402	11,133	11,715
イタリア	Italy	22,087	25,047	26,679	31,052	41,181	36,513	41,058	43,654	43,626	48,576	50,732	52,372	58,253	62,146
スペイン	Spain	23,403	27,477	34,300	34,917	46,403	55,914	58,004	r57,666	52,677	r64,939	68,215	75,315	81,869	82,773
ポルトガル	Portugal	2,730	4,989	8,020	9,511	5,599	5,769	r 6,349	r 6,788	r 6,756	r 9,092	9,957	18,200	21,200	22,800
オーストリア	Austria	13,879	15,168	19,011	17,173	17,982	19,952	r20,269	r20,773	r22,004	r25,291	26,719	28,121	29,460	30,816
ポーランド	Poland	5,664	2,749	3,400	19,215	17,400	15,200	r 4,314	r 4,387	r12,470	r16,000	16,722	17,463	18,400	19,623
クロアチア	Croatia	…	…	…	…	5,831	7,743	8,659	9,307	9,111	11,623	12,683	13,809	15,593	16,645
ギリシャ	Greece	4,796	6,574	8,873	10,130	13,096	14,765	16,039	16,165	15,007	22,033	23,599	24,799	27,194	30,123
トルコ	Turkey	865	2,230	4,799	7,083	9,586	20,273	18,916	22,248	31,364	39,811	39,478	30,289	37,601	45,768
ロシア	Russia	…	4,340	7,204	9,262	21,169	22,201	22,486	22,909	22,281	32,421	33,729	24,571	24,390	24,551
南アフリカ	South Africa	…	1,377	1,029	4,488	5,872	7,369	8,396	9,091	8,074	9,549	8,904	10,044	10,285	10,472
資料	国連世界観光機関(UNWTO)														

総人口 Population

単位：万人(Unit : Ten Thousand Persons)

年(Calendar Year)			人口	年(Calendar Year)			人口	年(Calendar Year)			人口
明治	5	(1872)	3,481	昭和	5	(1930)	6,445	昭和	60	(1985)	12,105
	10	(1877)	3,587		10	(1935)	6,925	平成	2	(1990)	12,361
	15	(1882)	3,726		15	(1940)	7,193		7	(1995)	12,557
	20	(1887)	3,870		20	(1945)	7,215		12	(2000)	12,693
	25	(1892)	4,051		25	(1950)	8,320		17	(2005)	12,777
	30	(1897)	4,240		30	(1955)	8,928		22	(2010)	12,806
	35	(1902)	4,496		35	(1960)	9,342		27	(2015)	12,709
	40	(1907)	4,742		40	(1965)	9,828		29	(2017)	12,671
大正	元	(1912)	5,058		45	(1970)	10,372		30	(2018)	12,644
	9	(1920)	5,596		50	(1975)	11,194	令和	元	(2019)	12,617
	14	(1925)	5,974		55	(1980)	11,706		2	(2020)	12,571
資料	「人口推計」(総務省統計局)(各年10月1日現在推計人口)										

(注) 1. 明治5年～大正5年は、内閣統計局の推計による各年1月1日現在の内地人口である。
　　 2. 大正9年以降は、各年10月1日現在の国勢調査による人口又は推計人口である。

日本の将来推計人口 Future Population Projections

単位：千人(Unit:Thousand Persons)

推計年 Year	平成29年推計						
	総人口 Total	年齢区分別人口 Age Groups (%)					
		0～14歳		15～64歳		65歳以上	
2021	124,836	14,900	(11.9)	73,550	(58.9)	36,386	(29.1)
2022	124,310	14,702	(11.8)	73,130	(58.8)	36,479	(29.3)
2023	123,751	14,484	(11.7)	72,683	(58.7)	36,584	(29.6)
2024	123,161	14,276	(11.6)	72,181	(58.6)	36,704	(29.8)
2025	122,544	14,073	(11.5)	71,701	(58.5)	36,771	(30.0)
2030	119,125	13,212	(11.1)	68,754	(57.7)	37,160	(31.2)
2035	115,216	12,457	(10.8)	64,942	(56.4)	37,817	(32.8)
2040	110,919	11,936	(10.8)	59,777	(53.9)	39,206	(35.3)
2045	106,421	11,384	(10.7)	55,845	(52.5)	39,192	(36.8)
2050	101,923	10,767	(10.6)	52,750	(51.8)	38,406	(37.7)
2055	97,441	10,123	(10.4)	50,276	(51.6)	37,042	(38.0)
2060	92,840	9,508	(10.2)	47,928	(51.6)	35,403	(38.1)
2065	88,077	8,975	(10.2)	45,291	(51.4)	33,810	(38.4)
資料	国立社会保障・人口問題研究所(日本の将来推計人口)						

(注) 1. 出生中位(死亡中位)推計値である。

(注) 2. 各年10月1日現在の総人口(日本における外国人を含む。)

都道府県別面積及び人口

Population and Areas of Each Prefecture

(各年10月1日現在)　　単位：千人(Unit　: Thousands Persons)

都道府県 Prefecture	面積 k㎡ Area	人口 Population		都道府県 Prefecture	面積 k㎡ Area	人口 Population	
	R2(2020)	H30(2018)	R1(2019)		R2(2020)	H30(2018)	R1(2019)
全国	377,976	126,443	126,167	三重	5,774	1,791	1,781
北海道	83,424	5,286	5,250	滋賀	4,017	1,412	1,414
				京都	4,612	2,591	2,583
青森	9,646	1,263	1,246	大阪	1,905	8,813	8,809
岩手	15,275	1,241	1,227	兵庫	8,401	5,484	5,466
宮城	7,282	2,316	2,306	奈良	3,691	1,339	1,330
秋田	11,638	981	966	和歌山	4,725	935	925
山形	9,323	1,090	1,078				
福島	13,784	1,864	1,846	鳥取	3,507	560	556
				島根	6,708	680	674
茨城	6,097	2,877	2,860	岡山	7,114	1,898	1,890
栃木	6,408	1,946	1,934	広島	8,480	2,817	2,804
群馬	6,362	1,952	1,942	山口	6,113	1,370	1,358
埼玉	3,798	7,330	7,350				
千葉	5,158	6,255	6,259	徳島	4,147	736	728
東京	2,194	13,822	13,921	香川	1,877	962	856
神奈川	2,416	9,177	9,198	愛媛	5,676	1,352	1,339
				高知	7,104	706	698
新潟	12,584	2,246	2,223				
富山	4,248	1,050	1,044	福岡	4,987	5,107	5,104
石川	4,186	1,143	1,138	佐賀	2,441	819	815
福井	4,191	774	768	長崎	4,131	1,341	1,327
山梨	4,465	817	811	熊本	7,409	1,757	1,748
長野	13,562	2,063	2,049	大分	6,341	1,144	1,135
				宮崎	7,735	1,081	1,073
岐阜	10,621	1,997	1,987	鹿児島	9,187	1,614	1,602
静岡	7,777	3,659	3,644				
愛知	5,173	7,537	7,552	沖縄	2,283	1,448	1,453
資　料	人口(総務省　人口推計)、面積(国土地理院　全国府県市区町村別面積調)						

(注)面積は都道府県にまたがる境界未定地域 12,780k㎡を含む。

国　内　総　生　産　（支出側、名　目）

Gross Domestic Product (At Current Prices)

実　数　　　　　　　　　　　　　　　　　　　　　　　　　　　　　　　　（単位：10億円）

項　　目	平成17年度 2005	平成22年度 2010	平成27年度 2015	平成30年度 2018	令和元年度 2019
1. 民間最終消費支出	293,095.1	286,108.6	299,839.2	305,131.0	304,240.3
(1)家計最終消費支出	287,214.1	280,122.1	292,821.7	298,348.2	296,818.2
a. 国内家計最終消費支出	285,004.4	279,065.5	294,087.1	300,783.7	299,145.1
b. 居住者家計の海外での直接購入	3,088.1	2,000.5	1,635.8	1,894.6	1,802.1
c. (控除)非居住者家計の国内での直接購入	878.3	943.9	2,901.1	4,330.0	4,129.0
(再掲)					
家計最終消費支出(除く持ち家の帰属家賃)	240,504.5	230,792.4	243,501.7	249,665.1	248,227.6
持ち家の帰属家賃	46,709.6	49,329.7	49,320.0	48,683.1	48,590.6
(2)対家計民間非営利団体最終消費支出	5,881.0	5,986.4	7,017.5	6,782.8	7,422.1
2. 政府最終消費支出	94,481.5	97,753.9	106,285.5	109,099.0	111,714.7
(再掲)					
家計現実最終消費	345,998.6	343,708.2	364,796.8	372,195.2	372,879.8
政府現実最終消費	41,578.0	40,154.3	41,327.9	42,034.8	43,075.2
3. 総資本形成	139,416.9	115,629.2	135,731.9	142,995.6	144,252.6
(1)総固定資本形成	138,884.1	114,581.3	134,380.2	140,692.6	142,215.1
a. 民間	110,905.0	89,779.5	107,358.7	112,308.3	112,958.7
(a)住宅	23,895.8	17,239.7	20,396.3	20,530.7	21,381.9
(b)企業設備	87,009.3	72,539.8	86,962.4	91,777.6	91,576.7
b. 公的	27,979.1	24,801.8	27,021.5	28,384.3	29,256.4
(a)住宅	658.3	502.8	808.1	639.6	571.7
(b)企業設備	6,144.2	5,971.9	6,401.3	6,780.8	6,609.8
(c)一般政府	21,176.6	18,327.1	19,812.1	20,964.0	22,075.0
(2)在庫変動	532.8	1,047.9	1,351.7	2,303.0	2,037.5
a. 民間企業	511.4	1,105.8	1,402.7	2,374.2	2,042.9
(a)原材料	-15.3	-80.9	288.9	610.7	281.2
(b)仕掛品	686.0	1,577.3	-175.8	388.8	627.3
(c)製品	187.0	14.6	15.1	550.6	743.7
(d)流通品	-346.3	-405.2	1,274.5	824.0	390.6
b. 公的	21.5	-58.0	-51.0	-71.2	-5.4
(a)公的企業	-54.6	-45.3	-3.6	11.1	30.9
(b)一般政府	76.1	-12.7	-47.4	-82.3	-36.3
4. 財貨・サービスの純輸出	7,116.1	5,380.5	-1,117.3	-397.7	-508.8
(1)財貨・サービスの輸出	76,745.9	76,081.6	92,009.6	101,288.0	95,457.9
a. 財貨の輸出	65,594.8	64,917.5	73,176.1	80,318.3	74,943.0
b. サービスの輸出(含む非居住者家計の国内での直接購入)	11,151.1	11,164.1	18,833.4	20,969.7	20,514.9
(2)(控除)財貨・サービスの輸入	69,629.7	70,701.1	93,126.8	101,685.7	95,966.7
a. 財貨の輸入	54,527.1	56,884.3	72,876.2	79,684.2	74,276.5
b. サービスの輸入(含む居住者家計の海外での直接購入)	15,102.6	13,816.8	20,250.6	22,001.6	21,690.2
5. 国内総生産(支出側)(1+2+3+4)	534,109.7	504,872.1	540,739.4	556,827.9	559,698.8
(参考)海外からの所得の純受取	12,879.4	13,787.5	21,161.1	21,574.2	21,800.1
海外からの所得	17,381.0	18,014.7	30,213.6	33,854.2	34,254.8
(控除)海外に対する所得	4,501.6	4,227.2	9,052.5	12,280.0	12,454.7
国民総所得	546,989.1	518,659.6	561,900.4	578,402.1	581,498.8
(参考)国内需要	526,993.6	499,491.6	541,856.6	557,225.6	560,207.6
民間需要	404,511.5	376,993.9	408,600.6	419,813.4	419,241.9
公的需要	122,482.0	122,497.7	133,256.1	137,412.2	140,965.7
資　料	内閣府(国民経済計算)				

(注) 1. 民間需要＝民間最終消費支出＋民間住宅＋民間企業設備＋民間在庫変動

　　公的需要＝政府最終消費支出＋公的固定資本形成＋公的在庫変動

2. 国内需要＝民間需要＋公的需要

3. 国民総所得＝国内総生産＋海外からの所得の純受取

国　内　総　生　産　（支出側、実質：連鎖方式）

Gross Domestic Product (At Constant Prices)

(2015暦年連鎖価格)実数　　　　　(単位:10億円)

項　　目	平成17年度 2005	平成22年度 2010	平成27年度 2015	平成30年度 2018	令和元年度 2019
1.　民間最終消費支出	287,367.0	290,497.6	299,996.7	302,686.5	299,812.6
(1)家計最終消費支出	281,837.2	284,541.2	292,953.0	295,919.4	292,402.6
a. 国内家計最終消費支出	279,198.0	282,874.6	294,196.4	298,216.5	294,495.1
b. 居住者家計の海外での直接購入	4,280.4	3,023.4	1,658.6	1,957.7	1,931.0
c. (控除) 非居住者家計の国内での直接購入	916.4	988.7	2,901.4	4,254.4	4,032.6
(再掲)					
家計最終消費支出(除く持ち家の帰属家賃)	237,428.3	237,186.9	243,562.8	246,253.2	242,670.0
持ち家の帰属家賃	44,527.2	47,372.4	49,389.0	49,662.2	49,751.5
(2)対家計民間非営利団体最終消費支出	5,553.2	5,965.9	7,045.5	6,764.1	7,412.0
2.　政府最終消費支出	92,007.4	98,057.5	106,261.5	108,687.9	110,851.0
(再掲)					
家計現実最終消費	339,280.4	348,260.5	364,952.0	370,007.3	368,455.5
政府現実最終消費	40,065.1	40,264.2	41,305.8	41,363.9	42,191.1
3.　総資本形成	141,793.6	119,163.3	136,012.2	140,839.5	141,100.8
(1)総固定資本形成	140,788.1	118,023.4	134,590.2	138,563.4	138,963.0
a. 民間	110,840.6	91,891.1	107,504.2	110,945.0	110,918.4
(a)住宅	25,837.7	18,187.8	20,415.4	19,892.8	20,397.8
(b)企業設備	85,279.9	73,693.7	87,090.0	91,077.9	90,536.9
b. 公的	29,998.1	26,173.9	27,081.0	27,615.7	28,042.1
(a)住宅	720.3	533.6	809.9	620.9	544.1
(b)企業設備	6,267.8	6,152.8	6,414.4	6,640.7	6,413.9
(c)一般政府	23,057.6	19,481.9	19,855.6	20,354.3	21,082.9
(2)在庫変動	765.4	1,256.7	1,238.2	2,322.4	2,078.3
a. 民間企業	714.5	1,322.2	1,410.4	2,401.6	2,120.2
(a)原材料	70.5	-83.7	298.6	594.4	310.5
(b)仕掛品	734.5	1,614.7	-217.3	408.0	650.5
(c)製品	196.2	28.0	-1.3	556.4	747.1
(d)流通品	-364.7	-287.0	1,419.3	830.2	414.1
b. 公的	8.0	-66.5	-60.0	-70.5	-9.7
(a)公的企業	-53.4	-46.5	-0.9	11.3	31.4
(b)一般政府	67.5	-20.6	-58.0	-80.1	-35.5
4.　財貨・サービスの純輸出	-4,618.0	4,672.2	-2,882.8	2,663.0	1,223.6
(1)財貨・サービスの輸出	73,090.4	83,833.4	93,616.7	105,115.7	102,411.7
a. 財貨の輸出	61,882.3	71,141.9	74,454.2	83,636.9	81,307.1
b. サービスの輸出(含む非居住者家計の国内での直接購入)	11,207.1	12,630.6	19,163.1	21,473.8	21,111.3
(2)(控除)財貨・サービスの輸入	77,708.5	79,161.3	96,499.5	102,452.7	101,188.0
a. 財貨の輸入	61,795.2	63,489.6	76,054.3	80,469.8	79,360.3
b. サービスの輸入(含む居住者家計の海外での直接購入)	15,519.3	15,448.9	20,465.3	22,003.6	21,839.7
5.　国内総生産(支出側)(1+2-3+4)	515,137.6	512,063.7	539,409.3	554,787.8	552,930.5
6．開差(5-(1+2+3(1)a(a)+3(1)a(b)+3(1)b+3(2)a+3(2)b+4)	-1,456.9	-474.7	97.1	-167.2	-43.9
(参考)　交易利得	11,954.1	1,316.7	1,862.9	-3,039.2	-1,758.1
国内総所得	527,091.7	513,380.4	541,272.3	551,748.6	551,172.4
(参考) 海外からの所得の純受取	12,768.2	14,057.8	21,217.9	21,438.0	21,545.9
海外からの所得	17,206.3	18,335.7	30,244.7	33,569.3	33,771.7
(控除)海外に対する所得	4,438.1	4,277.9	9,026.8	12,131.3	12,225.8
国民総所得	539,859.8	527,438.2	562,490.1	573,186.6	572,718.3
(参考)国内需要	520,875.1	507,760.6	542,271.9	552,213.5	551,755.0
民間需要	399,058.7	383,600.3	409,000.9	415,999.8	412,893.0
公的需要	121,703.9	124,143.4	133,273.4	136,215.9	138,862.5
資　料	内閣府(国民経済計算)				

(注) 1．財貨・サービスの純輸出は連鎖方式での計算ができないため、財貨・サービスの輸出－財貨・サービスの輸入により求めている。このため寄与度とは符号が一致しない場合がある。

2．国内総所得＝国内総生産＋交易利得

3．国民総所得＝国内総所得＋海外からの所得の純受取

一世帯当たり年間の品目別支出金額、

Yearly Amount of Expenditures, Quantities and Average

暦 年 Calendar Year	消費支出 Living Expenditure	交 通 Public Transportation	鉄道運賃 Railway Fares	鉄道通学定期代 Student's season tickets, Railway	鉄道通勤定期代 Commuter's season tickets, Railway	バス代 Bus Fares	バス通学定期代 Student's season tickets, Bus	バス通勤定期代 Commuter's season tickets, Bus
S35 (1960)	375,639	7,647	2,707	1,394		…	1,204	
S45 (1970)	954,369	18,934	8,051	1,111	2,390	2,153	494	767
S55 (1980)	2,766,812	53,173	20,999	3,476	7,989	4,527	1,476	2,141
H2 (1990)	3,734,084	83,944	32,719	5,785	11,226	5,111	1,688	3,178
H12 (2000)	3,805,600	83,513	28,888	4,605	13,474	4,076	1,152	2,919
H22 (2010)	3,482,930	64,086	22,650	3,884	10,975	3,964	960	1,624
H27 (2015)	3,448,482	68,017	23,602	4,156	12,323	3,850	898	1,186
H29 (2017)	3,396,300	65,678	23,126	3,994	11,850	3,404	788	1,038
H30 (2018)	3,447,782	66,895	22,481	4,207	12,857	3,500	975	1,064
H31・R1 (2019)	3,520,547	73,217	24,418	4,053	14,086	3,424	998	1,297
R2 (2020)	3,335,114	37,502	9,703	2,164	11,697	1,758	477	782
資 料	総務省統計局							

暦 年 Calendar Year	自動車以外の輸送機器購入 Other Vehicles	自転車購入 Bicycles	自動車等維持 Automotive Maintenance	ガソリン Gasoline 金額 Expense	ガソリン Gasoline 数量(L) Quantity	自動車等部品 Automotive Parts	自動車等関連用品 Articles Related to Private Transportation	自動車整備費 Automotive Maintenance & Repairs
S35 (1960)	1,289		…	…	…	…	…	…
S45 (1970)	735	1,036	9,956	4,098	…	315	…	1,954
S55 (1980)	2,175	3,111	77,129	35,496	238	1,799	2,360	13,533
H2 (1990)	2,691	4,197	123,288	49,038	399	4,690	3,927	16,345
H12 (2000)	1,390	3,580	158,564	52,426	516	8,782	8,084	17,714
H22 (2010)	732	3,083	186,777	69,127	540	12,438	10,051	18,836
H27 (2015)	728	3,382	184,817	62,203	480	13,209	9,825	19,462
H29 (2017)	971	3,988	179,239	58,135	460	14,054	9,525	20,495
H30 (2018)	691	3,543	197,267	67,322	471	15,744	11,594	22,656
H31・R1 (2019)	1,540	4,268	202,721	66,293	480	17,601	12,647	24,915
R2 (2020)	2,086	4,078	187,763	52,096	407	16,293	13,355	26,885
資 料	総務省統計局							

注) 1. 平成12年(2000)以降は、農林漁家世帯を含む結果である。

2. 家計調査で平成19年(2007)まで使用していた「二人以上の世帯の全世帯(勤労者世帯+勤労者以外の世帯)」の表記は廃止され、平成20年(2008)より「二人以上の世帯」となった。「総世帯(二人以上の世帯+単身世帯)」とは異なる。

購入数量及び平均価格（二人以上の世帯）

Prices per Household (Two-or-more-person Households)

単位：円 (Unit : Yen)

タクシー代 Taxi Fares	航空運賃 Airplane Fares	有料道路料 Highway Fares	他の交通 Others	自動車等関係費 Private Transportation	自動車等購入 Automobiles	自動車購入 Automobiles 金額 Expense	自動車購入 Automobiles 数量 Quantity
963		153		…	…	…	…
3,222	432	314		21,099	10,107	9,371	0.030
7,961	3,422	1,183		114,452	34,212	32,037	0.046
9,199	6,563	8,475		192,850	65,364	62,673	0.053
6,821	7,474	12,441	1,663	240,842	78,697	77,307	0.056
5,168	6,422	7,542	897	261,165	71,304	70,573	0.054
5,141	6,147	9,604	1,111	263,629	75,429	74,701	0.048
4,775	6,527	9,239	937	253,574	70,348	69,376	0.042
4,618	6,201	9,929	1,063	279,422	78,612	77,920	0.050
4,797	8,366	10,546	1,233	289,359	82,371	80,831	0.052
2,900	1,973	5,626	421	280,375	88,533	86,447	0.054

（家計調査年報）

駐車場借料 Rent,for Park	年極・月極 Yearly & Monthly Rent,for Park	他の自動車等関連サービス Other Services Related to Private Transportation	自動車等保険料 Automotive Insurance Premium	自賠責 Automotive Insurance Premium (compulsion)	宿泊料 Hotel Charger	パック旅行費 Package Tours	国内パック旅行費 Domestic
…	…	…	…	…	…		…
…	…	1,929	1,661	…	14,771		…
…	…	10,992	12,948	…	8,016	37,054	…
14,615	…	5,484	27,589	11,307	18,585	65,750	…
23,008	19,637	8,972	38,772	6,746	22,036	70,794	45,752
25,281	22,502	9,707	40,121	6,687	20,528	54,360	35,939
20,588	17,611	8,366	48,089	8,487	24,110	50,119	34,952
19,139	16,063	7,986	47,256	8,263	23,257	46,322	31,041
20,491	17,269	9,194	47,292	8,708	23,927	43,760	28,726
19,795	16,342	9,456	48,210	9,169	26,810	45,999	30,082
17,849	15,646	9,671	48,514	8,399	12,581	12,660	10,516

（家計調査年報）

3. 自動車保険料は、自賠責保険、任意保険、自動車保険料以外の輸送機器保険料の合計であるが、昭和60年(1985)以前は、自動車保険料以外の輸送機器保険料は含まれていない。

わが国の輸出入貨物トン量

Volume of Export and Import in Tons

単位:千トン(Unit:Thousand Tons)

暦年 Calender Year	合計 (Total)		船 舶 (Shipping)		航 空 (Air Transport)	
	輸出 (Exports)	輸入 (Imports)	輸出 (Exports)	輸入 (Imports)	輸出 (Exports)	輸入 (Imports)
S45 (1970)	42,008	435,924	…	…	…	…
S55 (1980)	83,853	612,992	…	…	…	…
H2 (1990)	85,062	712,494	…	…	…	…
H7 (1995)	116,636	771,862	…	…	…	…
H12 (2000)	131,482	808,168	130,103	806,540	1,379	1,628
H17 (2005)	150,704	692,735	149,095	691,007	1,609	1,728
H22 (2010)	1,510	1,713	…	…	1,510	1,713
H24 (2012)	1,380	1,706	…	…	1,380	1,706
H25 (2013)	1,368	1,711	…	…	1,368	1,711
H26 (2014)	1,589	1,850	…	…	1,589	1,850
H27 (2015)	1,666	1,836	…	…	1,666	1,836
H28 (2016)	1,731	1,923	…	…	1,731	1,923
H29 (2017)	1,960	2,129	…	…	1,960	2,129
H30 (2018)	2,010	2,033	…	…	2,010	2,033
H31・R1 (2019)	1,736	1,977	…	…	1,736	1,977
R2 (2020)	1,430	1,723	…	…	1,430	1,723
資 料	財務省(貿易統計-国籍別船舶入港表(全国))					

(注)1. 船舶の2005年輸出入量は、2005年1月～10月分である。(「1965年の国際海上交通の簡易化に関する条約」を実施するため、2005年11月1日より入出港届等の様式が変更され、本邦において船積、船卸する貨物の数量が削除された。これに伴い、2005年11月分より船舶の輸出入貨物屯量の公表が廃止された。)

2. 1998年以降のデータは、日本関税協会発行の外国貿易概況に代えて、財務省発表の国籍別船舶及び航空機入港表のデータを掲載している。

交通経済統計要覧 平成31年・令和元年版

令和3年7月発行　価格3,520円（本体3,200円＋税10%）

監　修　国土交通省総合政策局情報政策課
発行人　宿　利　正　史
発行所　一般財団法人運輸総合研究所
〒105-0001　東京都港区虎ノ門三丁目18番19号
電　話　03-5470-8410　ＦＡＸ　03-5470-8411
ＷＥＢ　https://www.jttri.or.jp/
印　刷　株式会社ワコープラネット

ISBN 978-4-910466-03-3 C0065 ¥3200E